도쿠가와 이에야스

나카무라 도키조 지음
박현석 옮김

玄 人

도쿠가와 이에야스
德川家康

나카무라 도키조
中村時蔵

* 일러두기

1. 제1편에서 토쿠가와 이에야스의 직계에 해당하는 사람 및 각 시대별 주요
사건은 굵은 글씨로 표기하였다.

2. 이해의 편의를 돕기 위해 인물 및 지명 뒤에 작은 글씨로 소속을 표시하였다.
　　예) (토)→마쓰다이라, 토쿠가와 집안 / (오)→오다 　/ (이)→이마가와 /
　　　　(호)→호조 / (타)→타케다 / (우)→우에스기 / (미)→이시다

3. 본문 속 일본어 표기의 경우 'か와 た' 계열의 글이 어두에 올 때도 원래의
발음을 살려 'ㅋ', 'ㅌ' 등으로 표기하였다.
　　예) 교토→쿄토 / 도쿄→토쿄 / 지바→치바

4. 일본어의 '大'가 '오'로 발음되는 경우, 장음을 살려서 '오오'로 표기하였다.
　　예) 오사카→오오사카

목 차

서

제1편 고투기

제2편 비약기

제3편 완성기

서

국가백년지대계(国家百年之大計)라고 한마디로 말하지만 역사를 통해서 그것을 참으로 실행에 옮긴 사람은 극히 손에 꼽을 정도밖에 되지 않는다. 실제로 백년지계를 세워 영원한 번영에 이르는 골격까지 훌륭하게 만들어낸 사람이 바로 이에야스일 것이다.

일개 미카와[1]의 작은 지방에서 태어나 이후 토쿠가와 시대 300년 평화의 기초를 다지기까지 이에야스의 생애는 참으로 인내와 자중으로 점철된 고난의 역사였다. 그것은 인종의 생활이 마지막에는 무엇을 가져다주는지 보여주는 훌륭한 전형이자, 시기를 기다리는 것이 얼마나 중요하며, 실력을 키우는 것이 결국은 최후의 승리와 연결된다는 진실을 가르쳐주는 교훈이다.

일반적으로는 이에야스보다 히데요시가 더 커다란 인기와 동정을 얻고 있는데 그 이유는 대체 어디에 있을까? 히데요시의 생애는 너무나도 비약적이고 생동감 넘쳐서 매우 남성적이고 호방하고 쾌활하며, 또 '울지 않으면 울게 만들어라, 두견이'라는 말로 대표되는 그의 동적 · 적극적 태도에 비해서, 이에야스는 수수하고 질박해서 화려함이 없고 비약적인 통쾌함이 없으며 매사에 계획적이어서 '울지 않으면 울 때까지 기다려라, 두견이'라는 말로 대표되는 인내와 자중의 태도를 보였기에 자연스럽게 인기라는 근거 없는 헛된 선전은 아무래도 이에야스에게서

---

1) 三河. 지금의 아이치 현 동쪽 절반 지역을 일컫던 옛 지명. 산슈(三州, 參州)라고도 불렸다.

멀어질 수밖에 없었다.

이에야스가 인기를 잃은 또 하나의 커다란 이유로는 조정과 토요토미가에 대한 태도가 온당치 않았다는 점을 들 수 있다. 틀림없이 이에야스에게 있어서 이는 참으로 치명상이라고도 할 수 있을 만한 결점이다.

그렇다고는 해도 그가 300년 태평의 기초를 닦아 오닌의 난[2] 이후 어지러웠던 일본이 비로소 평화의 빛을 띠기 시작했으며, 그 지속된 평화 속에서 메이지 유신[3]이라는 커다란 비약을 맞이하기까지 실력을 키울 수 있게 했다는 공적은 결코 지울 수 없는 것이다.

토쿠가와 시대의 어용학자는 이에야스를 절대적으로 맹신하여, 이에야스에 관한 일이라면 무엇이든 선(善)인 양 해설하여 날조했다. 또한 토요토미를 지지한 사람들이나 반 토쿠가와 씨 편에 선 사람들은 이에야스라고 하면 바로 노회한 너구리라며 깎아내렸다. 이래서는 정치가의 자기선전과 마찬가지로 아전인수 이상의 추함밖에 남지 않아 오히려 영웅으로서의 진가를 잃게 만들 뿐이다. 영웅은 언제나 공과(功過) 양면을 지니고 있다. 이는 어떠한 인물도 피할 수 없는 일이기는 하나 이에야스는 명백히 그 대표적인 인물이라고 할 수 있을 것이다.

이 책에서는 위와 같은 여러 관점에서 이에야스의 일생을 살펴보았다. 그러나 지면관계상, 그리고 다른 책과의 중복을 피하기 위해서 제3편에 속한 세키가하라 전투(関ヶ原の戦い)와 오오사카 전투(大阪の陣) 2개의 절은 가능한 한 생략하여 다른 책에 양보하기로 했다.

---

2) 応仁の乱(1467~1477). 처음에는 도읍인 쿄토를 중심으로 시작되었으나 이후 전국적 규모로 번진 내란. 이 내란으로 쿄토는 황폐해졌으며 쇼군의 권위가 실추되어 군웅이 할거하는 전국시대를 맞이하게 되었다.
3) 明治維新. 토쿠가와 막부체제 붕괴 이후 메이지 신정권(1868~1912)에 의한 중앙집권적 통일국가 성립과 자본주의화의 출발점이 되었던 일련의 정치적 · 사회적 변혁.

이 책이 이에야스 연구에 새로운 방향을 제시하여 종전의 관점에 변화가 일어난다면 저자로서 그보다 더 기쁜 일도 없을 것이다.

자료수집, 이에야스의 성격에 관해서는 사카모토 사장님의 도움을 얻었다. 이 자리를 빌려 감사의 마음을 전한다.

1934년 9월
히타치 이키스에서 저자

제1편　고투기

오다 노부나가

토요토미 히데요시

토쿠가와 이에야스

1. 토쿠가와 씨의 기원

전란에 이은 전란, 난마처럼 얽힌 중세의 암흑시대는 노부나가, 히데요시, 이에야스의 손을 거쳐 비로소 근세의 명랑한 세계를 맞이하게 되었다.

기초공사로 땅을 다진 것이 오다 노부나가(織田信長), 거칠게나마 집을 지은 것이 토요토미 히데요시(豊臣秀吉)라고 한다면, 그러한 집을 여러 가지로 손보고 등불을 달아 비로소 살기 좋은 평화로운 집으로 만든 것은 토쿠가와 이에야스(德川家康)라고 할 수 있다.

노부나가는 오로지 준비시대로 끝났으며 히데요시의 건설을 이에야스가 완성한 셈인데, 이 세 사람의 손을 거침으로 해서 전국의 세상은 일대 전환기를 맞아 에도(江戸) 막부 300년의 서막을 열게 된 것이다.

300년에 걸친 태평시대였던 에도의 기초를 닦은 토쿠가와 이에야스의 조상은 어떤 사람들이었을까? 여기서 잠시 토쿠가와 씨의 계보를 생각해 보자면, 멀리 헤이안 시대[4]의 제56대 텐노[5]인 **세이와(清和)텐노**까지 거슬러 올라가야 한다. 세이와텐노가 즉위한 조간(貞観) 원년(859), 큐슈[6]의 우사하치만구[7]로 교쿄(行教) 법사가 참배를 갔을 때,

"하치만의 대신이, 왕성으로 가서 보위(宝位)를 지키겠다."라는 신탁

---

4) 平安時代(794~1192). 도읍을 지금의 쿄토로 옮긴 이후 카마쿠라 막부가 성립되기까지의 약 400년.
5) 天皇. 일본의 임금을 이르는 말.
6) 九州. 일본 열도의 4대 섬 가운데 서남쪽에 있는 섬.
7) 宇佐八幡宮. 오오이타 현 우사 시에 있는 신사. 하치만은 궁시(弓矢)의 신으로 무가의 수호신.

어지럽게 날고 있는 기러기

을 받았기에 그 사실을 고했더니 텐노는 크게 감격하여 야마시로노쿠니[8]
오토코야마(男山) 하토가미네(鳩峯) 이와시미즈(石清水)에 신사를 조영
케 했다. 흔히 오토코야마 하치만구라고 부르는 신사로, 세이와겐지[9]의
후손이 이후 조상신으로 숭배한 것은 여기에서 기인한 것이라고 한다.

　세이와텐노의 여섯 번째 아들이 **사다즈미(貞純) 친왕**으로 히타치[10]
의 태수[11]였다. 아내는 우다이진(右大臣) 미나모토 요시아리(源能有)의
딸이었는데, 이 요시아리는 무예에 매우 능해서 궁술과 마술, 병법 모두에
통달했다고 일컬어졌을 정도였다. 그 비술을 친왕에게 모두 전수했기에
겐지 집안에서 무술에 능한 사람이 여럿 나온 것이라고 한다.

　사다즈미 친왕의 큰아들 **쓰네모토(経基)**는 무사시노스케[12]로 있었

---

8) 山城国. 현 쿄토 부의 남부 지역을 일컫던 옛 지명. 조슈(城州)라고도 불렀다.
9) 清和源氏. 세이와텐노의 후손으로 미나모토(源)를 성을 쓰던 씨족.
10) 常陸. 지금의 이바라키 현 지역을 일컫던 옛 지명.
11) 옛날 중앙에서 지방의 행정단위인 쿠니(国)로 파견했던 관리인 코쿠시(国司) 가
　 운데 장관을 카미(守)라고 했는데, 태수는 중국식 명칭으로 카미가 된 친왕을 일컫
　 는다. 코쿠시는 장관인 카미, 차관인 스케(介), 조(掾), 사칸(目)을 일컫는다.
12) 무사시(武蔵)는 지금의 토쿄, 카나가와 현, 카와사키 시, 요코하마 시 일부, 사이

는데, 텐교(天慶) 2년(939) 타이라 마사카도(平將門) 등에 의해 칸토[13]가 크게 어지러워졌을 때, 그 사실을 가장 먼저 쿄토(京都)에 알린 공적으로 종5위하 다자이후 쇼니[14]가 되었으며, 후에 친주후쇼군[15]에 임명되어 정4위상이 되었고, 텐교 5년(942) 6월 15일에 처음으로 '미나모토(源)' 성을 하사받았다. 이렇게 해서 세이와겐지가 명실상부 성립되었다.

이후 **미쓰나카(滿仲)** · **요리노부(賴信)** · **요리요시(賴義)**를 거쳐 어지럽게 날고 있는 기러기[16]를 보고 복병이 있음을 안 **하치만 타로 요시이에(八幡太郎義家)**의 셋째 아들인 **요시쿠니(義国)**의 큰아들 **요 시시게(義重)**에 이르러 코즈케노쿠니[17] 닛타노쇼(新田の庄)를 받아 테라오(寺尾) 성에서 살았으며, 동생인 요시야스(義康)는 아시카가(足利) 지방을 받았다. 요시시게는 닛타 씨의 시조가 되었고, 요시야스는 아시카가 씨의 시조가 되었다.

이 무렵, 호겐 · 헤이지의 난[18]에 의해 세력을 완전히 잃고 만 겐지(미나모

타마 현 대부분의 지역을 일컫던 옛 지명. 스케는 앞의 주 참고. 친왕은 카미가 되어도 실제 그 쿠니로는 부임하지 않았기에 차관인 스케가 실무를 담당했다.

13) 関東. 지금의 토쿄와 사이타마, 군마, 토치기, 이바라키, 치바 현으로 이루어진 지방.

14) 다자이후(太宰府)는 7세기 후반에 큐슈 치쿠젠노쿠니에 설치되었던 지방행정기관. 군사 · 외교를 주임무로 삼았으며, 큐슈 지방의 내정도 담당했다. 쇼니(少弐)는 다자이후의 차관.

15) 鎮守府将軍. 고대 일본의 북동부에 살며 통일국가의 지배에 저항했던 사람들인 에조(蝦夷) 경영을 위한 군정부(軍政府)인 친주후의 군정 장관. 대부분은 무쓰노 카미(陸奥守)가 겸했다.

16) 雁の乱れ. 헤이안 시대 후기에 데와, 무쓰를 무대로 벌어졌던 전투를 고산넨노에키(後三年の役)라고 하는데, 이때 겐지 군이 행군하던 도중 기러기가 어지럽게 날고 있는 것을 보고 적의 복병이 있음을 요시이에가 꿰뚫어보아 승리를 거두었다고 한다. 전투 결과 동북지방을 실질 지배하고 있던 세이와겐지는 소멸하고 오슈(奥州) 후지와라(藤原) 씨가 등장하는 계기가 되었다.

17) 上野国. 지금의 군마 현.

18) 保元平治の乱. 1156년과 1159년에 쿄토에서 권력투쟁에 의해 연달아 일어난 내란. 헤이 씨 정권(平氏政権, 타이라 씨)이 성립하는 계기가 되었으며 무사시대의 도래를 알렸다.

토 씨) 일족은 기세등등하던 헤이케(平家타이라 집안)의 눈을 피해 각자 때가 오기를 기다리고 있었는데, 지쇼(治承) 3년(1179)에 오만한 헤이케의 약점을 찌른 겐잔미요리마사[19] 등의 궐기가 있었고, 모치히토(以仁) 왕의 명령이 전국에 웅크려 있던 겐지 일문을 향해 내려졌다. 불행하게도 요리마사를 비롯하여 모치히토 왕 등은 우지가와(宇治川) 강변에서 비장한 최후를 맞이했으나, 이는 겐지 일족을 위한 강력한 도화선이 되어 전국 방방곡곡에서 깃발을 들고 달려왔고, 특히 이즈[20] 지방에 있던 요리토모[21]의 가담이 결정적으로 겐페이(源平미나모토 씨와 타이라 씨를 아울러 이르는 말)의 운명을 역전시켜 헤이케(타이라 집안)는 세토 내해[22]에서 비참한 최후를 맞이했으며, 겐지(源氏 미나모토 씨)는 카마쿠라(鎌倉) 막부를 건설하여 무단정치(武斷政治)의 첫 걸음을 내딛게 되었다. **(카마쿠라 막부의 시작)**

이때 요리토모가 코즈케의 요시시게에게 겐지의 재흥을 위한 전선에 가담해달라고 사자를 보냈으나, 무슨 생각을 한 것인지 요시시게는 이 권유에 따르지 않고 테라오 성에 들어앉아 군세를 모았으며, 거듭되는 재촉에도 응하지 않았기에 결국에는 요리토모를 화나게 만들었고, 이후 백방으로 사과하여 간신히 용서를 받았다.

요시시게의 넷째 아들인 **요시스에(義季)**에 이르러 닛타노쇼 세라다 (世良田)의 한 지방인 토쿠가와(德川) 읍을 받았으며, 거기에서 살기 시작했기에 이후 세라다 씨, 혹은 토쿠가와라는 성을 칭하게 되었다.

---

19) 元三位賴政. 미나모토 요리마사(源賴政)의 별명.
20) 伊豆. 지금의 시즈오카 현 동남부.
21) 미나모토 요리토모(源賴朝, 1147~1199). 일본 최초의 무가정권인 카마쿠라 막부를 세운 초대 쇼군.
22) 세토나이카이(瀨戸内海). 쿄토의 서쪽에 위치한 바다라는 의미로 사이카이(西海) 라고도 부른다. 혼슈의 서부, 시코쿠(四国)·큐슈에 둘러싸인 일본 최대의 내해.

토쿠가와라는 성은 여기에서 시작된 것이다.

요시스에는 토쿠가와 시로(德川四郎)라고도 불렸는데, 분지(文治) 4년(1188)에 우다이쇼(右大将) 요리토모가 하코네(箱根)의 미시마(三島)를 참배했을 때 그를 수행했으며, 켄큐(建久) 원년(1190)과 6년(1195)에 요리토모가 쿄토에 들어갔을 때에는 기마수행원이 되었으니, 이때는 이미 아버지 요시시게처럼 고집스럽게 반항하다 마침내는 거듭거듭 용서를 빌어야 하는 위치에는 있지 않았으며, 오로지 겐지 본류(本流)를 위해서 충정을 다하고 있었던 듯하다. 훗날 삭발을 하고 승적에 들어 닛타 뉴도23) 나리라고 불리게 되었는데 세상을 떠난 시기와 나이는 알려지지 않았다.

요시시게의 셋째 아들인 요시카네(義兼)는 요시사다24)의 조상이 되었고, 넷째 아들인 요시스에는 토쿠가와 씨의 시조가 된 것이다.

여기에 이르기까지 겐지(미나모토 씨)의 흐름은 매우 다양하게 갈라져나갔다. 본류, 지류, 정계(正系), 방계 등 숫자로 헤아린다면 참으로 어마어마한 숫자가 되었으리라. 그러는 사이에도 수많은 흥망, 즉 겐페이(미나모토 씨와 타이라 씨) 양 씨의 성쇠는 있었으나, 요시스에가 토쿠가와에 자리를 잡았을 무렵은 누가 뭐래도 겐케(미나모토 가) 만세의 시대라고 할 만한, 무문정치의 발생 당시였다.

그러나 물의 흐름에 따라 떠다니는 물방울처럼 덧없는 것이 이 세상사의 이치일까? 그처럼 호화롭던 겐지의 정계(正系)는 사네토모(実朝)를 마지막으로 겨우 3대만에 단절되었으며, 그렇게도 커다란 고심과 노력을 기울여 세웠던 카마쿠라 막부도 그대로 다른 사람의 손에 넘어가 세상은

---

23) 入道. 불문에 들어간 3품 이상의 귀인.
24) 닛타 요시사다(新田義貞, 1301~1338). 카마쿠라 막부를 멸망시켜 켄무 정권에서 중용하였으나, 이후 아시카가 타카우지와 대립하여 38세에 전사했다.

호조(北条) 씨의 천하가 되어버리고 말았다[25].

이 무렵, 닛타 뉴도 요시스에의 장남인 **세라다 마고시로 요리우지(世良田孫四郎頼氏)**는 쇼군[26] 요리쓰구(頼嗣) 및 무네타카(宗尊) 친왕을 섬겼으며, 쓰메반슈[27]가 되었고 종5위하인 미카와노카미(三河守)에 임명되었다. 요리우지의 둘째 아들은 **세라다 지로 노리우지(世良田次郎教氏)**, 혹은 미카와 지로(三河次郎)라고 불렸는데, 쇼안(正安) 원년(1299)에 세라다 초락쿠지(長楽寺)라는 절에 땅을 바쳤다. 그 아들이 **이에토키(家時)**로 세라다 마타지로(世良田又次郎)라고 불렸는데 쇼안 시절에 아버지 노리우지보다 먼저 세상을 떠났다. 이에토키의 아들이 **세라다 야지로 미쓰요시(世良田弥次郎満義)**다.

토쿠가와 씨가 미쓰요시 대에 이르렀을 무렵, 당시의 집권자였던 호조 타카토키(北条高時)의 횡포가 극에 달해 마침내는 고다이고텐노(後醍醐天皇)의 노여움을 사 호조 씨를 토멸하라는 밀칙이 떨어지자마자 쿠스노키 마사시게(楠木正成)를 비롯하여 키타바타케 아키이에(北畠顕家), 나와 나가토시(名和長年), 코지마 타카노리(児島高徳), 키쿠치 타케토시(菊池武敏) 등 근왕의 지사들이 속속 일어났다. 마사시게가 치하야(千早, 오오사카 남동부) 성에 자리를 잡고 중앙의 적군(賊軍)을 상대하여 그들을 마음껏 농락하는 사이에 다이토노미야 모리나가(大塔宮護良) 친왕의 영지가 전국에 전해졌고, 아시카가 타카우지(足利尊氏)의 배신으로 쿄토 로쿠하라탄다이(六波羅探題)를 무너뜨려 칸사이[28]의 (쿄토 방면)

---

25) 미나모토 씨는 3대만에 카마쿠라 막부의 실권을 잃고, 호조 씨가 막부의 실질적 지배자가 되었다.
26) 将軍. 세이이타이쇼군(征夷大将軍)의 줄임말로 카마쿠라 시대(1185~1333) 이후 무력과 정권을 쥔 막부의 주권자.
27) 詰番衆. 쇼군 곁에서 경호하던 직책.
28) 関西. 쿄토, 오오사카, 코베를 중심으로 한 지역.

적군을 전부 물리쳤을 무렵, 코즈케에서 일어난 닛타 요시사다가 이쿠시나 신사의 신전에서 거병하여 이후 코에쓰신[29]의 대군을 이끌고 무사시 (카마쿠라 방면)를 공격했다.

일족인 미쓰요시도 당연히 종가의 이 일전에 참가했는데, 타마가와(多摩川) 강을 건너 미나미타마(南多摩) 방면으로 나갔고 요시사다의 전략에 따라서 우익군은 오오다치 무네우지(大館宗氏)를 대장으로 하여 카타세(片瀬) 코시고에(腰越)를 넘어 카마쿠라의 고쿠라쿠지(極楽寺) 키리토오시(切通し)로, 좌익군은 호리구치 사다미쓰(堀口貞光)를 대장으로 카마쿠라 코부쿠로자카(小袋坂)로 진격했으며, 요시사다 및 동생인 와키야 요시스케(脇屋義助)는 중군의 대장이 되어 카마쿠라 케쇼자카(化粧坂)로, 그리고 미쓰요시는 요시사다의 직속 막하로 중군에 속해 진격하게 되었다. 그런데 우익군의 전황이 좋지 않아 대장인 오오다치 무네우지가 전사했다는 소식을 접한 요시사다는 스스로 주력을 이끌고 카타세 코시고에를 지나 이나무라가사키(稲村ヶ崎)에서 배로 아침 해변을 출발하여 카마쿠라를 향해 똑바로 공격해 들어갔다. 고쿠라쿠지의 키리토오시를 지키고 있던 오오사라기 사다나오(大仏貞直)의 군 2만도 단숨에 무너졌으며, 요시사다의 처삼촌인 안도 마사쓰라(安東昌貫)가 3천여 기를 데리고 지키던 이나세가와(稲瀬川)를 미쓰요시 군이 후방에서부터 공격하여 수 시간에 걸친 격전 끝에 승리를 거두었기에 적은 겨우 몇 백 기만이 달아났을 뿐이었다.

이처럼 미쓰요시 등의 대승 속에서 카마쿠라 일대는 불바다가 되었다. 요시토모 이후 150년의 역사를 자랑하던 카마쿠라는 요시사다 등이 정벌을 나선 지 5일 만에 전부 재가 되어버렸으며, 적장인 타카토키

---

29) 甲越信. 카이, 에치고, 시나노 지방을 아울러 이르던 말.

등의 자결로 호조 씨의 시대는 완전히 저물고 세상은 켄무 중흥의 밝은 빛으로 넘쳐나게 되었다. (카마쿠라 막부의 붕괴)

무가정치의 종식과 함께 임금이 통치하던 예전으로 돌아갔다 싶은 것도 잠시, 근왕의 지사에 대한 논공행상에 불만을 품고 무가정치 시절을 그리워하는 자가 속출했다. 그러한 형세를 살피던 아시카가 타카우지가 충신인 양 일단 관군에 속했던 것도 한때, 호조 씨의 잔당인 사가미지로 토키유키(相模次郎時行)가 카마쿠라에서 군대를 일으켜 소란을 피우자 칙허도 기다리지 않고 동쪽으로 향한 이후 세상은 다시 전란에 갇혀버리고 말았다. 이 일을 계기로 근왕의 지사들이 다시 일어나게 되었으나, 시대는 얄궂게도 역신인 타카우지의 편을 드는 자들이 의외로 많아 간단히는 소탕할 수가 없었다.

조정에서는 아시카가 씨를 토벌하기로 결정하고 나카쓰카사쿄(中務卿) 타카나가(尊良) 친왕을 상장군으로, 닛타 요시사다를 대장으로 삼아 토카이도[30]와 토잔도[31] 두 갈래로 카마쿠라를 공격하기로 했다. 그러나 적군의 세력이 매우 강성해서 요시사다 등은 점차 밀려났으며 그 뒤를 쫓아온 타카우지 군이 쿄토 부근의 관군을 격파하고 쿄토로 들어갔다. 이에 일시 난을 피해 임금이 히에이잔(比叡山) 산기슭인 오우미[32]의 히가시사카모토(東坂本)로 들어갔을 정도였으나, 관군도 곧 기세를 회복하여 타카우지는 큐슈로 달아났다. 그런데 타타라가하마(多々良が浜)에서 의용군인 키쿠치(菊池) 씨를 격파한 이후 큐슈 일대를 손에 넣었으며, 바다와 뭍의 길로 동진을 시작, 이를 저지하던 마사시게는 미나토가와(湊川) 전투에서 비장하게 전사했고, 요시사다도 역시 패하여 황태자 쓰네나

---

30) 東海道. 쿄토에서 토쿄까지 태평양 해안선을 따라 난 도로.
31) 東山道. 쿄토에서 토쿄까지 내륙지방을 통해 이어진 도로.
32) 近江. 지금의 시가 현. 고슈(江州)라고도 불렀다.

가(恒良) 친왕, 나카쓰카사쿄 타카나가 친왕을 모시고 북쪽으로 달아나
그곳에서 재기를 꾀하게 되었다. 그리고 고다이고텐노는 요시노(吉野)로
천도하여 남북조 2개의 조정이 병립하게 되었다. (**남북조시대 · 무로마
치 막부 시작**)

그 사이 세라다 미쓰요시는 종가인 요시사다를 따라 각지를 돌아다니
며 전투에 임했으나, 에치젠[33] 카네사키(金崎) 성에서 근왕군의 재흥을
꾀하던 요시사다가 토묘지나와테(灯明寺畷)에서 덧없이 최후를 맞이하
자 이후부터는 아시카가 씨의 눈을 피해 종가인 닛타 씨와 함께 코즈케와
시나노[34] 부근으로 모습을 감추었다.

미쓰요시의 아들인 **마사요시(政義)** 대에 이르자 시나노에 숨어 있던
고다이고텐노의 셋째 아들 무네나가(宗良, 무네요시라고도 한다) 친왕과
함께 도모한 닛타 요시오키(新田義興, 요시무네의 서형<庶兄>), 요시무
네(義宗, 요시사다의 셋째 아들), 와키야 요시하루(脇屋義治, 요시스케의
아들) 등이 쇼헤이(正平) 7년(1352) 윤2월에 코즈케에서 갑자기 궐기하여
무사시를 평정하고 질풍처럼 카마쿠라로 공격해 들어갔다. 말할 필요도
없이 세라다 마사요시 역시 거기에 가담했다. 한때는 카마쿠라를 점령했
던 코즈케 군도 코테사시카와라(小手差河原), 이리마가와(入間川), 코라
이하라(高麗原) 등에서 패하자, 친왕은 다시 시나노로 돌아갔으며 요시
무네 등 역시 에치고[35]로 물러나지 않을 수 없었다.

그 후 마사요시는 무네나가 친왕의 아들인 타다요시(尹良) 친왕을
보좌하여 오에이(応永) 4년(1397)에 요시노 산지에서 나와 토오토우미
노쿠니[36]의 이이타니(井伊谷) 성으로 들어갔다가, 이듬해에 카이노쿠

---

33) 越前. 지금의 후쿠이 현 북동부. 엣슈(越州)라고도 불렀다.
34) 信濃. 지금의 나가노 현. 신슈(信州)라고도 불렀다.
35) 越後. 지금의 니가타 현. 엣슈(越州)라고도 불렀다.
36) 遠江国. 지금의 시즈오카 현 서부. 엔슈(遠州)라고도 불렀다.

니[37]를 지나 코즈케로 들어갔다. 그곳은 닛타 일족의 근거지였기에 속속 모여든 닛타 일족은 타다요시 친왕을 받들어 근왕의 군을 일으키고 남조[38]를 위해 진력을 다하겠다며 친왕을 테라오 성으로 데리고 들어가 때가 오기를 기다렸다.

풍운의 기운이 적군(무로마치 막부의 아시카가 씨)의 약점을 쉽사리 내보이지 않았기에 코즈케의 닛타 마사요시 등은 천하를 되찾으려는 사업이 나날이 쇠해가는 것을 한탄했으나, 그러는 사이에 친왕의 총애를 받은 마사요시의 딸이 아들을 낳았다. 같은 겐지의 피를 물려받은 아시카가 씨는 이제 적군(賊軍)이라는 오명을 온전히 쓰게 되었으나, 악이 번성하면 하늘에 이긴다는 옛말처럼 제3대 쇼군인 요시미쓰(義満)에 이르자 닛타 씨에 대한 공격의 손길이 더욱 거세졌다. 이에 마음을 함께 했던 주위 사람들도 대세에 따르고 싶어 하는 인간의 약점을 그대로 드러내어, 당장 자신의 안위를 바라며 한 사람 떠나고, 두 사람 떠나고, 적군에게 투항했기에 전국에 있던 근왕의 군은 실로 새벽녘의 별처럼 성긴 것이 되어버리고 말았다.

세라다 마사요시 등이 자리 잡고 있는 테라오 성에도 그러한 기운이 감돌았다. 이에 타다요시 친왕은 예전에 자신이 머물던 시나노노쿠니로 옮길 수밖에 없었기에 자신의 아들은 외할아버지인 마사요시에게 맡기고 테라오 성에서 나와 오에이 31년(1424) 4월 무렵에 스와(諏訪)의 시마자키(島崎) 성으로 들어갔으며, 8월이 되자 마사요시의 동생인 요시아키(義秋)를 비롯하여 모모노이 뉴도 무네쓰나(桃井入道宗綱), 하네가와 아와노카미 카게쓰네(羽川安房守景庸) 등과 함께 시마자키 성에서 나와 같은 달 15일에 오오노(大野)를 지나게 되었다.

---

37) 甲斐国. 지금의 야마나시 현. 코슈(甲州)라고도 불렀다.
38) 일본 남북조시대(1336~1392)에 요시노에 도읍했던 조정.

새벽부터 좋지 않던 날씨가 일출과 함께 더욱 거칠어져 얼굴을 뒤덮는 것 같은 폭풍에 더해 장대비. 옆에서 들이치는 풍우는 우산과 도롱이까지 날려버렸으며 옷깃 사이로 스며드는 비에 전신이 물에 젖은 생쥐 꼴이 되어 걸음을 떼기조차 어려웠다. 얼굴을 돌리고 몸을 웅크리고 쓰러질 듯 간신히 몸을 지탱하며 가는 모습은 마치 패잔병 같아서 친왕의 모습은 너무나도 가슴 아픈 것이었다. 원래는 무네나가 친왕의 아들로 구중의 깊은 곳에서 틈새바람조차 모르고 지냈어야 할 사람이, 지금은 물이 거꾸로 흐르는 시절이라고는 하지만 산속의 산적조차 경험하지 못한 괴로움을 맛보고 있었다. 경호를 맡은 사람들은 그의 모습을 볼 때마다 가만히 갑옷의 소매를 적셨다. 순간 눈앞에 불쑥 나타난 창칼의 숲. 놀라 칼을 빼들고 앞을 바라보니 언제 따라왔는지 수백 명의 수상한 자들, 큰일이다 싶어 몸을 피했으나 뒤편에서도 다가오는 대검의 빛.

아차 싶은 순간에는 이미 늦었다. 이이다 코마바(飯田駒場) 등의 역도들이 이 비바람을 이용하여 습격을 가한 것이었다. 너무나도 세찬 비바람 때문에 주위를 조금도 경계하지 않았던 것은 안타까운 일이었으나, 사람들은 이미 마음을 정했다. 끝까지 싸우다 죽겠다!! 사방에 적을 맞은 사람들은 순식간에 용맹하고 과감한 겐지(미나모토 씨) 무사로 변모해 있었다. 그야말로 사자분신(獅子奮迅), 온 힘을 다해 싸우는 동안에도 타다요시 친왕만은 어떻게든 빠져나가게 하려 애를 태웠으나 중과부적, 점차 좁혀드는 적에 활이 부러지고 칼날의 이가 빠져버리고 말았다. 요시아키, 무네쓰나, 카게쓰네 등이 차례로 쓰러졌으며 타다요시 친왕만은 간신히 혈로를 뚫어 한 민가로 들어갔으나 결국에는 자결을 하고 말았다.

이 무슨 비극이란 말인가. 미친 듯이 날뛰는 폭풍우 속에서의 비극. 그러나 폭풍우는 더욱 거세져 두 번째 비극을 일으키기 전까지는 멈추지 않았다. 테라오 성에서 어린 왕을 지키던 마사요시는 이 가슴 아픈 소식을 접하자마자 시시각각으로 다가오는 아군의 운명을 예감하지 않을 수 없었다. 그도 그럴 것이 닛타 가문의 발상지인 이 코즈케노쿠니마저 이제는 안심할 수 없는 땅이 되어 호시탐탐 빈틈만 노리는 자들이 곳곳에서 일어나고 있었기 때문이었다.

위험을 느낀 마사요시는 세이초(正長) 원년(1428) 여름에 어린 왕을 코즈케노쿠니의 오치아이(落合) 성으로 옮겼으나 그곳도 여의치 않았기에 시나노를 두어 번 왕래했고, 에이쿄(永享) 7년(1435)에 미카와노쿠니로 옮길 결심을 하고 따르는 자 21명과 함께 시나노노쿠니의 나미아이(波合)까지 갔다. 그러나 운이 좋지 않을 때는 달리 방법이 없는 법이다. 여기서 다시 타다요시 친왕을 습격했던 이이다 코마바 군의 공격을 받게 되었다. 마사요시 등이 제아무리 용맹하다 한들 구름떼처럼 몰려드는 적군, 게다가 그곳은 적지였다. 몇 시간에 걸친 난전 끝에 마사요시를 비롯한 무리 20여 명은 한을 품은 채 목숨을 잃고 말았다. 난전 중에도 마사요시의 아들인 마사치카(政親) 등이 다행히 어린 왕을 지키며 오와리39) 쪽으로 달아날 수 있었으나, 2번에 걸쳐 같은 역도(逆徒)의 공격을 받아 덧없이 최후를 맞이했다는 것은 너무나도 슬프고 안타까운 일이었다.

마사요시 등의 전사 이후 코즈케의 닛타는 점차 세력을 잃어 남은 힘으로 간신히 그 생명을 유지하게 되었다. 이러한 동안에도 다시 한 번 꽃을 피우고 싶다는 소망에는 변함이 없었으며, 마사요시의 아들인 **치카스에(親季)**는 자신의 아들인 **아리치카(有親)** 등과 아시카가의 압박을 피해 세력 회복에 노력했다.

---

39) 尾張. 지금의 아이치 현 서부. 비슈(尾州).

기다리면 때가 온다는 말처럼 엎드려 있던 용이 일어날 시기가 치카스에 등의 앞에도 찾아왔다. 당시 카마쿠라쿠보[40])는 미쓰카네(満兼)의 아들인 사효에노스케 모치우지(左兵衛督持氏)로, 카마쿠라에 머물며 칸토 8개 주[41])에서 토호쿠[42])에 이르기까지 권력을 행사했는데 오에이 23년(1416) 4월, 히타치노쿠니에 살고 있던 코시하타 로쿠로 노부치카(越幡六郎信親)의 영지를 몰수했기에 집사인 우에스기 우에몬노스케 우지노리 뉴도 젠슈(上杉右衛門佐氏憲入道禅秀)와 대립하게 되었고, 그 결과 젠슈는 집사 직에서 물러나 미쓰카네의 동생인 신미도(新御堂) 미쓰타카(満埀) 등과 이야기하여 모치우지 토벌의 음모를 꾸밈과 동시에, 그들 두 사람의 이름으로 칸토 8개 주는 물론 데와[43]) · 오우[44])에까지 토벌에 참가하라는 글을 전령에게 주어 급히 전하게 했다.

드디어 때가 왔다며 코즈케노쿠니에서 그 글을 보고 미소 지은 것은 치카스에였다. '지금이다. 이 난을 잘만 이용하면 선조들의 뜻을 펼칠 수 있을지도 모른다.'라며 그는 곧 일족 및 종가인 닛타 사람들과 함께 우에스기 젠슈의 부름에 응했다. 뉴도 젠슈가 돌린 글이 효력을 발휘하여 카마쿠라로 모여든 군대가 대략 11만 3천여 기. 이 대군의 습격을 받은 모치우지는 한시도 버티지 못하고 카마쿠라에서 나와 하코네로 달아났으며, 막부에 사실을 급히 알리고 즉시 원병을 보내달라고 재촉했다. 이에 쇼군 요시모치(義持)는 모치우지의 청을 받아들여 아카마쓰 요시노

---

40) 鎌倉公方. 무로마치 막부에서 칸토 지방의 통치를 위해 설치한 카마쿠라후의 장관. 아시카가 씨가 세습했다.
41) 칸토 지방의 8개 쿠니. 무사시, 사가미, 코즈케, 시모쓰케, 카즈사, 시모우사, 아와, 히타치노쿠니를 말한다.
42) 東北. 혼슈 북동부를 차지하고 있는 지방. 현재의 아오모리, 이와테, 아키타, 미야기, 야마가타, 후쿠시마 현.
43) 出羽. 지금의 야마가타, 아키타 현을 아우른 지역.
44) 奧羽. 무쓰노쿠니와 데와노쿠니를 함께 이르던 말. 지금의 토호쿠 지방.

리(赤松義則)를 대장으로 삼아 칸토로 향하게 했다. 단번에 카마쿠라를 함락시켜 개가를 올렸던 우에스기 군도 토벌군이 칸토로 출발했다는 소식을 듣자마자 앞 다투어 투항했으며 갑주를 벗고 도로에 무릎을 꿇은 채 용서를 빌었다. 모치우지를 쫓아내고 카마쿠라쿠보라도 된 양 마음 놓고 있던 미쓰타카와 젠슈 등은 곧 패전에 이은 패전으로 마침내 유키노시타(雪ノ下)에서 자결해버리고 말았다.

이렇게 해서 예전의 자리로 되돌아간 모치우지는 젠슈 편에 섰던 자들에게 철저한 탄압을 가하기 시작했다. 닛타 씨 일족은 그러한 탄압의 중심표적이었기에 한 사람도 남김없이 찾아내어 처단하라는 엄명이 내려졌다. 이 잡듯 뒤지던 탐색의 손길이 본거지인 닛타를 향해 오는 것은 당연한 일이었다. 이제는 고향인 세라다에서조차 살기 어려워진 치카스에는 그의 아들인 아리치카 및 아리치카의 아들인 **치카우지(親氏)**를 데리고 선조 이후 정들었던 토쿠가와 읍을 떠나 정처 없는 방랑길에 나섰는데 무사의 모습으로는 어디까지고 위험이 따라올 터였기에 사가미노쿠니45)의 후지사와(藤沢)에 이르렀을 때 그곳의 절인 쇼조코지(清浄光寺)로 들어가 머리를 깎고 시종46)의 승려로 모습을 바꾼 뒤 거기서 아리치카 부자와 헤어졌다. 그리고 산길을 따라 토호쿠 지방으로 향했는데 그 이후부터는 소식이 끊겨버리고 말았다.

×   ×   ×

아버지 치카스에가 떠난 이후에도 한동안 쇼조코지에 머물던 아리치카 부자는 언제까지고 거기에 있을 수도 없었기에 역시 삭발을 하고 시종의 승려가 되었으며 아리치카는 초아미(長阿弥), 치카우지는 토쿠아미(徳阿弥)라고 이름을 바꾸고 아버지와 마찬가지로 정처 없이 떠도는

---

45) 相模国. 지금의 카나가와 현의 대부분. 소슈(相州).
46) 時宗. 불교 종파 가운데 하나.

토끼를 잡는 하야시 토스케

여행길에 올랐다.

　흥할 때는 그 세력이 천하를 뒤덮을 듯하다가도 일단 쇠퇴하여 땅에 떨어지면 무상한 바람은 끝도 없이 불어대는 법이다. 닛타 겐지의 피를 이어받아 세라다의 토쿠가와에서 이름을 떨치던 아리치카 부자도 이제는 세상의 눈을 피하기 위해서 승려로 모습을 바꾸었으며, 사각거리는 풀 소리나 흐르는 강물 소리에조차 귀를 기울여야 하는 신세가 되어버리고 말았다. 북서쪽으로 길을 잡아 사람들의 눈을 피해 산이 계속되는 시나노지(信濃路)에 접어들었을 무렵, 어느 틈엔가 섣달의 바람은 차가워졌으며 산에서 불어오는 바람은 찢어진 옷자락으로 파고들었고 정처 없는 발걸음에서는 힘이 빠져, 쓸쓸하게 저물어가는 고원에 서자 서글픔이 한층 더할 뿐이었다. 산간지방에서는 언제부턴가 눈이 내리기 시작했다. 산속에 있는 하야시 토스케(林藤助)의 집에 간신히 도착한 것은 에이쿄 11년(1439)도 저물려하는 12월 하순이었다.

　하야시 토스케는 토쿠가와에 있을 때부터 알고 지냈기에 아리치카

부자의 방문을 매우 기뻐했으며 뭔가 음식을 대접하고 싶었지만 사방이 온통 새하얀 눈으로 뒤덮인 산골의 겨울이니 뾰족한 수가 없었다. 그러다 한 가지 방법을 생각해낸 토스케는 마침 내리던 큰 눈을 헤치고 깊은 산속으로 들어가 산토끼를 잡아다 이듬해인 에이쿄 12년(1440) 정월 첫날에 떡국과 산토끼로 끓인 탕을 상에 올렸다. 굶주렸던 아리치카 부자의 기쁨은 이만저만한 것이 아니었다고 한다. (이후 토쿠가와 집안에서는 새해 첫날이면 토끼로 끓인 탕을 먹었다고 한다.)

토스케의 우정에 진심으로 감사하면서도 오래 머물 수 있는 몸이 아니었기에 한없이 아쉬워하는 토스케에게 '연이 닿으면 다시 만날 날도 있으리라. 그리고 은혜를 갚을 날도 찾아오리라.'는 말을 남긴 채 아직 눈이 깊은 시나노지를 출발하여 다시 방랑의 길에 올랐다.

2. 미카와 8대

(1) 초대 치카우지

눈이 깊은 시나노노쿠니의 하야시 토스케의 집에서 출발한 초아미와 토쿠아미 두 사람은 길을 남쪽으로 잡아 미카와노쿠니 오오하마무라(大浜村)에 이르렀고 그곳의 쇼묘지(称名寺)에서 잠시 머물기로 했다.

하루는 렌가47)에 빠져 있는 절의 승려들이 중심이 되어 지역 유지와 호족과 함께 렌가 모임을 개최하기로 했다. 그날이 되자 근방의 유지들이 속속 모여들었으며, 식객인 초아미 아리치카가 서기를 맡았고 토쿠아미 치카우지는 이들 가객의 접대역을 맡았다.

모임이 점차 진행되어 한창 고심하며 시가를 짓고 있었는데, 아까부터 시 짓기도 잊고 토쿠아미의 움직임에 마음을 빼앗긴 두 호족이 있었다. 한 사람은 니시미카와(西三河) 사카이고(坂井郷)의 고로사에몬(五郎左衛門), 다른 한 사람은 마쓰다이라고(松平郷)의 타로자에몬(太郎左衛門)이었다. 두 사람 모두 재산도 많고 지방에서 손에 꼽히는 세력가였으나 자녀가 외동딸밖에 없어서, 곧 사위를 맞아들여 집안을 잇게 하지 않으면 안 되었는데, 그때 뜻밖에도 쇼묘지의 렌가 모임에서 치카우지의 용모와 태도에 마음을 빼앗긴 것이었다. 그 야무진 얼굴, 건장한 육체, 예의바른 행동거지, 이는 결코 젖비린내 나는 어린 승려가 아니다, 라는 생각이 들자 토쿠아미의 일거수일투족이 더욱 빛을 발하는 듯 여겨졌다. 참다못

---

47) 連歌. 두 사람 이상이 번갈아가며 읊어나가는 시가의 형식.

한 사카이 고로사에몬이 주지스님을 은밀히 불러서 그 두 승려에 대해 물어보니 여러 가지로 사연이 많은 사람들이라고 대답했다. 그렇다면, 하고 손뼉을 친 그는 외동딸의 남편으로 꼭 맞아들이고 싶으니 스님께서도 힘을 좀 써달라며 일을 서둘렀다. 주지스님 역시 크게 기뻐했고 그 뜻을 초아미 부자에게 전달하자 흔쾌히 승낙했기에 일이 뜻밖에도 빨리 진척되어 토쿠아미는 사카이 집안의 사위로 들어가게 되었으며, 카키쓰(嘉吉) 3년(1443)에 아들 코고로 히로치카(小五郎広親)가 태어났다.

운명의 변화는 참으로 예측하기 어려운 것이다. 코즈케 세라다고 토쿠가와를 떠날 당시의 치카우지는 산슈 사카이에 자신을 받아줄 땅이 있으리라고는 꿈에도 생각지 못했으리라. 뜬구름처럼 떠돌던 그는 이렇게 해서 확실한 기초 위에 선 생활의 첫 걸음을 뗄 수 있게 되었다. 그러나 운명은 그 서광을 이제 막 비춘 것일 뿐, 좀처럼 평이하게 전개하려고는 하지 않았다. 얼마 지나지 않아서 아버지 아리치카가 객사했으며, 아내인 사카이 씨도 코고로를 낳은 뒤 곧 병으로 세상을 떠나버리고 말았다. 마침내 움트기 시작한 싹이 다시 시들어버릴 것처럼 보였으나, 이러한 일들을 지켜보고 있던 마쓰다이라고의 타로자에몬이 바로 토쿠아미를 초대하여 마쓰다이라 집안의 가독(家督)을 상속해달라고 청했다. 열의 가득한 타로자에몬의 태도에 마음이 움직인 토쿠아미는 그의 말에 따라서 머리를 기르고 환속하여 예전의 치카우지로 돌아갔으며, 마쓰다이라 집안을 잇기로 하고 그 이름을 마쓰다이라 타로자에몬 치카우지로 바꾸었다.

일이 이렇게 되었으니 사카이 집안을 그대로 놓아둘 수는 없었다. 코고로 히로치카를 상속인으로 삼아 사카이 집안을 잇게 했다. 훗날 사카이(坂井)라는 성을 사카이(酒井)로 바꾸어 이에야스 시절에 발군의 공을 세운 사카이 집안의 선조가 된 것이다.

이렇게 해서 코즈케의 토쿠가와가 완전히 미카와의 마쓰다이라가 된 것이다. 이후 이에야스에 이르기까지 8대를 거쳤기에 세상에서는 이를 미카와 8대라고 부르게 되었다.

토쿠가와 씨에게 있어서 미카와는 커다란 인연을 가진 땅인 모양이다. 예전에는 마사요시 등이 미카와로 건너오려다 나미아이에서 목숨을 잃었는데 그의 손자인 아리치카에 이르러 마침내 미카와에 자리를 잡게 되었으니.

자리를 잡고 난 치카우지는 역시 세이와겐지의 피를 물려받은 자였다. 운명의 장난에서 마침내 벗어나 안전한 지위를 확보하자, 그는 본래의 면모를 발휘하여 서서히 자신의 지위를 굳혀나갔으며, 그 세력의 확장에 노력하기 시작했다. 다행히 사카이와 마쓰다이라 두 집안 모두 지역에서 도 손에 꼽히는 부자였기에 전쟁의 여파로 흘러들어온 무사를 받아들일 수 있었으며, 그 자녀들을 길러 양자녀로 삼은 뒤 부근의 세력가들과 혼인을 시켰고, 그 재산으로 빈민을 구제하고, 황무지를 개척하여 그것을 농민들에게 나누어주고, 도로를 개량하고 신설했으며, 곤궁한 사람들에게는 물건을 주기도 했기에 치카우지의 인망은 더욱 높아졌다.

그 무렵 쿄토에서는, 환속하여 쇼군의 자리에 오른 아시카가 요시노리(足利義教)가 시시키[48] 가운데 하나인 아카마쓰 미쓰스케(赤松満祐)에게 살해당한 이후 쇼군의 세력이 점차 쇠퇴하기 시작하여 카키쓰 원년(1441) 무렵부터 산칸시시키[49]의 횡행이 시작되었다. 따라서 중앙의 무능에 실망한 각 다이묘[50]들은 지방에서 자신의 세력을 확장하기에

---

48) 四職. 사무라이도코로(侍所)의 장관을 번갈아 맡던 네 집안.
49) 三管四職. 무로마치 시대(1338~1573)에 칸레이에 오를 수 있던 세 집안과 사무라이도코로의 장관에 오를 수 있던 네 집안을 아울러 이르던 말.
50) 大名. 막부에서 일본의 행정구역 단위였던 쿠니에 임명하던 유력한 신하(슈고).

오닌의 난

힘썼다. 이렇게 해서 전란의 기운이 세상에 낮게 드리우기 시작한 것이다.

카키쓰, 분안(文安), 호토쿠(宝德), 코쇼(康正), 초로쿠(長禄), 칸세이(寬正), 분세이(文正)를 지나는 동안 일본은 완전히 무정부상태에 빠졌으며, 마침내 오닌의 난이 일어나게 되었다.

중앙에서는 아무런 정견도 가지고 있지 않은 쇼군 요시마사(義政)가 국가의 대소요에는 눈을 감은 채 호화로운 저택에서 차와 졸음으로 세월을 보냈으며, 지방에서는 칼부림에 능한 각 영주들이 서로 공방전에 고심하는 시대가 되었다. 세상은 그야말로 힘 있는 자가 자신의 뜻대로 입신영달을 이룰 수 있는 암흑시대로 변화해가고 있었다. 실력만 있다면 연못에 사는 용처럼 곧 구름을 타고 올라가 번개를 치며 비를 내리게 하는 것도 어려운 일은 아니었다.

전국시대에 들어선 이후부터는 각 지역에서 힘을 키운 자들이 다이묘를 자칭했고 이를 조정에서 추인해주었다. 다이묘를 자칭하는 자들이 나타나자 이후, 막부에서 임명한 다이묘는 슈고다이묘(守護大名), 스스로 성장한 다이묘는 센고쿠다이묘(戰國大名)라고 부르게 되었다.

이러한 흐름을 그냥 보아넘길 치카우지가 아니었다. 그는 지금까지 자신이 키워놓은 자신의 세력을 바탕으로 예전의 토쿠가와 씨의 면모를 본격적으로 발휘하기 위해 일족과 가신들을 모아놓고,

"내 지금은 미카와의 일개 향사로 몰락했으나 원래는 하치만 타로 요시이에의 피를 물려받은 자, 어찌 이대로 스러질 수 있겠소 지금의 세상을 돌아보니 그러한 생각을 더욱 강하게 갖지 않을 수가 없소. 드디어 일어설 때가 왔소. 일어나 일군을 이끌고 근린을 따르게 하여 미카와 일원을 손에 넣은 뒤, 기회를 엿보았다가 타국에까지 손을 내미는 것도 어려운 일은 아닐 듯하오. 내 이번에 군대를 일으켜 미카와에 반드시 겐지의 깃발이 휘날릴 수 있도록 할 생각이오 모쪼록 여러분들의 동의를 구하고 싶소만, 여러분들은 어떻게 생각하시오?"라고 자신의 의중을 털어놓았다. 애초부터 전국의 세상이었다. 모두 한마디 대답으로 찬성의 뜻을 표했기에 마침내 치카우지가 궐기하게 되었다.

머지않아 마쓰다이라 가의 군대가 근린의 각 호족에게 도전을 시작했다. 실력은 충분히 갖추고 있었다. 병사도 모집했고 재력도 풍부했다. 그 실력에 두려움을 느껴 모여드는 자들이 점차 늘었기에 곧 미카와 안의 이와즈(岩津), 타케노야(竹の谷), 고유(御油), 후카미조(深溝), 노미(能見), 오카자키(岡崎) 부근까지 마쓰다이라 씨의 세력권 안에 들어왔다. 이러한 세력을 바탕으로 마쓰다이라 씨는 미카와 스가누마(菅沼)의 영주인 스가누마 신자부로 사다나오(菅沼新三郎定直)라는 커다란 세력을 처음으로 공격했다.

초로쿠 4년(1460) 4월, 큰아들인 야스치카(泰親)까지 한 부대의 대장으로 앞세운 치카우지는 하루 밤낮에 걸친 맹공으로 사다나오를 마침내 항복케 했다. 이후 스가누마 씨는 마쓰다이라 씨의 고굉지신(股肱之臣)이 되었으며, 특히 스가누마 사다미쓰(菅沼定盈)는 이에야스를 섬기며 커다

란 공을 세웠다.

마쓰다이라 씨에 대한 이야기를 듣고 모여든 수많은 사람들 가운데 특히 반가운 사람이 있었다. 예전에 토쿠아미가 되어 각지를 떠돌아다닐 때 눈이 깊은 시나노의 산속에서 치카우지 부자를 위해 산토끼를 잡아다 대접해주었던 그 하야시 토스케가 치카우지의 거병을 듣고 일부러 시나노를 떠나 그의 깃발 아래로 들어온 것이었다. 그들이 얼굴을 다시 마주했을 때, 변덕스러운 운명에 만감이 교차했으리라.

미카와 제1대 마쓰다이라 씨를 일으킨 치카우지는 이렇게 사방에 대한 계략을 착착 진행했으며, 그 업을 대부분 이룬 뒤 아들 야스치카에게 모든 것을 물려주고 마쓰다이라 씨 창업의 조상이 되어 타계했다.

(2) 2대 야스치카

치카우지의 뒤를 이은 미카와노카미 야스치카는, 마쓰다이라 타로자에몬 노부시게(松平太郞左衛門信重)의 딸과 치카우지 사이에서 태어났다. 아버지 치카우지의 기상을 물려받은 그는, 그 커다란 목적을 잊지 않고 오로지 힘을 무용에 쏟아부었으며, 동시에 인민 일반에 대한 민정을 살피기도 잊지 않았다.

그가 초대의 뜻을 이어받아 그 걸음을 착착 진행시켜나가고 있을 무렵, 전란에 빠진 쿄토에서 빠져나와 은밀하게 미카와로 도망쳐온 도인 추나곤 사네테루(洞院中納言実照)라는 조정의 신하가 있었다. 야스치카를 의지하여 그의 집에서 신세를 지며 여러 가지 이야기를 나누는 동안 야스치카의 전신이 결코 단순한 일개 범인이 아님이 분명해졌기에 그 이후 야스치카와 더욱 친해지게 되었으며 야스치카 역시 마음을 담아 그를 돌봐주었다. 그러는 사이에 사네테루가 쿄토로 돌아가게 되었기에 야스치카는 그를 쿄토까지 배웅해주었다. 이러한 친절에 보답하기 위해서였는지 사네테루가 주청하여 야스치카는 미카와노쿠니의 모쿠다이[51]에 임명되었다.

사람은 어떠한 때에 행운이 찾아올지 알 수 없는 법이다. '기회는 늘 너희들의 눈앞에 있다. 단지 그 기회를 잡을 준비와 실력을 갖추고 있지 못하면 기회는 영원히 잡을 수 없는 법이다.' 이렇게 말한 사람이 있는데 참으로 옳은 말이다. 야스치카의 평소 마음가짐이 중앙의 한 귀인에게 인정받는 원인이 된 것도, 역시 그 평소 마음가짐에 의한 것이었으리라.

이렇게 해서 그는 미카와 이와즈에 성을 쌓고 오카자키에도 축성하여 자신이 오카자키에 살았으며, 이와즈에는 둘째 아들인 노부미쓰(信光)를 두었고, 큰아들인 타로자에몬 노부히로(信広)에게는 마쓰다이라고를 지키게 했다.

그의 여섯 아들 모두 무용이 뛰어났기에 그가 쿠니 안을 경략할 때면 늘 그들이 선두에 서서 활약했다. 거기에 따르는 신하들도 모두 수치를 아는 자들뿐이었고 야스치카의 통솔력도 뛰어났기에 아버지 치카우지가 경략한 땅은 물론, 그 이상으로 손을 뻗어 영지를 더욱 확장했다.

미카와 무사라는 말이 있다. 욕된 것을 참으며 무예에 뛰어나고 군신이 물과 물고기처럼 지내는 그러한 기질은 이때부터 점차 싹트기 시작한 것이었다. 하야시 집안과 사카이 씨는 토쿠가와 씨에게 있어서 둘도 없는 충신이었는데 이들은 창업 당시부터 진력을 다한 사람들이었고, 이 무렵에 다시 분고노쿠니[52]에 살던 혼다 하치로 스케히데(本多八郎助秀)의 7대손인 혼다 헤이하치로 스케토키(本多平八郎助時), 하치로 마사

---

51) 目代. 다이묘 밑에서 지방관리로 실무를 담당하던 자.
52) 豊後国. 지금의 오오이타 현의 대부분. 호슈(豊州).

토키(八郎正時) 형제도 그 깃발 아래에 가담했다. 스케토키는 훗날 <글을 올리겠소. 불조심하시오. 아이들을 울리지 마시오. 말을 살찌우시오.>라는 편지로 유명한 혼다 사쿠자에몬 시게쓰구(本多作左衛門重次)의 조상이며, 마사토키는 나카쓰카사타이후(中務大輔) 혼다 헤이하치로 타다카쓰(本多平八郎忠勝)의 조상이다.

초대 치카우지의 업적을 잘 지켜낸 야스치카는 분메이(文明) 4년(1472) 9월에 세상을 떠났다.

(3) 3대 노부미쓰

둘째 아들이지만 마쓰다이라 씨의 상속자로 정해진 노부미쓰는 틀림없이 야스치카가 인정할 만한 인물이었다. 처음에는 이와즈 성에 있었으나 아버지가 세상을 떠나고 난 후에는 오카자키까지 소유하고 그 세력을 크게 확장하기 시작했다. 놀랍게도 이 사람에게는 자녀가 48명이나 있었다. 참으로 놀라운 숫자이나 그것이 또 마쓰다이라 가에 뜻밖의 행복을 가져다주었으니 세상에는 이해할 수 없는 일이 아주 많은 법이다.

첫째 아들인 사쿄노스케 모리이에(左京亮守家)는 타케야(竹谷) 마쓰다이라가 되었으며, 둘째 아들인 사쿄노스케 치카타다(左京亮親忠)는 후계자가 되어 이와즈의 성주, 셋째 아들인 사부로 미쓰나오(三郎光直)는 안논지(安穩寺)라는 절로 들어가 쇼류(昌竜)가 되었고, 넷째 아들인 사도노카미 토모스케(佐渡守与副)는 카타하라(形原) 마쓰다이라가 되었으며, 다섯째 아들인 키이노카미 미쓰시게(紀伊守光重)는 오카자키의 성주가 되었고, 여섯째 아들인 하치로자에몬 미쓰히데(八郎左衛門光英)는 우에노(上野) 마쓰다이라가 되었고, 일곱째 아들인 야자부로 모토요시(弥三郎元芳)는 고이(五井) 마쓰다이라가 되었고, 여덟째 아들인 지로에몬 미쓰치카(次郎右衛門光親)는 노미 마쓰다이라가 되었고……. 참으로 복잡할 정도의 자녀였으나 그 48명이나 되는 자녀들을 사방팔방 중요하다 싶은 곳과 혼인시켰으니 마쓰다이라 가의 세력범위가 급격하게 확대되었다고 해도 좋으리라.

어느 집안이나 인척은 많을수록 좋은 법이다. 더구나 전국의 세상, 인척의 많고 적음이 경우에 따라서는 흥망에까지 관계하는 때였으니, 노부미쓰가 단번에 48집안이나 되는 인척을 만들었다는 것은 참으로 대단한 일이었다. 이랬기에 아버지 야스치카의 눈에 들었던 것일지 모르겠으나, 그의 행동 하나하나에도 형제 가운데서 두각을 드러내는 면모가 있었으리라.

아버지가 돌아가신 직후, 그는 갑작스럽게 미카와 안조(安祥, 안쇼라고도 불렀다.) 성 공격을 계획했다. 이는 자신의 세력을 확장하기 위해서이기도 했으나, 한편으로는 아버지의 죽음으로 자칫 분산되기 쉬운 영내의 분위기를 전쟁으로 통일하고, 그렇게 해서 내부의 분열적인 들뜬 기분을 긴장시킴과 동시에, 대외적으로는 야스치카의 죽음이라는 빈틈을 노리려 하는 적에게 적극적으로 선수를 치겠다는 의도이기도 했다. 이 안조 성 점령, 그야말로 점령이라고 말할 수밖에 없으리라. 그만큼 유희적이고 그 정도로 전국시대의 긴장된 분위기 일면에 흐르고 있던 여유로움을 잘 보여주는 일이었다. 안조 성 공격도 성을 취하기만 하면 되는 것이지 반드시 싸움만을 본위로 하는 것은 아니었다. 오히려 싸우지 않고, 혹은 싸운다 할지라도 극히 간단히 성을 떨어뜨리는 것이 최선이었기에 노부미쓰는 한 가지 책략을 썼다.

분메이 11년(1479) 7월 15일 밤, 안조의 서쪽 벌판에서 일대 환락이 벌어졌다. 열예닐곱 살쯤의 여자들이 저마다 곱게 차려입고 즐거운 노래에 맞추어 마침 떠오른 달빛 아래서 신나게 춤을 추었다. 그것을 보기 위해 근방의 남녀노소 모두가 손에 손을 잡고 모여들어 널따란 벌판도 사람들로 넘쳐나는 듯했다. 널따란 벌판에서 끓어오르는 이 환성이 안조 성의 망루로 커다란 파도처럼 밀려들었으니 참기가 쉽지 않았다. 젊은 피로 불타오르는 사무라이들은 그 향락의 소용돌이 속으로 점차 빨려들어가듯 밖으로 나가버리고 말았다. 뒤에 남은 노인을 비롯해 직책이 있는 사무라이들까지 앞가슴을 풀어헤치고 온 세상을 비추는 달빛 아래서 춤에 정신이 팔린 사람들의 물결을 좋은 기분으로 바라보며 부채질로 더위를 식히고 있었다.

때가 왔다며 사카이 히로치카가 자신의 아들인 치카타다, 요시로 치카시게(与四郎親重) 두 사람을 비롯하여 가신 44명을 이끌고 와서 노부미쓰 앞에 꿇어앉았다. 히로치카가 둥근 쟁반에 '물옥잠'의 잎 3장을 솥의 세 발처럼 놓고 인도(引渡)라 이름 붙인 뒤 말린 전복, 생전복, 생률, 다시마[53]를 그 위에 담아 올리며,

"오늘의 적을 쳐서 이겨, 기쁨의 축사를 올리겠습니다."라고 말하자 노부미쓰가 크게 기뻐하며,

"이 싸움에서 이길 것은 이미 정해진 일, 이는 우리 집안의 길조이니 앞으로는 지금의 물옥잠을 그대 집안의 문장으로 삼게."라고 말했다.

노부미쓰의 명령에 따라서 사카이 부자는 뒷문을 공격하는 부대의 대장이 되었으며 90여 명의 그 지방 사람들을 이끌고 샛길로 은밀하게 안조 성으로 다가가 뒷문에 이르자 단번에 우르르 공격해 들어갔다. 시원한 바람에 꾸벅꾸벅 졸고 있던 성 안의 병사들은 춤을 구경하러 갔던 젊은이들이 돌아온 것이라 생각했는데 코앞에서 갑자기 검이 번뜩였기에 한시도 버티지 못했다. 칼도 차지 않은 채, 혹은 급하게 집어든 칼로 맞섰으나 물론 아무런 도움도 되지 않았다. 순식간에 쓰러진 자가

---

53) 말린 전복, 생전복, 생률, 다시마 모두 전승을 축하할 때의 선물.

20여 명, 그 외의 사람들은 허둥지둥 달아나버리고 말았다. 아무런 어려움도 없이 안조 성을 빼앗은 사카이 부자는 비로소 승리의 함성을 있는 힘껏 내질렀다.

놀란 것은 정신없이 춤에 빠져 있던 젊은이들이었다. 우왕좌왕 놀라 소란을 피우며 앞 다투어 성으로 달려 돌아가려 했다. 이때 노부미쓰가 마쓰다이라 노부후사(松平信房), 마쓰다이라 마스치카(松平益親), 이에히사(家久), 혼다 마사토키, 하야시 토스케 이하 160여 명을 이끌고 정문 쪽의 길을 막고 서서 닥치는 대로 공격했기에 칼에 쓰러진 자가 50여 명, 결국에는 안조 성을 버리고 달아났다.

안조 성이 노부미쓰의 손에 떨어지자 그를 흠모하여 항복하는 자가 의외로 많아서 니시미카와의 3분의 1이 그에게 속하게 되었기에 앞으로 3년이나 5년쯤 지나면 미카와 일원이 전부 그의 영지가 될 것이라고 가신들도 크게 기대했으나 초쿄(長享) 3년(1489) 7월에 돌연 세상을 떠나버리고 말았다.

(4) 4대 치카타다

치카타다 대에 이르러 다시 2명의 호걸이 그의 휘하에 가담했다. 한 사람은 산슈 오가와(小川)의 성주인 오야마 시모쓰케노카미 마사야스(小山下野守政康)의 둘째 아들인 이시카와 겐자부로(石川源三郎)였으며, 다른 한 사람은 이세노쿠니[54) 잇시군(一志郡) 사카키바라(榊原)에서 살던 시치로에몬 키요나가(七郎右衛門清長), 이 사람이 미카와노쿠니로 옮겨와 처음으로 마쓰다이라 씨의 가신에 가담했다. 전자는 이시카와 씨의 조상이 되었으며, 후자는 대대로 토쿠가와 씨의 가신이 되어 위세를

---

54) 伊勢国. 지금의 미에 현 대부분. 세이슈(勢州).

떨친 사카키바라 씨의 조상이 되었다.

한편 이 무렵 천하의 정세는 어땠는가 하면, 아시카가 8대 쇼군인 요시마사(義政)가 이미 세상을 떠나 천하는 더욱 어지러워졌으며 국내는 기왓장이 무너져내리는 듯했고, 각지의 다이묘·쇼묘[55]들이 더욱 그 지역에서 할거하여 전란이 그칠 날이 없었다. 미카와노쿠니만 홀로 그 여파를 받지 않을 리 없었다.

메이오(明応) 2년(1493) 10월 20일, 미카와 우에노의 성주인 아베 마고지로(阿部孫次郎), 테라베(寺部)의 성주인 스즈키 휴가노카미(鈴木日向守), 코로모(拳母)의 성주인 추조 데와노카미(中条出羽守), 이호(伊保)의 성주인 미야케 카가노카미(三宅加賀守), 야쿠사(八草)의 성주인 나스 소자에몬(那須宗左衛門) 등이 서로 상의한 결과 연합군을 구성하여 마쓰다이라 씨를 정벌하기로 계획했다. 그들이 이렇게 서로 연합하여 이와즈 성을 습격하려 했으니 당시 마쓰다이라 씨의 세력이 얼마나 만만하게 볼 수 없는 것이었으며, 주위 호족들의 공포의 대상이었는지를 알 수 있다.

마쓰다이라 씨에게 있어서도 이는 가볍게 볼 수 없는 사건이었다. 지금까지는 이쪽에서 적극적으로 공격을 했는데 이번에는 위치가 바뀌어 그들이 공격해왔다는 사실만으로도 이미 그 기세가 달랐으며, 게다가 5개 성주의 연합군이니 한가로이 있을 수는 없는 일이었다. 치카타다는 곧 일족을 비롯하여 사카이, 혼다, 하야시, 스가누마, 사카키바라 등 그의 세력권에 있는 주요한 자들을 이끌고 이데노(井出野)까지 출진했으나 아군은 3천여 기의 소수, 과연 이번 싸움에 승산이 있을지 매우 의심스러웠다.

---

55) 小名. 영지가 다이묘보다 작은 무사.

'싸움은 사람의 단결을 상(上)으로 친다'는 것은 참으로 옳은 말이어서, 연합군은 헤아릴 수 없을 만큼의 대군을 거느리고 있으면서도 그 숫자만을 믿고 일치협동의 정신이 결여되어 있었기에 처음부터 통제가 되지 않았던 데 반해서 아군은 하나같이 대대로 미카와를 섬겨오던 가신들이었다. 아베와 추조(연합군) 등의 각 장수들이 용맹하게 싸웠으나 하루 종일 온 힘을 다한 싸움으로도 미카와 정예부대를 대적하지 못하고 50여 명의 목만을 남긴 채 달아나버리고 말았다. 마쓰다이라 쪽에서도 마쓰다이라 타로자에몬 나가카쓰(松平太郞左衛門長勝) 등의 전사자가 나왔으나 그렇게 큰 손해는 없었으며, 적의 목을 장대에 걸어 이데노 부근에 늘어놓고 승리의 함성을 외친 뒤 개선했다.

그 후, 이 이데노에서 매우 기이한 일이 일어나 그곳 사람들을 공포에 떨게 만들었다. 밤이 되면 여기저기서 도깨비불이 점점이 퍼렇게 피어올라 서로 하나가 되었다가 둘로 나뉘어 곧 서로를 물어뜯고, 떨어졌다가는 퍽 터져서 들판을 작은 불꽃으로 메우는가 싶으면 창칼 소리가 어디에선가 들려오다 그것이 합쳐져 와아 하는 백병전의 함성이 되고, 그것이 사라지면 중얼중얼 중얼대는 자, 훌쩍훌쩍 우는 소리, 이런 식으로 하룻밤 내내 괴이한 일들이 벌어졌다. 이야말로 귀기가 서렸다고 해야 할지, 전장의 유혼들이 아직 그곳을 떠나지 못한 모양이었다. 이러한 모습을 본 치카타다는 그들을 매우 측은히 여겨 누카다군(額田郡) 카모다(鴨田)에 정토사를 조영하고 전사자들의 유골을 남김없이 모아 산처럼 쌓아 공양한 뒤, 이를 센닌즈카(千人塚)라고 불렀으며, 그 절에는 다이주지(大樹寺)라는 이름을 붙였다. 이렇게 해서 이데노에서의 괴이한 일도 그치게 되었는데, 이 일로 인해 이데노라는 이름이 언제부턴가 타마바노(魂場野)로 바뀌었다.

이후 치카타다는 가독의 자리를 둘째 아들인 나가치카(長親)에게 물려주고 은거를 시작했으며, 삭발을 하고 세이추(西忠)라 호한 뒤 자연을 벗 삼아 생활하다 메이오 10년(1501) 8월에 세상을 떠나 자신이 세운 다이주지에 묻혔다.

(5) 5대 나가치카

이데노 전투 이후, 마쓰다이라 씨의 성망은 급속도로 높아졌으며, 그 신하로 가담하는 자가 점차 늘어 니시미카와 대부분이 그의 세력권 안에 들어오게 되었다. 다카야마 사부로자에몬 타다마사(高山三郎左衛門忠正), 토오야마 사에몬노조 카게유키(遠山左衛門尉景行) 등을 비롯하여 이마가와(今川) 씨의 영지인 히가시미카와(東三河)에서 귀순해오는 자도 적지 않았다. 그 가운데서도 니시미카와 오오쿠보의 오오쿠보 사에몬고로 타다시게(大久保左衛門五郎忠茂)가 달려와 가담한 것은 토쿠가와 씨를 위해서는 뜻밖의 기쁨이었다. 이는 이에야스를 섬기며 발군의 공적을 쌓은 오오쿠보 타다요(大久保忠世)와 기행으로 잘 알려진 히코자에몬 타다노리(彦左衛門忠教)의 할아버지다.

마쓰다이라 씨에게로, 마쓰다이라 씨에게로, 해마다 따르는 자가 속출한 탓인지 앞으로 몇 년만 지나면 히가시미카와도 토쿠가와 씨의 영지가 될 것이라는 풍설이 근린의 호족들을 두렵게 만들고 있었다. 그 풍설이 토오토우미를 넘어 스루가56)의 이마가와 씨의 귀에까지 흘러들었으니 이마가와 우지치카(今川氏親)가 가만히 있을 리 없었다.

"마쓰다이라의 애송이 놈, 못 본 척 내버려두었더니 어디까지고 기어오르는구나. 뜻이 그렇다면 나무로 자라기 전에 떡잎부터 잘라주겠다."라며 사가미 오다와라(小田原)의 성주인 호조 신쿠로 나가우지 뉴도 소운

---

56) 駿河. 지금의 시즈오카 현 중부. 슌슈(駿州).

(北条新九郎長氏入道早雲)을 대장으로 삼아 1만여의 병력을 이끌고 니시미카와로 향하게 했다. 명령을 받은 소운은 자신의 아들인 신쿠로 우지쓰나(新九郎氏綱)에게 오다와라 성을 지키게 한 뒤, 자신은 스루가, 토오토우미, 미카와 3개 쿠니의 병사를 모아 니시미카와의 요시다(吉田)에 진을 쳤다.

때는 에이쇼(永正) 3년(1506) 8월 20일. 니렌기(二連木ぃ), 우시쿠보(牛窪), 이나(伊奈), 니시군(西郡)의 세력에게는 오카자키 성을 견제케 하고, 공격부대인 1천 기는 오오히라가와(大平川) 강을 건너 넨시가하라(念志原)로 올라가 카부토야마(冑山)를 지나 이타고(井田郷)를 넘어 다이주지를 본진으로 삼았으며, 선발대는 벌써 이와즈 성을 공격하기 시작했다.

이와즈 성의 장수는 나가치카의 형인 이와즈 타로 치카나가(岩津太郎親長)였다. 필사적으로 방어전을 펼친 보람이 있어서 공격군을 한때 물리치기는 했으나 상대는 헤아릴 수도 없을 만큼의 대군, 끝까지 버티기는 도저히 불가능하다고 할 수밖에 없었다. 안조 성에서 이러한 보고를 받은 나가치카는 이미 커다란 결심을 했다. 그는 곧 일족의 무리들을 불러모아,

"여러분도 이미 아시는 바와 같이 이와즈 성은 위기에 봉착했소. 이번 싸움이야말로 마쓰다이라 가의 흥망이 걸린 일이오. 망하느냐 일어서느냐가 이번 일전에 달려 있소. 허나 상대는 카이도57)에 그 이름이 알려진 이마가와 우지치카, 그 병사를 이끌고 있는 자 역시 산전수전 다 겪은 사무라이라 일컬어지고 있는 이세 신쿠로 소운이니, 쉽사리 승리를 바라기는 어려울 듯하오. 중과부적, 그대들의 생각은 어떠하신지."라고 물었다.

---

57) 토카이도(東海道)를 말한다. 토카이도는 일본의 옛 행정구역인 5기 7도 가운데 하나. 혼슈 태평양 쪽의 중부에 위치해 있었다.

"저희는 이미 죽음을 결심했습니다. 백만의 대군이 다 무엇이겠습니까? 그저 죽음만이 있을 뿐입니다."

결연한 일동의 대답에 나가치카는 빙그레 웃으며 곧 커다란 술통의 뚜껑을 열어 우선 자신이 한 잔 마시고, 그 남은 방울을 통 속에 부은 뒤 말했다.

"원래대로 하자면 이별의 잔을 나누어야 하나 지금은 사태가 시급하여 그럴 만한 여유가 없소. 지금 남은 것을 나의 잔이라 생각하고 마셔주기 바라오."

이 한마디가 사기를 더욱 끌어올려,

"운은 하늘에 있고, 생사에는 명이 있다."

일족 500여가 선두에 서서 군세를 갖추자 뒤이어 가담한 가신들, 마침내 그 세력은 1천 3백여 기에 이르렀으며, 쿠와코(桑子) · 쓰쓰바리(筒針) · 야하기가와(矢矧川)의 상류 · 카와사키(川崎)에서부터 밀고 올라가기 시작했다.

호조 소운은 이 모습을 보고 군을 둘로 나누어 한 갈래는 이와즈 성으로, 한 갈래는 지원을 온 나가치카 군 쪽으로 향하게 했다. 1천여밖에 되지 않는 군세를 보고 이마가와 군은 벌써부터 개가를 올렸다. 저 정도의 군이 대수냐며 단번에 공격해 들어가 처부수겠다는 듯 달려들었다. 그 모습을 본 마쓰다이라 군에서는 선봉에 선 사카이 우지타다(酒井氏忠), 치카시게를 비롯하여 혼다, 오오쿠보, 사카키바라 등의 장수들이 함성을 지르고 징과 북을 울리며 나아가 싸움에 임했다.

한참 얕잡아본 이마가와 군은 통제를 무시하고 한꺼번에 우르르 공격에 나섰다. 그 측면으로 뛰어든 타케야(토), 후카미조, 고유, 카타하라, 오오규(大給), 노미 일족이 종횡무진으로 날뛰었기에 천하의 이마가와 군도 산산이 깨져버려 소운의 깃발 아래로 한꺼번에 달아나버리고 말았다. 이 모양을 본 소운은 열화와 같이 화를 내며 "모두 돌아가라, 돌아가라." 라고 외쳤으나 일단 달아나기 시작한 이상, 그것을 막기란 쉬운 일이 아니었다. 그러한 가운데 타하라(田原)의 성주인 토다 단조사에몬노조 무네미쓰(戸田弾正左衛門尉宗光)가 마쓰다이라 쪽으로 돌아섰다는 소문이 퍼졌기에 군의 사기가 더욱 떨어져 소운은 어쩔 수 없이 요시다까지 후퇴할 수밖에 없었다.

결사의 각오를 다졌던 마쓰다이라 씨가 승리를 거두었기에 그 기쁨은 더욱 각별했다. 이튿날 아침, 나가치카가 사카이 형제를 불러 말했다.

"그대들이 어제 보여준 군공은 실로 눈부시기 짝이 없는 것이었소. 이 물옥잠의 잎 3장을 새긴 깃발이 선두에서 펄럭일 때마다 싸움에서 이기지 못한 적이 없었소. 이 3장의 물옥잠 잎 문양은 지난 분메이 11년(1479)에 할아버지이신 노부미쓰께서 그대들에게 내리신 것이나, 곰곰이 생각해보니 그 문양은 우리 집안의 길조를 대변하는 것이라 여겨지오. 그대들로서는 그 문양을 손에서 놓기 참으로 안타까울 터이나, 내게 줄 수는 없겠소? 앞으로 우리 집안의 길례(吉例)로 삼아 자손에게 영원히 물려주고 싶소."

여기에는 사카이 형제도 물론 이론이 있을 리 없었기에 그 자리에서 헌상하겠다고 대답하자 나가치카가 크게 기뻐하며,

"그 대신 이것과 아주 닮은 괭이밥을 그대들의 문양으로 삼으면 좋을 듯하오."라며 괭이밥의 잎을 따서 주었다. 이것이 이후 태평 300년 동안 천하의 두려움의 대상이 된 물옥잠 잎 문양의 시작이라 전해지고 있다.

요시다에 진을 치고 있던 이마가와 군도 타하라의 토다 씨가 등을 돌린 일에 크게 기세가 꺾여 마침내는 슨슈로 물러났고 이후로는 이렇다 할 근심거리도 생기지 않았기에 후쿠가마(福釜)와 히가시바타(東端) 2개 성을 차남인 우쿄노스케 치카모리(右京亮親盛)에게, 사쿠라이(桜井)

토쿠가와 가문

사카이 가문

와 우에노 2개 성은 삼남인 나이젠노카미 노부사다(內膳正信定)에게, 아오야기(靑柳) 성과 토조노사토(東条の鄕)는 사남인 요시하루(義春)에게, 후지이노사토(藤井の鄕)는 오남인 토시나가(利長)에게 물려주고 장남 노부타다(信忠)에게 가독을 물려준 나가치카는 삭발하고 승려가 되어 토슈켄(棹舟軒) 도에쓰(道閱)라 호하고 세진(世塵)을 피해 풍월을 벗 삼으며 한적한 생활에 들어갔는데, 이 사람은 매우 장수하여 증손자인 히로타다(広忠) 때까지 생을 이어갔다.

(6) 6대 노부타다

미카와 8대 가운데 어리석은 주군을 꼽으라면 우선 6대인 노부타다를 들 수 있으리라.

처음에는 나가치카의 뒤를 이을 사람으로서 부끄럽지 않은 태도를 보였으나 점차 마음이 어지러워져 밤낮으로 잔치를 벌여 놀기만 할 뿐 아무것도 돌아보지 않았으며 미녀를 끌어안고 술통을 쌓아놓는 것만을 자랑으로 여겼기에 뜻 있는 충신들이 크게 심려하여 여러 가지로 간언했으나 그처럼 간언하는 자는 더욱 멀리하고 주위에는 비위를 맞추는 아첨꾼들만 모아 마음이 더욱 흐려졌기에, 지금까지 5대에 걸쳐서 애써 닦아왔던 기초가 곧 흔들리기 시작해서 남몰래 마쓰다이라에 호의를 품고 있던 오와리, 스루가는 물론 미카와 사람들까지 이 어리석은 주군에 정나미가 떨어져 한 사람 떠나고 두 사람 떠나고, 겨우 안조성 하나만이 노부타다에 속하게 된 한탄할 만한 모양새가 되었으나 노부타다는 그러한 사실을 조금도 마음에 두려 하지 않았다.

그러나 여론은 입을 다물고 있지 않았다. 더구나 일족의 숫자가 많은 마쓰다이라 씨 사이에서 이러한 자를 주군으로 놓아두면 머지않아 마쓰다이라 씨의 멸망을 초래할 뿐이라는 의견이 있었기에 노부타다를 내리고 사쿠라이의 노부사다나 후쿠가마의 치카모리나 토조의 요시하루나 후지이의 토시나가 가운데 한 사람을 후계자로 삼기 위한 상의를 했으나, 일이 이렇게 되자 각자 자신이 편드는 자를 주장했기에 쉽게 결론이 나지 않아 내분은 더욱 커져갈 뿐이었다.

자신을 끌어내리려는 계획이 있다는 사실을 안 노부타다는 크게 노여워하며 곧 그 주모자를 잡아다 자신의 손으로 베어버리고 말았다. 이렇게 되자 노부타다를 동정하는 자는 더욱 줄어들 뿐이어서, 마침내 틀렸다고 포기한 것인지 타이에이(大永) 3년(1523)에 당시 겨우 13살이었던 적자(嫡子) 키요야스(淸康)에게 자리를 물려준 뒤, 자신은 슌운(春雲)이라 호하고 산슈 오오하마(大浜)에서 은거를 시작했다.

(7) 7대 키요야스

미카와 마쓰다이라의 중흥의 아버지이자 그 세력의 최고봉으로 우뚝 선 자가 지로사부로(二郎三郎) 키요야스다. 13세에 마쓰다이라 씨를 이끌게 되었는데 아버지 노부타다의 악정으로 오랜 세월 섬겨오던 가신들 대부분이 떠난 뒤였기에 크게 고생을 할 수밖에 없었다.

특히 오카자키와 야마나카(山中) 2개 성의 성주인 마쓰다이라 단조사에몬노조 노부사다 뉴도 쇼안(松平弾正左衛門尉信貞入道昌安)은 노부타다에게서 이탈한 이후 어린 주군인 키요야스를 갈겨보아 절대로 아군에 가담하려 하지 않았기에 타이에이 4년(1524), 당시 14세였던 키요야스가 스스로 진두에 서서 노부사다를 공격하려 했다.

14세라고 하면 아직 중학교 1학년이지만, 당시의 기록에 의하면 키가 5척 8촌(약 174㎝), 힘이 매우 뛰어나서 스물대여섯 살의 젊은이와 같았다고 하니 그 기상에 있어서 심상한 소년이 아니었음은 분명한 듯하다.

이때 오오쿠보 사에몬고로 타다시게가 헌언(献言)하기를,

"무릇 좋은 장수란 계략으로 아군 병사의 손실 없이 적을 꺾는 것을 상책으로 여기는 법입니다. 지금 오카자키, 야마나카 두 성을 공략함에 있어서 만약 힘으로 맞선다면 아군도 상당한 상처를 입게 될 것입니다. 따라서 계략으로 시간을 허비하지 않고 빼앗는 것보다 좋은 방법은 없을 듯합니다. 이번 일을 제게 맡겨주신다면 반드시 완벽하게 빼앗도록 하겠습니다."라고 참으로 자신만만하게 말했기에 키요야스도 타다시게의 말대로 그에게 이번 일을 맡기기로 했다.

이에 타다시게는 닌주쓰58)에 능한 자를 수십 명 뽑아 타이에이 4년 5월 28일 밤에 야마나카 성 안으로 은밀히 숨어들게 했다. 동시에 용장과 날랜 젊은이들을 복병으로 성 밖에 두었는데 하늘이 도운 것인지 한밤중부터 불기 시작한 강풍에 섞여 장대비가 내리기 시작했다. 이 비바람에는 성 안의 병사들도 방심하여 곳곳에 파수병을 두었을 뿐, 모두 깊은 잠에 빠져버리고 말았다. 숨어든 자들이 이 모습을 보고 벌떡 일어나 먹을 흘려놓은 것 같은 어둠을 틈타 요소요소의 파수병들을 살해한 뒤 일제히 함성을 올렸다. 그 소리에 응해서 성 밖의 복병들도 북과

---

58) 忍術. 적의 정보를 캐거나 후방을 교란시키는 기술. 변장·잠행·속보 등을 이용하여 교묘하게 적진으로 침투한다. 코가류(甲賀流)와 이가류(伊賀流)가 유명하다.

나발을 울리며 공격을 개시했다. 아뿔싸, 적병이라고 외치며 성 안의 병사들이 알몸인 채로 칼을 쥐고 밖으로 나가보았으나 한 치 앞도 보이지 않는 새카만 어둠, 성 밖에서 맹렬하게 들려오는 함성 쪽으로 달려나가려 한 순간 어둠 속에서 슥 번뜩이는 칼의 빛, 아군이 털썩털썩 쓰러지자,

"아군 속에 배신자가 있다. 방심해서는 안 된다."라고 외친 그 자도 두 동강이가 나버리는 형국. 숨어든 병사들이 어둠 속에서 적을 베며 돌아다니자 아군끼리 서로를 베는 자들도 있었으며 아수라장 같은 일대 혼란이 벌어졌고, 간신히 달아날 길을 마련한 자들은 알몸인 채로 도주해 버렸다.

멋지게 야마나카 성을 떨어뜨린 군세가 밀물처럼 오카자키로 공격해 들어갔다. 노부사다 스스로 진두에 서서 필사적으로 막았으나 수적 열세를 극복하지 못하고 마침내 항복하고 말았다.

소년 키요야스의 위력이 이와 같은 결과를 불러왔기에 마쓰다이라 노부사다는 항복의 증거로 자신의 딸을 키요야스의 내실로 들여 두 집안은 다시 원래대로 마쓰다이라 일족이 되었다. 이 싸움 이후, 키요야스의 위력이 단번에 비약하여 노부타다 때 떠났던 사람들도 점차 다시 모여들게 되었다.

쇼안 뉴도 노부사다의 딸을 내실로 맞아들이기는 했으나 이 여자는 질투심이 매우 강했기에 마침내는 이혼하고 그 후에 코슈 사람인 아오키 치쿠고노카미 사다카게(靑木筑後守貞景)의 딸을 내실로 맞아들였다. 그녀에게서 태어난 것이 히로타다로 이에야스의 아버지다. 그러나 이 여자도 히로타다를 낳자마자 병에 걸려 세상을 떠났기에 누카다(額田) 사람인 오오카와치 사에몬노조 모토쓰나(大河內左衛門尉元綱)의 딸을 세 번째로 맞아들여야 했다.

쿄로쿠(享祿) 2년(1529) 5월, 세력을 키우고 있던 키요야스는 마키노

덴조 노부나리(牧野伝蔵信成)가 지키는 요시다 성을 공격하기 위해 27일 오카자키에서 출발, 아카사카(赤坂)에 진을 쳤다. 히가시미카와의 요시다 성에서 이 소식을 들은 덴조는 크게 화를 내며 동생인 덴지(伝次)와 신조(新蔵)를 비롯하여 가신들을 모아놓고 그 대책에 여념이 없었다.

"미카와노쿠니는 그렇게 큰 쿠니가 아니며, 그 가운데 히가시미카와는 이미 이마가와 씨와 오다 씨가 영유하고 있기에 얼마 남지 않은 니시미카와를 키요야스와 다투어야 한다고 생각하고 있던 참이오. 저쪽에서 먼저 밀고 들어왔다니 참으로 다행스러운 일이오. 성에 들어앉아 방어전을 펼친다면 의심의 여지도 없이 승리할 테지만, 공격을 받는다는 것조차 유감스러운 일이거늘 지금 성에 들어앉아 있어서는 사무라이로서 마키노의 체면이 서지 않을 것이오. 적은 숫자이나 성 밖으로 나가 일전을 펼쳐서 자웅을 겨루고 싶소만, 그대들은 어떻게 생각하시는지……."라고 상의하자 일동 모두 거기에 찬성했기에 가담할 군세를 불러모았다.

이 사이에 키요야스는 3천여 기의 대군을 이끌고 5월 28일에 아카사카를 출발하여 코사카이(小阪井)에 깃발을 세우고 아시가루59)를 내보내 시모지(下地), 고유의 곳곳에 불을 지르게 했다. 이러한 모습을 본 마키노 형제는 성 안에 늙고 병든 자 70여 명을 남겨둔 채 혈기왕성한 자 1천여 명을 이끌고 요시다 성을 나서 단번에 승부를 결정지을 마음이었다. 바라보니 앞면의 요시다가와(吉田川) 강은 마침 내린 장맛비에 물이 불어 말로는 도저히 건널 수 없을 뿐만 아니라 보졸(歩卒)들이 건넌다는 것은 생각할 수도 없었기에, 덴조가 배와 뗏목을 준비하여 거기에 올라 맞은편 기슭으로 건너고 보니 기치를 바람에 나부끼고 있는 토쿠가와 군. 생각과는 달리 대략 3, 4천이나 될 듯한 대군과 마주친 덴조 등은

---

59) 足軽. 무가에서 평시에는 잡역에 종사하다 전시에는 병졸이 되는 최하급 무사.

억지로 강을 건넌 자신의 실수를 안타까워했으나 이제 와서 달리 방법도 없었다. 전면에는 몇 배나 되는 적병, 뒤에는 탁하게 소용돌이치며 흐르는 요시다가와 강이 있었다. 처음의 기세와는 달리 아연실색한 덴조를 본 동생 신조가,

"형님, 놀라실 것 없습니다. 밀고 들어온 병력이라고 해봐야 겨우 3천쯤이라 여겨집니다. 저희가 마음을 하나로 합쳐 더는 없는 목숨이라 각오를 다지고 맞선다면 그리 대수로울 것도 없습니다. 이야말로 한신(韓信)의 이른바 배수진이니 결사의 용기가 몇 천만 배로 오를 것입니다. 이대로 후회를 하고 있을 때가 아닙니다."라고 말하자마자 지금 타고 온 배의 밧줄을 썩둑 잘라 강물에 흘려보냈다.

그야말로 필사의 각오였다. 당시 신조는 겨우 18세였다. 그런 다음 군을 둘로 나누어 선진이 500여 명, 2진 역시 500여 명, 여기에 덴조 등 형제가 곁을 따르며 필사적으로 진군했다.

토쿠가와 군은 선진의 대장을 타키와키(滝脇)의 마쓰다이라 카가에몬 노리키요(松平加賀衛門乗清), 후지이의 마쓰다이라 히코시로 토시나가가 맡아 700여 명을 인솔했으며, 제2진은 키요야스의 하타모토[60] 가운데서 토조의 마쓰다이라 사쿄노스케 요시하루와 그의 아들인 진타로 이에하루(甚太郎家春), 가신 가운데서는 혼다 타다토요(本多忠豊)와 그의 아들인 헤이하치로 타다스케(平八郎忠亮), 사카키바라 나가마사(榊原長政), 이시카와 키요카네(石川清兼), 혼다 마사스케(本多正助)가 1천 2백여 명을 지휘했고, 후진으로는 미키(三木)의 마쓰다이라인 노부타카(信孝), 우도노(鵜殿)의 마쓰다이라인 야스타카(康孝) 등 800여 명이 임했으며, 나머지 오오쿠보 타다토시(大久保忠俊)와 그의 동생인 타다카즈(忠

---

60) 旗本. 대장이 있는 본진의 무사.

員)와 아들 타다요와 동생인 타다스케(忠佐), 사카이 타다나오(酒井忠尙), 타다쓰구(忠次), 마사치카(正親) 등 300여 명은 유격대로 시기를 가늠하여 적의 옆구리를 치기로 했다. 이 외에 이나의 혼다 누이노스케 마사타다(本多縫助正忠)가 애초부터 특별군으로 가담해 있었기에 커다란 반석 위에 선 군세라고 봐도 무방했다.

마침내 전기가 무르익어 양군의 선진이 충돌했다. 마쓰다이라 카가에몬(토), 히코시로의 진으로 마키노 군의 선두가 필사적으로 공격해 들어왔으나 싸움 중반에서부터 무너지기 시작해서 곧 본진을 향해 달아나기 시작했다. 이 모습을 본 덴조 형제 등은 성난 머리카락이 하늘을 찔렀으며, 500여 명이 바람을 가르며 똑바로 달려나갔기에 카가에몬과 히코시로 등 800여 명의 군세는 단숨에 밀려 고유 쪽으로 무너져 달아났다. 이 모습을 지켜보고 있던 키요야스가,

"적은 승리에 취해 있다. 새로운 병력을 투입하여 싸울 때는 지금……."
이라고 명령하고 스스로 말에 채찍을 가했기에 1천 2백의 군세가 서로 앞 다투어 공격해 들어갔다. 그러나 이미 죽기를 각오한 마키노 형제도 분투를 거듭했다. 구름떼 같은 대군에 완전히 둘러싸였으나 지금이 운명의 갈림길이라며 싸우고 있는 가운데 오오쿠보(토)와 사카이의 유격대가 옆구리를 습격했기에 순식간에 무너져 남은 자들은 혈로를 뚫어 달아났고 덴조 형제는 전부 목숨을 잃고 말았다.

이렇게 해서 요시다 성으로 유유히 들어간 키요야스는 거기서 인마를 잠시 쉬게 한 뒤, 이번에는 타하라 성 공격에 나섰다. 타하라의 성주인 토다 노리미쓰(戸田憲光)는 나가치카 시절에 스스로 머리를 숙이고 투항해왔으나 어리석은 노부타다 시절이 되자 마쓰다이라 씨에게서 멀어진 자였는데, 키요야스 시절이 되어서도 그 마음을 돌리려하지 않았기에 요시다 성 함락의 기세를 몰아 단번에 타하라까지 빼앗겠다는

것이 키요야스의 생각이었다. 그런데 생각과는 달리 참으로 허무하다 싶을 정도로 간단히 항복했기에 키요야스는 요시다로 돌아가 그곳을 근거지로 사방의 공략에 착수했다.

이렇게 해서 그 세력에 굴복한 자는 미카와 우시쿠보의 마키노 신지로 사다나리(牧野新次郎貞成), 시다라(設楽)의 시다라 신자부로 사다시게(設楽新三郎貞重), 사이고(西郷)의 사이고 신타로 노부사다(西郷新太郎信貞), 니렌기의 토다 탄바노카미 노부미쓰(戸田丹波守宣光), 타미네(田峰) 노다(野田)의 스가누마 신파치로 사다노리(菅沼新八郎定則)를 비롯하여 야마가(山家), 미카타(三方), 쓰키테(築手), 나가마(長間) 등. 노부타다 시절에 이마가와 씨, 혹은 오다 씨에게로 돌아섰던 사람들 대부분이 다시 키요야스의 깃발 아래에 속하게 되어 니시미카와 전역에서 그 세력을 떨쳤기에 '안조의 사부로'는 근린을 두려움에 떨게 만들 정도의 명성을 쌓게 되었다.

키요야스가 20세가 된 쿄로쿠 2년(1529)의 겨울, 7천여의 니시미카와 군을 이끈 키요야스는 오와리로 출마하여 오다 단조노추 노부사다(織田弾正忠信定)의 아들인 빈고노카미 노부히데(備後守信秀, 오다 노부나가의 아버지)의 이와사키(岩崎)와 노로(野呂) 2개 성을 공격했다. 이와사키 성에서는 수장 아라카와 신파치로(荒川新八郎)의 통솔하에 300여 명이, 노로 성에서는 사카이 히코에몬 히데타다(坂井彦右衛門秀忠)를 수장으로 250여 명이 성을 지키고 있었다.

싸움에 능한 키요야스는 예전부터 노련한 밀정들을 잡역부로 꾸미게 하여 이와사키 성 안으로 교묘히 숨어들게 했고 이들로부터 늘 성 안의 정세를 보고받고 있었기에 내부 사정을 훤히 꿰뚫어보고 있었다. 이 밀정들의 안내로 어둠을 틈타 다시 100명 정도를 성 안으로 들여보낸 뒤, 밤이 오기를 기다렸다가 7천여를 둘로 나누어 성의 정면에는 4천

5백 명, 뒷문에는 2천 5백 명, 양쪽 모두 손에 침을 뱉어가며 성 안에서의 신호를 기다렸다.

시각을 신호로 앞뒤에서 한꺼번에 함성을 지르며 공격해 들어가자 수장인 아라카와 신파치도 거기에 맞서 성의 병사를 둘로 나누어 응전했다. 필사적으로 방어에 힘썼는데 그러던 중 홀연 와아 하고 오르는 함성과 함께 어느 틈엔가 내부에 넘쳐나는 적의 대군. 곧 혼전, 난전이 펼쳐져 쓰러지는 자가 200여 명, 아라카와 신파치를 비롯하여 일동 대부분이 목숨을 잃었으며 이와사키 성은 순식간에 키요야스의 손에 떨어져버리고 말았다.

이와사키 성을 부하에게 지키게 하고 키요야스가 성난 파도처럼 노로 성으로 빠르게 밀고 들어갔기에 사카이 히코에몬 등은 버티지 못하고 할복하여 이곳도 역시 키요야스의 손에 완전히 떨어졌으며, 숙부인 사쿠라이의 마쓰다이라 나이젠 노부사다를 수장으로 하여 성을 지키게 했다.

이듬해인 쿄로쿠 3년(1530)이 되자 키요야스는 쿠마가이 나오자네(熊谷直実)의 자손으로 오다 노부사다를 따르고 있는 우리(宇理) 성의 쿠마가이 빗추노카미 나오모리(熊谷備中守直盛)를 공격하기 위해 7천여 기를 둘로 나누어 숙부인 후쿠가마의 마쓰다이라 우쿄노스케 치카모리, 동생인 나이젠노쇼 노부사다를 정문 쪽의 대장으로 삼고 각자에게 군병을 2천여씩 주었으며, 하타모토(본진) 3천여 명은 자신이 직접 인솔하여 성의 앞뒤에서 함성을 올리며 공격했다. 그 가운데서도 우쿄노스케 치카모리(토)는 아군 병사를 독려하며 성벽 가까이까지 공격해 들어갔다. 이 모습을 보고 성 안에서 화살을 빗발처럼 쏟아부었기에 순식간에 아군의 사망자가 산더미처럼 쌓여갔으나 조금도 겁먹지 않고 시체를 넘고 넘어 벽 바로 앞까지 밀고 들어가서 억지로 넘어 들어가려 했다.

마쓰다이라 키요야스

드디어 때가 왔다며 빗추노카미(오)는 성 문을 밀어 열게 한 뒤 300여
명의 날랜 군사들로 창끝을 모아 돌격하게 했다. 치카모리(토)도 역시
창을 꼬나쥐고 아군을 독려했으나 어찌된 일인지 동생 노부사다 군이
점차 무너지기 시작했기에 그냥 보고만 있을 수는 없었다. 공격군이
허무하게 무너지려 하자 크게 분노한 치카모리가 안장에 올라서,
 "참으로 꼴사나운 모습이로구나. 소수의 적을 맞아 달아나다니, 어찌
된 일이냐! 치카모리가 여기에 버티고 서서 목숨이 다할 때까지 싸우겠다.
너희도 부끄러움을 안다면 당장 걸음을 멈추고 여기서 죽기를 각오하라!"
라고 외치며 종횡무진으로 날뛰었으나, 그 소리조차 듣지 않고 대부분이
달아났기에 결국에는 적에게 겹겹이 둘러싸여 가신인 아마노 타다토시
(天野忠俊) 이하 10여 명과 함께 목숨을 잃고 말았다.
 뒷문 쪽의 산 위에서 이 모습을 지켜보고 이를 갈며 안타까워하던
키요야스가 '숙부의 원수'라며 3천여 기를 이끌고 닥치는 대로 공격해
들어갔기에 나오모리도 끝내는 버티지 못하고 샛길로 달아나버리고

말았다. 우리 성 역시 키요야스의 손에 들어오기는 했으나 숙부인 치카모리의 죽음을 생각하면 분해서 견딜 수가 없었다.

"노부사다에게 패기가 없었기 때문이다. 형이 위험하다는 사실을 알면서도 그냥 죽게 내버려두는 자가 세상에 어디 있단 말이냐. 노부사다의 비겁한 행동 때문에 치카모리는 죽지 않아도 될 목숨을 끝내 잃고만 것이다."

전쟁이 끝난 뒤 키요야스는 자리를 가득 메운 장수들 앞에서 이렇게 탄식했다. 한쪽 구석에 자리한 노부사다는 얼굴을 새빨갛게 물들인 채 고개를 숙이고 있을 뿐이었다.

안조 사부로 키요야스의 이름은 나날이 높아져만 갔다. 지금까지 이마가와 · 오다 두 집안에 속해 있던 자들까지 점차 전향해오게 되었다.

그 무렵 카이노쿠니는 타케다 노부토라(武田信虎, 타케다 신겐의 아버지)의 위세 아래, 중부지방에서 커다란 세력을 형성하고 있었는데, 그 노부토라가 카나마루 이가노카미 후지쓰구(金丸伊賀守藤次)의 장남인 와카키노카미 토라쓰구(若狹守虎嗣)를 멀리 산슈 오카자키까지 사자로 보내 서로 동맹을 체결하자고 제의해왔다. 키요야스는 매우 기뻐하며 사자 일행을 성 안으로 들이고 환대한 뒤 돌려보냈는데, 후에 자신의 근신에게,

"노부토라가 멀리 카이의 산 속에서 사자를 보낸 것은 단지 친목만을 위해서가 아니었다. 그는 우리 영내의 세력을 살피고 성 안의 분위기를 파악하고 나아가 나의 인격을 살피기 위해 온 것이었다. 그러나 노부토라가 그와 같은 방법으로 나를 살피려 했다는 것은 참으로 가소로운 일이다. 그렇기에 일부러 성 안으로 들여 내부의 모습을 보이고 스스로도 만나주었던 것이다. 만약 노부토라가 그와 같은 방법으로 나를 도모하려 한다면, 그것은 모기 새끼가 철로 된 소를 잡아먹으려 하는 것과 같은 짓이다.

내가 50세까지 살 수만 있다면 산엔[61]은 물론 카이까지 반드시 손에 넣을 생각이다."라고 말했다.

키요야스가 25세가 된 텐분(天文) 4년(1535) 12월. 오와리노쿠니 모리야마(守山) 성의 성주인 오다 노부미쓰(織田信光)는 형 노부히데와 사이가 벌어져 북쪽에 있는 미노[62]의 사이토 씨와 내통했으며, 동쪽에 있는 마쓰다이라 키요야스와도 은밀히 연락한 뒤, 노부히데를 유인하여 공격하기로 계획을 세웠다. 미노의 세 용장인 우지이에 히타치노스케 뉴도 보쿠젠(氏家常陸介入道卜全), 이나바 이요노카미 미치사다(稲葉伊予守通貞), 이가 이가노카미 사다쓰구(伊賀伊賀守貞次)도 이에 응해서 일어서기로 했기에 텐분 4년 12월 5일, 1만의 병사를 이끈 키요야스는 모리야마에 도착하여 진을 치고 오와리의 키요스(清洲)에서 노부히데를 거짓으로 꾀어내어 결전을 벌이겠다고 마음먹었다.

그런데 사쿠라이의 나이젠노쇼 노부사다가, 키요야스로부터 명령을 받았음에도 우에노 성에 들어앉은 채 전혀 움직일 기색을 보이지 않았다. 사람을 보낼 때마다 꾀병을 부리는 것은, 작년 우리 성 공격 때 형 치카모리를 죽게 내버려둔 일로 키요야스에게 치욕을 당한 것을 언제까지고 마음에 담아두어 은밀하게 오다 쪽과 내통하고 있기 때문이라는 정보가 들어왔다.

"재미있군. 노부사다가 반심을 품고 있다는 말인가? 알겠네, 목숨이 그렇게도 아깝지 않다면 지금부터 일군을 치리후(池鯉鮒)로 보내 우에노 성을 떨어뜨린 뒤 나이젠의 목을 쳐서 군문의 본보기로 삼겠네."라며 키요야스가 바로 군대를 움직이려 하자 사카이 타다토시, 타다사다, 타다요, 타다스케 등의 숙장(宿将)들이,

---

61) 三遠. 미카와와 토오토우미를 아울러 이르는 말.
62) 美濃. 지금의 기후 현 남부. 노슈(濃州).

"노부사다 나리를 처단하는 일이라면 주군께서 굳이 나서실 필요도 없이 저희만으로도 충분하오나 이는 역시 깊이 생각해보실 필요가 있을 듯합니다. 그 이유는, 나이젠노쇼 나리의 반역은 언뜻 작은 일처럼 보이나 실은 매우 중대한 문제이기 때문입니다. 노부사다 나리 일문에 어떤 자들이 있습니까? 우선 오오규의 마쓰다이라 겐지로 치카노리(松平源次郎親乗), 나가사와(長沢)의 마쓰다이라 코즈케노스케 야스타다(松平上野介康忠), 카리야(刈屋)의 오노 시모쓰케노카미 노부모토(小野下野守信元) 등, 이들은 모두 노부사다 나리의 사위이나 그렇기에 반드시 노부사다 쪽에 설 것입니다. 돌아보건대 적지에서의 장기전은 손실이 많고 이득은 적은 경우가 다반사이니 이번에는 우선 군을 되돌리시고 군의(軍議)를 거듭하여 의견을 모은 뒤 새로이 나이젠 주벌을 위한 군을 일으키는 것이 좋을 듯합니다만……."하고 온갖 말로 간언하였으나,

"아니오. 나는 안조 성 하나만을 지키던 때에도 적은 병력으로 대적과 싸웠으며 단 한 번도 진 적이 없었소. 하물며 이번은 수많은 대군을 거느리고 있으며 상대는 헤아릴 필요도 없을 만큼의 소수 아니요? 설령 오오규, 나가사와 등이 카리야와 하나가 되어 지원을 온다 할지라도 그 숫자는 겨우 1천 명도 되지 않을 것이오. 두려워할 것이 어디에 있겠소? 당장 밀고 들어가 그 목을 쳐서 이심을 품은 자들에게 본보기를 보여야 할 것이오."

키요야스는 아무리 해도 말을 듣지 않았다.

"아니, 아니, 그것은 안 될 일입니다. 하물며 천하에 큰 뜻을 펼치겠다고 마음먹은 자는 더욱 자중하지 않으면 안 됩니다. 이는 커다란 일 앞의 작은 일에 지나지 않습니다. 커다란 공은 작은 허물을 돌아보지 않는다고 했습니다. 우에노로 향하겠다는 뜻은 제발 거두어주시기 바랍니다."라고 여러 가지로 말했기에 키요야스도 그럴 마음이 들어 다음날 오카자키로

돌아가기로 결정했다.

그런데 노부사다의 반심은 여러 가지 유언이 되어 나타났으며, 개중에도 숙장 아베 사다요시(阿部定吉)가 노부사다와 마음을 합하여 은밀히 이심을 품고 있다는 소문이 한결 같이 들려왔고 그것이 들불처럼 진중에도 퍼져 키요야스의 귀에까지 들어왔으나 키요야스는 애초부터 사다요시를 믿고 있었기에 조금도 문제 삼지 않았다. 난처해진 것은 사다요시였다. 스스로 나서서 변명을 하는 것도 이상하고, 그렇다고 그대로 내버려둘 수도 없었기에 큰아들인 야타로(弥太郎)를 불러,

"너도 이미 알고 있는 것처럼 내가 악심을 품고 있다는 유언이 돌고 있으니 혹은 규명도 하지 못한 채 누명을 쓰게 될지도 모를 일이다. 만약 그와 같은 일이 벌어진다면 자손대대로 반역, 불충의 이름을 남기게 될 우려가 있다. 혹시라도 내가 누명을 쓰게 된다면 너는 무슨 수를 써서라도 난에서 벗어나 아버지에게 아무런 죄도 없었음을 반드시 밝히고, 만에 하나 그래도 용서를 받지 못한다면 망설이지 말고 자결하여 반심이 없었다는 증거를 보여야만 할 것이다. 무슨 일이 있어도 아버지의 누명 따위에 원한을 품고 적과 내통해서는 안 될 것이다."라고 단단히 타이르고 반심이 없다는 사실을 신께 맹세하는 글을 써서 그것을 주었다.

그 이튿날 아침. 진중에서 사나운 말 한 마리의 고삐가 풀려 사람들이 그것을 잡기 위해 커다란 소리를 지르며 우왕좌왕 달리기 시작했다. 키요야스도 그 모습을 보고,

"놓치지 말아라, 놓쳐서는 안 된다. 문을 닫아라. 베어라, 베어버려라." 라고 커다란 목소리로 명령했는데, 장막 너머에서 그 소리를 듣고 아버지가 마침내 주살당하는구나 지레짐작한 야타로는 앞뒤 따지지도 않고 한껏 흥분하여, 무라마사[63] 한 자루를 손에 들고 달려가 키요야스를 등 뒤에서 단칼에 베었다. 불시에 칼을 맞은 키요야스는 무엇인가를

짚고 버티려 했으나 오른쪽 어깨에서부터 왼쪽 옆구리까지 베였기에 피로 붉게 물든 채 쓰러져버리고 말았다.

"이 발칙한 놈!"이라고 외칠 사이도 없이 시동으로 있던 16세의 소년 우에무라 신로쿠로(上村新六郎)가 허리에 찬 칼을 뽑는 손조차 보이지 않을 정도의 빠른 솜씨로 정면에서 똑바로 내리쳐 그 자리에서 야타로를 쓰러뜨렸다. 진중의 사람들은 상하를 막론하고 당황할 뿐이었다.

25세의 나이에 '안조의 사부로'로 명성을 떨치던 키요야스는 막 구름을 타고 오르려던 순간에 안타깝게도 사소한 엇갈림으로 인해 모리야마 진중의 이슬로 덧없이 스러지고 말았으며, 그의 웅대한 뜻도 중도에 꺾이고 말았다.

(8) 8대 히로타다

주군을 잃은 잔병들은 온전치 못했다. 1만의 장병은 그야말로 어두운 밤에 등불을 잃은 것처럼 맥없이 오카자키를 향해 발걸음을 돌렸는데 벌써부터 마쓰다이라 씨의 앞날을 비관하여 이탈하는 자가 많았으며, 거기에 곳곳에서 일어난 토적들에게 시달려 더없이 비참한 모습으로 돌아오지 않을 수 없었다. 세상에서 이른바 '모리야마 붕괴(守山崩れ)'라고 부르며 미카와 무사 대대로 화제로 삼은 것이 바로 이 비극이었다.

한편 아베 사다요시는 당연히 묶인 몸으로 미카와로 끌려와 키요야스의 할아버지로 지금은 출가하여 도에쓰 뉴도로 은거 생활을 하고 있던 나가치카의 판결을 받게 되었는데, 그에게서는 어떠한 반심도 찾아볼 수 없었기에 마침내 후계자를 위해 충성을 다하라는 말과 함께 용서를

---

63) 村正. 무로마치 시대의 도공. 예리한 칼을 만들기로 유명했다. 토쿠가와 가에서 무라마사에 의한 사건이 연달아 일어났기에 요도(妖刀) 전설이 생겨났다. 통칭은 센고 무라마사.

받게 되었다.

키요야스의 횡사로 이제 겨우 10세인 히로타다를 세우고 증조할 아버지인 도에쓰 뉴도 나가치카가 그의 후견인 역할을 맡았다. 그렇다고는 해도 10세의 어린 주군, 위세가 떠오르는 해와 같았던 그 키요야스와는 물론 비할 바가 되지 못했다. 게다가 숙부인 노부사다처럼 좋지 않은 마음을 품은 자가 일족 가운데 있으니 오카자키 성의 앞날은 그야말로 누란지세에 있다고 해야 할 터였다.

마쓰다이라 히로타다

이웃 쿠니인 오와리의 오다 노부히데가 이러한 빈틈에 눈을 돌리지 않을 리 없었다. 이듬해인 텐분 5년(1536) 2월 초, 8천여 명의 군세를 미카와로 보내서 다이주지 앞에 진을 치게 했다. 대대로 마쓰다이라 집안을 섬겨오던 미키의 영주 마쓰다이라 쿠란도(蔵人) 노부타카와 그의 동생인 우도노의 성주 주로사부로 야스타카를 대장으로 800여 기가 오카자키에서 출진하여 이다노고(井田郷)에서 격전을 치른 결과 간신히 적을 물리쳤으나, 대외관계는 더욱 급박하게 돌아가기 시작했다.

거기에 숙부인 노부사다가 마침내 본격적으로 그 마수를 내밀어 도에쓰 뉴도 나가치카를 비웃으며 히로타다의 후견인이 되어 오카자키 성으로 들어갔고, 이후부터 가신들을 제 마음대로 가혹하게 부리는 등 횡포가 극에 달했다. 심지어는 히로타다를 살해하여 오카자키를 완전히 빼앗을 음모까지 꾸미고 있었기에 크게 염려한 아베 사다요시가 동생인 사다쓰구(定次)와 은밀히 계획하여 히로타다를 데리고 오카자키에서 벗어나 이세노쿠니의 칸베(神戸)로 가서 키요야스의 처남인 토조 우효에노스케 모치히로(東条右兵衛督持広)에게로 몸을 숨겼다.

하지만 그곳도 안전한 은신처는 아니어서 모치히로가 세상을 떠나자 그의 큰아들인 요시야스(義安)가 히로타다를 잡아 오다 노부히데에게 넘길 음모를 꾸몄기에 거기에서 벗어나 미카와 나가시노(長篠)로 갔다가 곧 엔슈 카지가야(鍛冶が家)에 자리를 잡은 뒤, 그곳에서 이마가와 요시모토(今川義元)의 가신인 아사히나 스루가노카미 우지이에(朝比奈駿河守氏家)를 통해서 히로타다의 원조를 요시모토에게 의뢰했더니 뜻밖에도 요시모토는 흔쾌히 수락하고 미카와의 무로(牟呂) 성을 내주었다.

요시모토가 자신의 병력 수백을 무로로 보내 오다 쪽으로 넘어갔던 사이조(西条) 성을 공격하게 했으며 이를 떨어뜨렸기에 나이젠노쇼 노부사다는 크게 놀라 오오쿠보, 하야시, 나루세(成瀬) 등의 가신들을 잡아다 결코 히로타다에게 마음을 주지 않겠다는 서약문을 7장 쓰게 했다. 그러나 그래도 마음이 놓이지 않았고 오카자키의 무사들이 더욱 이탈할 것 같았기에 다시 서약문을 총 31장 쓰게 했으나 이미 사람들의 마음은 노부사다의 횡포를 미워하여 한시라도 빨리 히로타다를 맞아들이고 싶다고 바라게 되었다. 거기에 아베 사다요시를 비롯하여 오오쿠보 등과 같은 충신들이 크게 힘쓴 보람이 있어서 계략으로 오카자키 성을 빼앗았기에 제아무리 교활한 노부사다라도 결국은 하는 수 없이 머리를 숙이고 히로타다 앞에서 용서를 구할 수밖에 없었다.

타지를 떠돌아다닌 세월 3년. 12세가 된 히로타다는 대대로 집안을 섬겨온 가신들의 충성스러운 활약 덕분에 정들었던 오카자키 성으로 다시 되돌아올 수 있었다. 나이젠노쇼 노부사다에 대해서는 여러 가지 의견이 나왔으나 과거는 묻지 않겠다는 관대한 마음으로 용서하고,

앞으로는 일족이 마음을 합하여 외적에 맞서기로 결정했다. 그런 다음 조촐한 논공행상을 행해 오오쿠보 타다토시, 나루세 마사요리(成瀬正頼), 오오하라 코레무네(大原惟宗), 하치코쿠 진로쿠로(八国甚六郎) 등에게 각각 15관[64]의 땅을 주었으며, 자신은 관례식을 치르고 마쓰다이라 지로사부로(二郎三郎) 히로타다가 되었다.

히로타다가 15세가 된 텐분 7년(1538) 2월, 세력을 회복하기 시작한 마쓰다이라 씨는 오랜 원한을 오다 씨에게 갚기 위해 나루미(鳴海)로 출병하여 불을 지르고 노부히데에게 싸움을 걸었다. 이를 본 노부히데도 가만히 있지 않았다. 같은 해 6월에 3천의 병사를 이끌고 미카와로 들어가 안조 성을 포위해버렸다. 성의 장수인 마쓰다이라 나가이에(松平長家)를 비롯하여 지원군의 장수인 마쓰다이라 토시나가, 마쓰다이라 타다쓰구(松平忠次), 마쓰다이라 야스타다, 하야시 토스케, 나이토 요이치로(林与一郎), 마쓰다이라 노부야스(松平信康) 등이 용맹을 떨치며 힘껏 싸웠으나 다수의 병력에 밀려 패했으며 노부야스를 비롯하여 모두가 창칼 아래에 쓰러졌기에 안조 성은 마침내 오다 씨의 손에 들어가버리고 말았다. 안조 성이 함락되었다는 소식이 미카와 지방에 퍼지자 마쓰다이라 씨에게서 등을 돌려 오다 씨에게 붙는 주위의 성들이 속속 나타났다. 사사키(佐崎)의 성주인 마쓰다이라 산자에몬 타다토모(松平三左衛門忠倫)를 비롯하여 사카이 사에몬노조(坂井左衛門尉), 오오하라 사콘(大原左近), 콘도 덴지로(今藤伝次郎) 등 자신의 이해에만 연연하는 무리들이 아무렇지도 않게 등을 돌려버리고 말았다.

안조 성!! 그곳은 오카자키의 서쪽 눈앞, 지호지간에 위치한 이른바 오와리노쿠니에 대한 숨통이기도 했기에 이 성이 다른 사람의 손에

---

64) 무인의 녹봉액으로 1관은 약 1800ℓ.

넘어갔다는 것은 오카자키에게는 그야말로 치명상이라고 하지 않을 수 없었다. 이에 무슨 수를 써서라도 탈환하려 몇 번이고 그 회복을 시도했으나 히로타다가 살아 있는 동안에는 끝내 실현하지 못했다.

7월, 히로타다가 병사를 카리야로 보내 오다 군의 길잡이 역할을 하고 있던 미즈노 타다마사(水野忠政)의 성을 포위하게 했으나 이 역시도 함락시키지는 못했다. 그런데 이것이 전국시대의 관습일까? 이 적대관계에 있던 미즈노 씨와 마쓰다이라 씨 사이에 화목이 체결되었고 그 이듬해인 텐분 10년(1541)에는 타다마사의 딸 오다이(お大)가 히로타다에게로 시집을 왔다.

인연은 참으로 신기한 것이다. 어제의 적이 오늘의 인척. 당시 히로타다는 16세, 오다이는 14세였다.

3. 이에야스 탄생

안조 성을 노부히데에게 빼앗긴 히로타다는 틈만 나면 회복하려고 온갖 기회를 엿보았으나 적도 만만치가 않아서 쉽사리 빈틈을 보이지 않았을 뿐만 아니라 오히려 이쪽의 약점을 찾아내 오카자키 성까지 탈취하려 하고 있었다. 호시탐탐이란 이런 경우를 두고 하는 말이리라. 어떻게 해야 상대를 쳐부술 수 있을까, 이것만이 그들의 일이자, 그들의 고민거리였고, 또 의욕을 불타오르게 하는 원천이었다.

오카자키의 위험은 곧 슨푸(駿府)에 있는 요시모토를 위협하는 일이기도 했다. 바닷길을 따라 쿄토로 올라갈 때 방해가 되는 노부히데가 안조를 영유하게 된다면 단순히 쿄토로 가는 길의 방해가 될 뿐만 아니라 슨엔신[65] 3개 쿠니를 영유하고 있는 이마가와 씨가 불안해진다. 이대로 내버려둘 수는 없는 일이었다. 요시모토는 무슨 수를 써서라도 안조 성을 탈환하기로 결심했다.

마쓰다이라 씨는 이마가와 · 오다라는 동서의 두 커다란 세력 사이에 끼어 그 강국의 무시무시한 반목과 물결치는 적대관계의 소용돌이 속에서 자신의 힘으로 서려는 몸부림을 계속해온 것이다. 그것은 필시 단단한 바위 사이에 낀 어린 양과 같은 것이었으리라. 양쪽 바위가 동시에 밀려와 충돌하여 무시무시한 불꽃이 튀면 산산이 깨져버릴 수밖에 없는 형편이었다. 그것은 또한 무시무시한 맹수와 맹수 사이에 놓인 토끼와도

---

65) 駿遠参. 스루가노쿠니, 토오토우미노쿠니, 미카와노쿠니를 아울러 이르는 말.

같은 것이었다. 오카자키라는 먹잇감을 보고 이빨을 번뜩이며 물어뜯으려 하면, 그렇게는 내버려두지 않겠다며 다른 한 쪽이 달려들 듯했기에 양자가 서로를 노려본 채 버티고 서 있는 형국이었다. 그러나 오카자키에게 있어서 이는 온전히 손해만은 아니었다. 오다 씨가 공격을 하려 하면 이마가와 씨가 도움을 주었고, 이마가와 씨가 손을 쓰려 하면 오다 씨가 그냥 내버려두지 않았기 때문이었다. 이처럼 매우 복잡한 관계가 얽혀 있는 오카자키의 안조 성을 되찾아와야겠다고 요시모토가 결심한 것은 당연한 일이었다.

텐분 11년(1542) 8월, 안조를 중심으로 점차 잠식해 들어오는 노부히데의 손길을 꺾기 위해 요시모토는 슨엔산 3개 쿠니의 대병을 움직여 엔슈와의 경계인 타하라에 진을 치고 성의 장수인 토다 씨 등에게 명하여 오와리로의 진군을 시도하려 했다. "요시모토가 온다!!"라는 경보를 받은 노부히데 역시 4천의 병사를 이끌고 동생인 쓰다 마고자부로 노부미쓰(津田孫三郎信光)와 함께 아즈키자카(小豆坂)에서 적을 맞아 한 걸음도 나아가지 못하게 하겠다는 듯 진영을 굳혔다.

히로타다는 당연히 이마가와 쪽에 가담했다. 강용하기 짝이 없는 요시모토가 오와리 쪽이 몇 만이든 무슨 상관이냐며 터진 봇물과 같은 기세로 밀고 들어갔기에 비슈 쪽은 곧 밀리기 시작했으며 점차 뒤로 물러나지 않을 수 없었다. 이제 승리는 거의 이마가와 쪽에 있는 듯 보였다. 이러한 모습을 보고 쓰다 마고자부로 노부미쓰가 분연히 떨치고 일어났다.

"돌아와라, 발걸음을 돌려라. 이게 대체 무슨 꼴이란 말이냐. 오와리의 수치를 죽음으로 씻어라. 모두 돌아와라."라고 외치며 스스로 선두에 서서 적 속으로 뛰어들었다. 이 모습에 힘을 얻어 분발하기 시작한 오와리 군은 물러나던 발걸음을 돌려 죽음을 각오로 방어전에 나섰다.

그중에서도 오다 노부후사(織田信房), 시모카다 사콘(下方左近), 삿사 하야토(佐々隼人) 등 7명은 긴 창을 휘두르며 종횡무진으로 날뛰었다. 놀라운 일이었다. 조금 전까지만 해도 질 것 같던 싸움이 한순간에 역전되어버리고 말았다. 7자루 창을 중심으로 한 오와리의 필사적인 분전에, 발걸음이 어지러워진 이마가와 군에게는 적 전부가 7자루 창인 것처럼 강하게 보였다. 이렇게 해서 아즈키자카 전투는 서쪽 군인 오다 군의 대승으로 끝났다. 아즈키자카에서 용맹을 떨친 7자루 창이 카이도 제일의 무사라 일컬어지던 요시모토에게 패배를 맛보게 했으며, 그로 인해서 어쩔 수 없이 오와리로의 진격을 중단하게 만든 것이었다. 오카자키는 이 전투에서 마쓰다이라 노부요시, 노부카쓰(信勝) 부자를 잃었으며, 안조 성 회복의 '회'자도 이루지 못한 채 허무하게 자신들의 성으로 돌아갈 수밖에 없었다.

시시각각으로 위기가 닥쳐왔다. 아즈키자카에서 패한 요시모토는 멀리 슨푸로 돌아갔고 히로타다가 머무는 성은 그야말로 적의 포위 속에 있는 형국이었다. 이마가와 군이 패했다는 소식이 전해지면 하루아침에 오다 씨에게로 돌아서버릴 자들이 얼마나 될지 알 수 없는 상황이었다. 아니, 설령 그런 사태는 벌어지지 않는다 할지라도 안조 성은 적의 손에 의해 지켜질 것이며, 아즈키자카에서는 오다 군이 당당하게 돌아다닐 것이 뻔했다. 고성낙일(孤城落日)의 형국이라 할 수 있었다. 더구나 이마가와 요시모토도 패배를 맛보았기에 더는 마쓰다이라 씨의 위기에 성심껏 대비해주지는 않았다. 더할 나위 없이 위험한 순간이었다. 그러나 노부히데는 이처럼 궁지에 내몰린 오카자키에 동정을 보내지는 않았다. '이겼다!! 지금이다. 승세를 몰아가자.'라며 12월 24일 밤의 어둠을 틈타 우에노 성의 나이토 키요나가(内藤清長)를 습격했다.

'야습이다. 적은 노부히데다.' 이 소식을 접한 히로타다는 자기 성의 수비를 더욱 굳건히 함과 동시에 키요나가의 고전을 생각했으며, 이겨줄 것을 빌었다. 성의 외곽까지 뚫린 우에노 성은 갑작스러운 일이기도 했고, 또 어둡기도 했기에 마음먹은 대로 움직일 수 없었으나 성의 병사들도 점차 어둠에 눈이 익고 마음에 여유가 생김에 따라서 적에 대한 방어방법이 정확해졌다. 결국 주장 키요나가 및 그의 조카인 마사나리(正成) 등의 분전에 힘입어 적을 격퇴하기는 했으나, 언제 다시 밀고 들어올지 알 수 없는 일이었다. 적이 물러남과 동시에 무너졌던 외곽에 대한 응급처치를 하고, 이전의 실패를 거듭하지 않도록 만전의 대책을 세웠다.

아니나 다를까, 일단 물러났던 적병이 다시 밀물처럼 밀고 들어왔다. 하지만 이번에는 예상하고 있던 일이기도 했고 방비도 엄중했으며 장병들의 마음가짐도 달랐기에 적의 기습도 효과를 거두지는 못했으며, 결국에는 성의 병사들에 의해 격퇴당하고 말았다. 다행히 이번 싸움에서는 이겼으나 커다란 희생을 치렀을 뿐만 아니라 앞으로는 한시도 안심할 수 없게 되었다.

×   ×   ×

이 무렵, 오카자키 성 안 깊은 곳에 위치한 한 방에는 이상한 긴장감이 감돌고 있었다. 지난해에 카리야 성에서 시집을 온 히로타다의 아내 오다이에게 산기(産気)가 있었던 것이다. 히로타다는 자신의 방으로 들어가 가라앉지 않는 마음을 억지로 가라앉히려 하고 있었다. 밖으로는 우에노 성 야습의 결과가 아직 분명하게 판명되지 않았을 뿐만 아니라, 안채에서는 자신의 아내가 초산의 고통으로 몸부림치고 있었다.

"떨어지는 일은 없을 게야. 아니, 떨어질지도 몰라. 그러나 키요나가는 야무진 사람이야. 그 사람에게 빈틈이 있을 리 없어."

오카자키의 성주라고는 하나 아직 17세에 불과한 히로타다였다. 안팎

오다이

으로 복잡한 상황 속에 앉아 솜씨 좋게 이를 처리해나가기란 결코 쉬운 일이 아니었다. 그러나 소년이라고는 해도 창칼이 맞부딪치는 전국의 세상에 태어난 만큼, 그 나이에 어울리지 않을 정도의 다부진 신념과 강한 힘을 가지고 있었다.

"우에노 성에 야습을 가한 오와리 군은 마침내 격퇴되었으며 당분간 다시 공격해올 조짐은 없는 것으로 보입니다. 성의 병사들 모두 사기가 매우 높습니다."

히로타다는 이러한 보고를 듣고 나서야 비로소 안심했다.

"다행이로구나."

이러한 안도감이 찾아옴과 동시에 지금 막 태어나려 하고 있는 아이에게 어떤 커다란 행복이 날아들 것 같다는 느낌이 들었다. 산실 쪽이 갑자기 어수선해지더니 사람들 오가는 발소리가 분주해지기 시작했다. 잠시 후, 한 노신이 종종걸음으로 들어와서,

"도련님께서 무사히 태어나셨습니다."라고 고했기에 사카이 우타노
스케(雅楽助) 마사치카가 탯줄을 끊는 역할을, 이시카와 아키노카미(安
芸守) 키요카네가 잡스러운 기운을 쫓기 위해 소리 나는 화살을 쏘는
역할을 맡았다. 시미즈 마고자에몬(清水孫左衛門)의 딸인 타쓰조(たつ
女)와 아마노 사다아리(天野貞有)의 아내인 아무개 등이 유모로 뽑혔으
며, 오오하마 쇼묘지(称名寺)의 주지인 코아(其阿) 스님이 치요기미(千代
君, 훗날 이에야스)라고 이름을 지어주었다. 때는 텐분 11년(1542) 2월
26일. 아버지 히로타다는 17세, 어머니 오다이는 15세였다.

4. 떠도는 신세

(1) 생이별

칠흑같이 어두운 세상이라고 옛 사람들은 말했는데, 명명백백한 오늘날의 세상에도 실로 사람의 지혜가 미치지 못하는 미지의 세계, 미답의 장소가 있으리라. 하물며 전국시대였다. 한 발 앞, 한 치 앞도 내다볼 수 없는 암흑 그 자체였음은 말할 필요도 없는 사실이었다.

이세와 스루가에서의 떠돌이 생활을 거쳐 히로타다가 오카자키로 복귀할 수 있었던 데에는 숙부인 미키 성의 마쓰다이라 노부타카의 공도 적지 않았다. 그 공에 거만해진 것인지 히로타다 복귀 이후 노부타카는 점차 전횡을 일삼게 되었으며, 종가의 당주가 어리다는 사실을 기회 삼아, 그리고 동생 야스타카 및 일족인 이와즈 치카나가에게 아들이 없다는 빈틈을 파고들어 그들의 영지를 멋대로 자신의 것으로 삼아버렸다.

'이건 아니다.'라고 직감한 것은 노신인 아베 사다요시였다.

'어린 주군이 기껏 복귀했는데 이래서는 예전의 노부사다 때와 같은 전철을 밟게 될 게야. 지금 억제하지 않으면 오카자키 성이 어떻게 될지 알 수 없어.'라고 고심한 끝에 노부타카의 세력을 어떻게든 잘라내기 위해 한 가지 방책을 생각해냈다.

어느 날 마쓰다이라 노부타카는 오카자키 성으로부터 부름을 받았다. 노신 사다요시가 예를 다하여 환대한 후 이렇게 말했다.

"오늘 이렇게 오시라고 청한 것은 다름이 아니오라 귀공을 비롯하여 모두의 노력으로 어린 주군께서 다행히도 오카자키에 돌아오실 수 있었던 것은 무엇보다 슨푸에 있는 이마가와 나리의 원조에 의한 바가 매우 크니 이렇게 평안히 오카자키에 자리를 잡은 이상은 그에 대한 감사의 말씀을 올리지 않으면 안 될 듯합니다. 그러나 공교롭게도 지금은 이마가와 나리를 뵙고 그러한 말씀을 자세히 올릴 만한 자가 없는 형편, 오로지 미키 나리 한 사람만이 계실 뿐입니다. 그러하오니 모쪼록 마쓰다이라가를 대표하시어 슨푸로 가주신다면 오카자키에게 있어서 이보다 더한 행복도 없을 듯합니다."

한껏 치켜올리자 노부타카는, 요즘 자신의 세력이 점차 강성해지고 있으니 이러한 때에 요시모토 같은 대장에게 얼굴을 알려놓으면 여러모로 편리하리라 생각하고 있던 차이기도 했기에 기뻐하며 당장 그 역할을 맡아 슨푸로 출발했다. 사다요시는 뜻대로 되었다며 가만히 미소 지었다. 곧 성의 병사들을 소집하여 소리 하나 들리지 않을 정도의 조용함으로 헤키카이군(碧海郡) 미키 성을 향해 공격해 들어갔다.

아닌 밤중에 홍두깨란 이를 두고 하는 말이리라. 성주는 슨푸로 향해 부재 중, 무방비상태에서 공격을 받은 미키 성은 아무런 손도 쓰지 못하고 오오쿠보 타다사다(大久保忠貞)·나이토 진자(內藤甚三) 등이 먼저 항복했으며, 그들의 계략에 의해서 별 어려움 없이 성을 떨어뜨렸다.

자신의 성에서 이런 커다란 변고가 일어난 줄은 꿈에도 생각지 못한 노부타카는 슨푸에서 이마가와 요시모토를 만났다. 기쁨에 넘쳐 '이대로 가면 미카와는 당연히 나의 손에 굴러들어올 것이다. 이마가와 나리도 나이 어린 히로타다보다는 나를 더 믿음직스럽게 여기고 있는 듯했어.'라고 홀로 미소 지으며 돌아와보니 이게 어찌 된 일이란 말인가. 그야말로 꿈이라고밖에 여겨지지 않았다. 자신의 성이 완전히 다른 사람의 손에 넘어간 상태였다. 그것도 자신을 불러 슨푸로 가게 했던 사다요시의 손에……. 노부타카는 한동안 망연히 서 있을 수밖에 없었다.

한때는 크게 화를 내기도 했으나 생각해보니 자신의 과실이었다. 게다가 성과 영지를 빼앗긴 지금은 아무리 노력을 해봐야 이미 늦었다는 사실을 깨달았기에 노부타카는 다시 슨푸로 가서 요시모토의 힘을 빌려 히로타다에게 사과했으나 히로타다는 완강하게 받아주지 않았다.

"이렇게 된 이상 내게도 생각이 있다. 당장 피눈물을 흘리게 해주겠다." 라고 내뱉은 뒤, 화가 난 노부타카는 분풀이를 하려는 생각이었는지 이마가와 씨와 마쓰다이라 씨를 버리고 분연히 그들의 원수인 오다 노부히데에게 의지했다. 기뻐한 것은 노부히데였다. 자신의 품속으로 들어온 자가 미카와 마쓰다이라의 일족으로 미키의 성주이니 오카자키 성 안의 사정은 물론 멀리 스루가에 대해서까지 상당히 정확한 지식을 가지고 있을 터였다. 게다가 이 사내는 분노로 눈이 멀어 있었다. 잘 구슬리기만 하면 어떤 비밀도 털어놓고, 어떤 짓이든 할 듯했다. 노부타카 에게서 미카와의 정세를 자세히 들은 노부히데는 바로 병사를 이끌고 미카와로 들어가서 마쓰다이라 타다토모에게는 카미와다(上和田) 성을, 사카이 사에몬노조에게는 우에노 성을, 마쓰다이라 노부타카에게는 오오오카(大岡) 성을 견제하게 한 뒤 점차 오카자키를 향해 압박해 들어갔다. 암운이 다시 암운을 부른 셈이었다.

이러한 위기 속에서 텐분 12년(1543) 12월 7일에 장인인 카리야 성의 성주 미즈노 타다마사가 세상을 떠났다. 그리고 그 뒤를 이어서 오다이의 오빠인 노부모토(信元)가 성주의 자리에 올랐다. 이것이 또 마쓰다이라 가에게는 비극의 원인이 되었다. 후계자 노부모토는 이마가와 요시모토 에 대해서 좋지 않은 감정이 있었던 것인지 그의 성인 카리야 및 오가와 성과 함께 노부히데와 연락을 주고받았으며 손바닥을 뒤집듯 요시모토 에게서 등을 돌려버리고 말았다.

궁지에 몰린 것은 마쓰다이라 가였다. 지금까지 은혜를 입어온 이마가 와에 대해서 아내의 친정이 표변해버렸으니 요시모토가 어떤 의심을 품을지 알 수 없는 일이었으며, 설령 의심은 품지 않는다 할지라도 그 은혜를 모르는 척하고 있을 수는 없는 일이었다. 이마가와 씨에게서 등을 돌려 오다 씨에 붙어야 할지, 미즈노 씨와 연을 끊어 이마가와 씨의 은혜에 보답해야 할지, 이제는 분명한 태도를 취해야 할 때가 온 것이었다.

'이마가와 씨는 절대로 버릴 수 없다. 내가 어렸을 때부터 여러 모로 받아온 은의(恩義) 때문에라도 요시모토에 대한 의리는 내게 더 이상 재고의 여지가 없을 정도로 깊은 것이 되어 있다. 이러한 때에 이마가와 씨를 등진다면, 오카자키의 히로타다는 처자에 대한 애정에 이끌려 수년 동안 은의를 베풀어온 요시모토를 팔았다고 반드시 세상의 웃음거리가 될 것이다. 그것은 나의 무사적 정신이 용납할 수 없는 일이다. 그 어떤 은애(恩愛)의 끈을 끊는다 할지라도 나는 오다 씨에게 복종할 수 없다. 하물며 오다 씨는 마쓰다이라 씨의 오랜 적이 아닌가. 그렇다면 매형 노부모토와 절교를 해야 하는가? 오다 씨에게 속하지 않는 이상 방법은 그것밖에 없다. 노부모토는 아내의 오빠다. 노부모토와 절교하는 이상, 당연히 나는 아내와 이혼하지 않으면 안 된다.'

히로타다는 깊은 고뇌에 빠져버리고 말았다. 한창 사랑스러울 나이로 당년 3세인 타케치요(竹千代, 이에야스)의 얼굴이 떠올랐다. 사랑스러운 아들을 낳은 아내를, 자신은 세상의 의리 때문에 버리지 않으면 안 될 처지였던 것이다.

'타케치요는 어머니를 그리워하여 울겠지. 이혼하고 싶지는 않아. 하지만 그래서는 나의 무사도가 서지 않아. 남자로서 히로타다의 체면이 서지 않을 게야.'

히로타다는 단호하게 결심했다. 그리고 오다이를 자신의 방으로 불렀다. 올해로 17세가 된 오다이는 약간 창백한 얼굴로 들어오자마자 부드러운 두 손을 방바닥에 댔다. 그것은 미즈노 가와 마쓰다이라 가 사이에서 빚어진 비극을 자각하고 있는 듯한 모습이었다.

'각오를 하고 왔구나, 가엾게도.'

히로타다도 그것을 바로 눈치 챌 수 있었다.

"이미 알고 있을 테지만 이번에 카리야가 오다 가에 속하게 되었기에 우리 오카자키는 어려움에 처하고 말았소. 허나 나로서는 미즈노 씨 때문에 은혜를 입어온 이마가와 나리에게서 등을 돌린다는 것은 도저히 있을 수 없는 일이오. 그렇다면 미즈노 씨와는 자연스레 적대관계에 놓이게 되오. 그런데 그대는 노부모토 나리와 혈연관계에 있으니 이 성에는 더 이상 머물 수가 없을 듯하오. 무슨 말인지 알아들으시겠소? 나는 나의 무사로서의 체면을 세우기 위해서 오늘부로 그대를 친정으로 돌려보겠소. ……."

분명하게 말했다. 오다이는 한동안 머리를 들지 않았다.

"어떻소? 알아들으셨소?"

히로타다가 거듭 말했다. 그 목소리는 위엄 있는 것이었으나, 이면에 깃들어 있는 애정을 오다이는 마음 깊이 느낄 수 있었다.

"네." 아내는 눈물을 삼키며 간신히 대답했다. "알겠습니다."라고만 말한 채, 치밀어오르는 눈물을 참을 수 없었는지 그 자리에 엎드려버리고 말았다.

"이 모두가 운명이오." 히로타다도 이렇게 말하고 눈을 감았다.

결혼한 지 4년, 아들 타케치요까지 둔 젊은 부부는 지금 이별의 슬픔에 빠져버리고 말았다. 19세와 17세, 그야말로 인생의 봄날을 한껏 누려야 할 나이에 벌써 이별의 슬픔을 맛보게 된 것이었다. 카마쿠라 시대의 가인인 초메이(長明)가 말한 것처럼 인생은 물살에 떠내려가는 부평초와 같은 것 아닐지.

그 마음의 아픔 때문에 탈이 난 것인지 오다이는 병상에 쓰러지고 말았다. 한동안은 사카이 우타노스케 마사치카의 집에 머물며 병을 치료했으나 언제까지고 그렇게 있을 수 있는 몸이 아니었기에 피눈물을 흘리며 카리야 성으로 출발하게 되었다.

"마님, 언젠가는 다시 뵐 날이 찾아올 터이니 모쪼록 마음 단단히 먹으시고 도련님이 성장할 날을 기다리시기 바랍니다."

너무나도 초췌한 오다이의 모습을 보자 우타노스케는 자신의 마음을 쥐어뜯는 것 같은 슬픔에 빠져버리고 말았다.

'원래대로 하자면 오카자키 성주의 아내로 화목한 가정을 꾸려야 할 분이신데 세상은 어찌 이리도 무정한 바람만 더욱 거세지고 있단 말이냐.'

오다이는 조용히 고개를 끄덕이며,

"오래 폐를 끼쳤습니다. 나리의 마음은 결코 잊지 않겠습니다."

"천만의 말씀. 그런 말씀을 듣는 것만으로도 이 우타의 마음은 어지럽습니다. 그저 이런 운명에 놓이셨다는 사실이 이 우타의 마음을 한없이 아프게 합니다."

"아닙니다. 이것도 전부 자업자득, 전국시대의 관습이니 어쩔 수 없는 일입니다. 모두 전생부터 약속되어 있었던 일일 겁니다."

"아직 젊으신 마님께서 그 사랑스러운 타케치요 도련님을 남겨두고 카리야로 돌아가셔야 한다니, 이 우타도 슬픔을 견딜 수 없습니다."

"그 일만은 말씀하지 말아주세요."

오다이는 말을 끊고 잠시 가슴속에 밀려드는 감정을 억누르는 듯한 모습이었다.

"이 넓은 세상에서 어미 없는 아이라 불리는 것만큼 불행한 아이가 또 있겠습니까? 설령 황소바람이 불고 비가 새는 초가집이라 할지라도 어미의 품에 안겨서 잔다면 아이에게는 천국입니다. 극락정토라며 마음 편히 달콤한 잠을 자는 것이야말로 사람의 참된 행복이거늘, 그렇게 해주지 못하니 어미가 다 무엇이겠습니까, 아비가 다 무엇이겠습니까. 저는 그 생각만 하면……."

산산이 조각나버린 마음. 오다이의 가슴은 미어질 듯했다.

×   ×   ×

"또 세상 사람들이 말하기를 어미 없는 자식은 바로 자라지 못한다고 합니다. 만약 그 아이가 평범하게 자라지 못하고 마쓰다이라 가에 먹칠을 하게 된다면, 그야말로 오카자키의 타케치요는 어미에게 버림을 받았기에 저 같은 무뢰한이 된 것이라고 세상 사람들의 웃음거리가 될 것이 틀림없습니다. ……."

오다이는 다시 깊은 생각에 잠겼다.

"이런저런 근심에 사로잡히면 저는 떠나고 싶어도 떠날 수 없게 될 겝니다. 우타 나리, 제가 떠난 뒤에도 타케치요를 잘 좀 보살펴주시기 바랍니다."

"조금도 걱정하실 것 없습니다. 이 우타의 목숨이 붙어 있는 한 훌륭한 어른이 되도록 보살피어 오카자키의 당당한 주인으로 모시도록 하겠습니다."

"그 말씀을 들으니 마음이 놓입니다. 그럼 친정까지 데려다주시기 바랍니다."

눈물을 닦고 오다이는 마사치카가 준비한 가마에 몸을 맡겼다. 아사하(麻羽), 카나다(金田) 등 20여 명, 마사치카의 명령을 받은 경호의 사무라 들과 함께 카리야 성을 향해 길을 서둘렀다. 옅은 안개 너머로 점차 사라져가는 오카자키 성을 가마 속에서 바라보고 있자니 오다이는 언제부턴가 무한한 슬픔의 바닥에서 솟아오른 듯한 이별의 눈물이 줄줄 흘러내리기 시작했다.

이제 10여 정66)만 가면 카리야 성이라 여겨질 무렵, 가마 안에서 오다이의 목소리가 들려왔다.

"잠시 세워주십시오."

가마는 멈추고, 경호를 맡은 사무라이들도 발걸음을 멈췄다.

"여기까지 왔으니 이제는 저 혼자서도 충분합니다. 여러분께서는 이만 돌아가시기 바랍니다."

"무슨 말씀이신지?" 커다란 목소리를 낸 것은 아사하였다.

"마님, 저희는 주인이신 사카이 나리의 명령을 받고 온 것입니다. 카리야까지 무사히 모셔다드리지 못한다면 저희의 책임을 다하지 못하는 것입니다. 그런데 이제 겨우 10정 남짓 남은 곳까지 와서 마님을 버리고 돌아간다면 저희는 주인 어르신의 얼굴을 뵐 낯이 없을 것입니다. 모쪼록 카리야까지 모시고 갈 수 있게 해주시기 바랍니다."

"어찌 그리 모르시는 말씀을 하시는 겝니까?"

화가 난 듯 단호한 목소리에 사무라이들은 어리둥절했다. 그 목소리에는 범할 수 없는 위엄이 서려 있었다.

"제가 이렇게 말씀드리는 마음을 여러분께서는 이해하지 못하시는 모양입니다. 저희 오빠이신 시모쓰케노카미 노부모토는 여러분께서도 아시는 바와 같이 용맹하나 성격이 급한 사람입니다. 만약 오카자키의 사무라이들이 저를 데리고 왔다는 사실을 알면 반드시 병사를 내어 공격케 할 것입니다. 여러분께서 제아무리 용감하고 솜씨가 뛰어나다

---

66) 거리의 단위로 1정은 약 109m.

할지라도 적은 숫자로 적지에 들어왔으니 목숨을 잃을 것은 불을 보듯 자명한 일입니다. 저는 이혼을 당하여 지금은 타케치요를 남겨두고 이곳으로 와 서로 헤어지게 되었으나 먼 앞날을 생각한다면, 타케치요가 성장한 뒤에는 노부모토와 삼촌이라 부르고 조카라 부르는 예전의 사이로 반드시 돌아가게 될 것입니다. 지금 노부모토가 여러분을 벤다면 그야말로 오카자키와 카리야는 영원히 되돌릴 수 없는 사이가 되어 먼 훗날을 기약하려는 저의 소망도 끊어져버리고 말 것입니다."

"알겠습니다, 마님. 저희들의 짧은 생각을 용서해주시기 바랍니다."

"감사합니다. 제게는 그보다 더 기쁜 일도 없을 것입니다."

"그럼 이만 돌아가도록 하겠습니다. 모쪼록 조심하시어……."

과연, 훗날 이에야스가 될 인물을 낳은 사람다웠다. 경호를 맡은 사무라이들은 그 깊은 생각과 먼 앞날을 바라보는 심안(心眼)에 진심으로 감격하지 않을 수 없었다. 급히 불러모은 부근의 농민들에게 가마를 메게 하여 카리야로 가는 오다이의 모습을 한동안은 지켜보기만 했으나, 역시 마음에 걸렸기에 그들은 가만히 뒤를 따라갔다. 그렇게 몇 정 남지 않은 곳까지 따라갔을 때, 아니나 다를까 카리야의 병사 수백 기가 흙먼지를 일으키며 달려오고 있는 것이 보였다. 이젠 됐다 싶었기에 경호를 맡았던 사무라이들은 오다이의 가르침이 헛되지 않도록 적의 눈에 띄기 전에 미카와로 돌아갔다.

(2) 인질

오다이를 친정으로 돌려보낸 뒤의 히로타다는 그 가슴속에서 불타오르는 투지를 오와리를 향해 발산하지 않고는 견딜 수가 없었다.

텐분 14년(1545) 9월, 스스로 군대를 독려하여 안조 성으로 공격해 들어갔다. 이마가와 씨에 대한 의리 때문이라고는 하지만, 그 근원을 따지고보면 오다 씨가 있기 때문에 미즈노 노부모토도 자신에게서 등을 돌린 것이었다. 조상 대대로 으르렁거린 사이, 끝까지 싸워서 안조를 자신의 손에 넣을 생각이었다. '내가 쓰러지거나 그가 물러나거나, 둘 중 하나다.' 필사를 각오한 히로타다의 결의는 참으로 비장한 것이었다.

그러나 세상은 결코 뜻대로는 되지 않는 법이다. 히로타다가 안조 성을 공격하기 시작했다는 말을 들은 오다 노부히데가 대군을 이끌고 안조 성을 돕기 위해 밀어닥쳤다. 앞뒤로 적을 맞이한 히로타다는 그야말로 독 안에 든 생쥐 꼴이었다.

'오로지 죽음만이 있을 뿐이다. 이 팔이 붙어 있는 한은 마음껏 적을 베다 깨끗하게 할복하면 그만이다.'

히로타다는 결의를 다졌다. 죽음은 처음부터 결심한 일이었다. 구름떼처럼 몰려드는 대군을 등 뒤에 맞아 용감하게 떨쳐 일어나 스스로 대검을 휘두르며 적진 속으로 뛰어들려는 순간,

"나리! 잠시만……. 그 모습은!"하고 가신인 혼다 키치자에몬(吉左衛門) 타다토요가 그를 말렸다.

"무슨 말이 더 필요하겠는가. 키치자, 싸우다 죽기로 하세. 뒤를 따르게."

"나리! 서둘러서는 안 됩니다. 나리께서는 오카자키 성의 성주, 일개 잡병처럼 행동하셔서는 안 됩니다."

"허나 키치자, 앞뒤로 이와 같은 대군을 맞았으니 승패는 이미 갈린 것이나 다름없네. 이 끔찍한 모습을 보고도 내 어찌 살아남기를 바랄 수 있겠는가. 그대는 뒤에 남아 뜻대로 행동하도록 하게."라고 말하며 당장에라도 적 속으로 뛰어들려 했다. 그의 갑옷 자락을 힘껏 쥐고 키치자에몬이,

"바로 그렇기에 이 자리에서 벗어나야 한다는 것입니다. 나리께서는

아직 젊으신 몸, 따라서 앞날이 아직 유구합니다. 지금 한때의 짧은 생각에 따르신다면 그것으로 그만입니다. 도련님께서는 아직 어리십니다. 누가 오카자키 성을 지키겠습니까? 먼 옛날 미나모토 요리토모 공께서는 이시바시야마(石橋山) 전투에서 패했을 때 나무구멍에 몸을 숨겨 난을 피했기에 오히려 카마쿠라 막부 건설이라는 대업을 이루지 않으셨습니까? 물러나도록 하십시오. 뒷일은 이 키치자가 잘 처리하도록 하겠습니다. 한시라도 빨리!"라는 말이 채 끝나기도 전에 히로타다 옆에 있던 깃발을 빼앗아 자신의 것과 바꾸더니,

"나리, 그럼 이만."하고 적 속으로 뛰어들었다.

간언을 들은 히로타다는 한시도 지체할 수 없다며 키치자에몬의 모습이 적 속으로 사라지는 것을 눈물 가득 고인 눈으로 바라보다가 한쪽의 빈틈을 발견하고는 오카자키를 향해서 말머리를 돌렸다.

당당하게 깃발을 세우고 몰려드는 잡병들을 흩어놓으며 분전하고 있는 한 용장의 모습을 멀리서 지켜보고 있던 오와리 군이,

"저기에 히로타다가 있다."라며 일제히 키치자를 향해 달려들었다.

"이 조무래기 같은 무사 놈들아, 마쓰다이라 히로타다의 칼을 받아라." 라고 커다랗게 소리 지르며 혼다 타다토요가 부하 장병들과 용맹하게 싸웠으나 중과부적, 결국은 안조의 길 위에서 용감하게 전사하고 말았다. 그러는 사이에 히로타다는 무사히 오카자키로 돌아왔다.

그 후, 풍운의 움직임은 매우 급격했다. 하루가 다르게 더해가는 미카와의 위기에, 아직 청년인 히로타다는 괴로워하지 않을 수 없었다.

9월의 안조 성 공격에서 패했을 때 충신인 혼다의 말에 기운을 얻어, '그래, 나는 무슨 수를 써서라도 마쓰다이라 가의 세력을 회복하지 않으면 안 된다.'라며 조바심을 내기는 했으나 좀처럼 생각한 대로는 일이 풀리지 않았다. 다행히 미즈노 노부모토와 손을 잡고 있던 나가사와 마고자부로

노부시게(長沢孫三郎信重)가 자신을 의지해왔다고는 하나, 실력 면에서 보자면 오와리에 훨씬 미치지 못했다. 그리고 오다이와 이혼한 후, 타하라의 성주인 토다 야스미쓰(戸田康光)의 딸을 자신의 아내로 맞아들였는데, 요즘 들리는 풍문에 의하면 그 야스미쓰마저도 오와리 쪽으로 마음이 기운 듯한 모습이라는 평판이었고, 최근에는 또 몇 명인가의 간첩이 오카자키에 들어왔다는 소문이 파다했다.

잠자리에 들어 이런 여러 가지 일들을 생각하고 있던 히로타다는 낮 동안의 피로 때문인지, 혹은 마음의 피로 때문인지 어느 틈엔가 잠결에 빠져들고 있었다.

달그락달그락, 이상한 소리에 눈을 번쩍 뜬 히로타다는 어둠 속을 가만히 응시했다. 밤이 완전히 깊은 것인지 주위는 쥐 죽은 듯 고요했다.

'뭐지?' 그는 심상치 않은 소리라는 묘한 느낌에 사로잡혔으나, 그 이후 특별히 아무런 소리도 들려오지 않았다.

'쥐였나? 생각이 너무 많아서 잘못 들은 걸지도 모르겠군.'

이렇게 생각한 그는 다시 눈을 감았다.

스르륵, 이번에는 틀림없이 장지문 열리는 소리였다. 살기와도 같은 것이 방 안에 가득 들어찼다. 그가 휙 몸을 뻗어 베개 아래의 칼로 손을 내민 순간 슥, 소리도 없이 칼을 휘두른 자가 있었다.

"무례한 놈!"하고 외치며 순간적으로 몸을 피하기는 했으나 허벅지 부근에 작은 타격,

"이놈!" 칼을 뽑으며 옆으로 휘둘렀으나 그때는 이미 뒤로 물러난 것인지 칼은 허공을 갈랐다. 동시에 자객은 후다닥 마루로 뛰쳐나갔다.

"거기 서라!" 뒤쫓는 히로타다의 목소리에 곳곳의 방에서 칼을 빼든 사무라이들이 달려나왔다. 정원으로 뛰어내린 자객은 담을 넘어 달아나 버리고 말았다.

"자객이다! 자객이다!"

그 뒤를 쫓는 사무라이들…….

성에서 빠져나와 단숨에 성 아래의 다리 위까지 온 자객 앞에 불쑥 모습을 드러낸 것은 우에무라 신로쿠로였다.

"네 이놈."하고 외치며 자객이 내리친 칼 밑으로 파고들어 엉겨붙었다. 몸을 마음대로 움직일 수 없게 된 자객은 뿌리치려 몸부림쳤고, 텀벙 해자 속으로 서로를 끌어안은 채 뛰어들었다. 그들은 물속에서 격투를 벌였다. 뒤따라오던 자들도 마침내 따라붙었다. 어두운 물속으로 등불의 빛을 던져 틈만 나면 단칼에 찌르려 했으나 떨어졌다가는 엉겨붙는 두 사람, 좀처럼 그 틈이 보이지 않았다.

"마쓰다이라 우지(松平氏) 망설일 것 없다. 나와 함께 찔러버려라."

우에무라는 이렇게 외쳤으나 차마 그렇게 할 수도 없어서 지켜보고 있자니 신로쿠로가 단도로 상대를 찔렀다. 건져내고 보니 오카자키의 가신인 이와마쓰 하치야(岩松八弥)였다. 한 쪽 눈을 잃어서 애꾸눈 하치야라 불리던 그가 어째서 주군을 찌르려 했던 것일까? 거기에는 이유가 있으리라. 여러 가지 억측이 난무했으나 히로세(広瀬)의 영주인 사쿠마 쿠로자에몬(佐久間九郎左衛門)이 부추긴 것이라는 설이 가장 유력한 것인 듯했다.

×   ×   ×

오카자키의 이러한 동요 속에서 이마가와 씨와 오다 씨의 항쟁은 점차 치열해져가고 있었다. 이제는 완전히 오와리 쪽에 서게 된 히로타다의 장인 토다 야스미쓰에게 속한 땅인 이마바시(今橋) 성을 오카자키의 부장인 사카이 타다쓰구를 선봉으로 한 요시모토 군이 함락시켰으며, 뒤이어 텐분 16년(1547)에는 아마노 카게카즈(天野景員) · 히로타다 연합군이 타하라의 혼주쿠(本宿)에서 싸워 마침내 타하라 성을 무너뜨렸다. 장인은 이미 적이 되어버렸고, 거기에 미키 성을 빼앗겨 노부히데에게 속해버린 숙부 노부타카는 일거에 오카자키 성을 묻어버릴 생각으로 오다 노부히데에게 이렇게 말했다.

"실로 그 히로타다 놈만큼 불의하고 괘씸한 놈도 없습니다. 그러니 오카자키의 장사들이 늘 이반(離叛)하는 것도 당연한 일입니다. 무엇보다 자신의 장인인 야스미쓰조차 내쫓았으며, 숙부이자 그가 오카자키로 돌아가는 데 헌신의 노력을 다한 저에게까지도 하찮기 짝이 없는 죄를 뒤집어씌워 성을 빼앗는 등, 그야말로 말문이 막혀버릴 정도입니다. 그에 비해서 키요야스를 찔러죽인 야시치로의 아버지 사다요시에게는 관대한 처치 정도가 아니라 오히려 그를 중용했습니다. 저와 같은 충신이자 숙부이기도 한 자를 버리고, 불충하기 짝이 없는 자를 중용하다니 이는 또 어찌된 일이란 말입니까. 제가 이번에 와타리(渡理)로 출진하면 히로타다도 반드시 출진할 것입니다. 그러면 계략으로 짓밟아 그의 가느다란 목을 친 뒤, 승세를 몰아 미카와를 빼앗을 생각이니, 그렇게 되면 히가시미카와를 제게 주실 수 있으시겠습니까?"

"물론 말씀하신 대로 드리도록 하겠습니다."

노부히데가 자신의 뜻과 같다는 듯한 태도로 응했기에 크게 기뻐한 노부타카는 자신의 병사들을 이끌고 와타리의 강변으로 가서 히로타다를 끌어내기 위한 시위를 벌였다. 이를 본 히로타다도 곧 병사들을 내었으나 이미 적의 술수에 말려든 것이나 다를 바 없었기에 싸움이 뜻대로 이루어지지 않아 마쓰다이라 타다쓰구 이하 용사들을 잃은 채 덧없이 오카자키로 되돌아왔다. 승기를 잡은 오와리 군은 항복한 장수인 카미와다의 성주 마쓰다이라 산자에몬 타다토모를 길잡이 삼아 오카자키로 압박해 들어갔다. 타다토모가 선두에 서서 온다는 것은, 오카자키에게 커다란 타격이었다. 그는 일족이기도 하고, 또 성 안의 상황도 남들보다는 잘 알고 있을 터였다. 그가 온다면 매우 불리할 터였다.

이 위기를 타개하기 위해서 히로타다는 가신인 카케이 헤이자부로 시게타다(筧平三郎重忠)를 불러, 뭔가 비책을 주었다. 히로타다 앞에서 물러난 카케이 헤이자부로가 오카자키를 공격하려 하고 있는 마쓰다이라 타다토모의 진중에 모습을 드러냈으며, 그의 휘하로 들어가고 싶다고 간곡하게 청했다.

"오카자키 성의 카케이가 왔다고?"

기뻐한 것은 타다토모였다. 오카자키에 있던 자라면 어떤 식으로든 틀림없이 도움이 될 터였다.

"이리로 데리고 오게."

타다토모의 방으로 들어온 헤이자부로는 오카자키에 대한 불평을 한껏 늘어놓은 뒤,

"그러한 이유로 저는 한시도 오카자키를 섬기기가 싫어졌습니다. 만약 나리께서 저를 받아주신다면 그에 대한 보답으로 어떤 일이든 할 각오입니다."

"잘도 결심하셨소. 그렇다면 그대는 오카자키의 비밀을 알고 계시겠지? 그러니 그 약점을 이용하여 쳐부술 방법을 강구해보시오."

"그 방법은 바로……."

헤이자부로가 가까이 다가갔다. 낮은 목소리로 주위를 경계하는 듯하더니, 타다토모가 몸을 앞으로 내민 틈을 이용해서 단도를 뽑자마자 상대방을 푹 찔렀다. 다행히 보는 자는 없었다. 기민한 헤이자부로는 어느 틈엔가 진중을 빠져나와 오카자키로 돌아와 있었다. 뜻대로 되었다며 주종이 기뻐한 것도 잠시, 오카자키의 운명을 뒤집어놓을 일대위기가 이 일로 인해 찾아오고 말았다.

일대위기란……. 마쓰다이라 타다토모가 카케이 헤이자부로에게 암

살당했다는 소식을 듣고 오다 노부히데는 열화와 같이 화를 냈다.

"교활하기 짝이 없는 히로타다 놈. 어디 두고 보자."

스스로 진두에 서서 오카자키로 공격해 들어갔다.

오다 군이 필승의 각오로 일어섰다는 소식이 전해지자마자 니시미카와의 모든 성들이 싸움 한 번 해보지도 않고 차례로 항복을 해버리고 말았다. 이 대군을 맞아서는 도저히 승산이 없었으며, 이러한 경우에 생각할 수 있는 유일한 방법은 이마가와 씨에게 도움을 청하는 것이었다. 히로타다는 사자를 슨푸로 급히 달려가게 해서 구원을 요청했다. 그런데 그 대답은 실로 뜻밖의 일을 요구하는 것이었다.

"나리의 뜻은 잘 알았소. 그렇다면 큰아들이신 타케치요 도련님을 이쪽으로 보내주시기 바라오."

인질, 이는 틀림없이 인질을 의미하는 것이었다. 토다 야스미쓰 · 마쓰다이라 노부타카 · 마쓰다이라 타다토모 등, 마쓰다이라 가의 일족이 속속 항복해 오와리의 세력권으로 들어갔으니 히로타다도 동향에 따라서는 언제 전향할지 알 수 없는 일이었다. 자신이 출진하여 마쓰다이라 씨를 원조하기 위해서는 그러한 일이 절대로 없으리라는 확증이 필요하니 큰아들인 타케치요를 반드시 인질로 보내라는 것이었다.

'타케치요를 인질로 보내라니, 이 얼마나 잔인한 요구란 말인가. 세상의 아이들은 모두 부모의 품에 안겨 따뜻한 꿈을 꾸고 있는데, 앞서는 어머니와 생이별을 하고 이번에는 또 멀리 스루가까지 인질로 가야 한단 말인가. 타케치요야, 너는 대체 얼마나 불행한 아이란 말이냐. 아직 6세라는 어린 몸으로 타향을 떠도는 것이 얼마나 슬프고 괴로운 일인지는 이 아비가 누구보다 잘 알고 있다. 모리아마 붕괴를 마지막으로 할아버지 키요야스 공이 돌아가신 뒤부터는 이세로, 스루가로 떠도는 여행을 계속했다. 그 무렵의 나를 생각해보면, 너를 다른 쿠니로 보내고 싶지는 않구나. 세상 어디에 사랑스러운 아들을 인질로 보내고 싶어 하는 자가 있겠느냐. 하지만 우리 오카자키는 지금 생사흥망의 갈림길에 서 있다. 선조 이후의 마쓰다이라 가가 흔적도 없이 사라지느냐, 번영을 위한 반석을 닦느냐의 분기점에 서 있다. 지금 슨푸의 원조가 없다면 오카자키를 어떻게 유지할 수 있겠느냐. 오와리 군과 맞서기 위해서는 무슨 수를 써서라도 이마가와 씨의 도움을 받아야만 한다. 그런데 그 이마가와 씨가 원조에 대한 대가로 너를 요구하고 있구나. 너는 집안을 일으키기 위해서 그 가여운 몸을 슨푸로 옮길 수밖에 없을 듯하구나.'

눈물을 훔친 히로타다는 마침내 사랑하는 아들 타케치요를 멀리 스루가로 보낼 결심을 했다.

드디어 스루가로 출발해야 할 날이 찾아왔다. 놀이 친구인 아베 진고로(阿部甚五郎)의 아들 토쿠치요(德千代)를 비롯하여 아마노 야스카게(天野康景), 히라이와 치카나가(平岩親長) 등 50여 명의 사람들이 경호를 위해 정렬해 있었다. 떠날 채비를 갖춘 타케치요는 아버지 히로타다의 방으로 작별인사를 하러 들어갔다.

"아버지, 그럼, 다녀오겠습니다."

이렇게 말하고 머리를 조아렸다.

"아아, 타케치요. 떠나는 게냐?"

히로타다는 가슴이 미어지는 듯했다.

"스루가에는 훌륭하신 큰아버지(요시모토)가 계신다. 말씀 잘 듣고 얼른 어른이 되도록 하여라."

"네, 아버지도 몸 건강히……."

"알겠다. 그럼 떠나도록 해라."

마침내 일동에게 작별인사를 한 타케치요는 50여 명의 경호 인력에게 보호를 받으며 오카자키 성에서 나왔다. 성 문까지 배웅을 나온 중신 및 히로타다 등은 무리의 모습이 완전히 보이지 않게 된 뒤에도 성으로 들어가려 하지 않고 언제까지나, 언제까지나 지켜보고 있었다.

오카자키 성에 작별을 고한 타케치요 일행은 호이(宝飯) 군 사이고를 지나 아쓰미군(渥美郡) 타하라로 접어들었다. 거기서 시오미자카(潮見坂) 고개로, 정상에 올라서자 남쪽으로 엔슈나다(遠州灘)의 널따란 바다가 펼쳐졌다. 거기서 얼마 가지 않으면 토오토우미노쿠니였다. 더는 미카와노쿠니가 아니라고 생각하자 왠지 발걸음이 떨어지지 않았다. 경호를 맡은 자들은 발걸음을 멈추고 지금 온 쪽을 돌아보았으며, 앞으로의 긴 여정을 걱정했다.

'응, 뭐지?' 숨을 돌리고 있던 사람들의 눈에 들어온 것은 맞은편에서 급히 서둘러 올라오고 있는 한 무리의 사람들이었다.

'누굴까?'라는 이상한 느낌에 이어 적일까, 아군일까 하는 생각이 들었다.

잠시 후, 100여 명쯤의 무사들이 일행이 쉬고 있는 정면까지 와서 멈춰 섰다. 그리고 우두머리라 여겨지는 사무라이 하나가 성큼성큼 앞으로 다가왔다.

"저는 이마가와 나리의 가신인 아무개라고 합니다. 이번 일에 대해서는 이마가와 나리께서도 크게 염려하시어 저희에게 명령하시길, '오는 도중에 어긋나는 일이 없도록 처리해주게.'라고 하셨기에 곧장 이렇게 마중을 나왔습니다."

"이거, 정말." 누구일까 싶었는데 이마가와 씨 쪽에서 마중을 나온 자들이라니 경호에 임하던 자들도 마음이 놓였다. 과연 지와 용을 겸비한 장수였다. 세세한 부분에까지 신경을 써주었다.

"임무를 수행하시느라 노고가 많으십니다. 저는 미카와의 가신인 아마노 사부로베에 카게야스……"

이렇게 해서 인사를 마친 일동은 마치 오랜 벗처럼 친밀해졌다.

"그런데 여기서부터 슨푸까지 육로로 가시는 것은 용이한 일이 아닙니다. 하물며 어린 주군께는 참으로 고통스러운 일, 여러분께도 더욱 어려운 일이 될 것입니다. 다행히 오늘은 바람도 없어서 바닷길로 가는 것도 하나의 취흥일까 싶어 저쪽에 커다란 배를 준비해두었으니 괜찮으시다면 바닷길로 가시는 게 어떨까 싶습니다만."

"하나에서부터 열까지, 마음을 써주셔서 황공합니다."

이미 상당히 지쳐 있던 오카자키 사람들은 배라는 말을 듣고 매우 기뻐했다. 오르기만 하면 단숨에 슨푸로 들어갈 수 있었다.

"그럼 사양하지 않고 말씀대로 하겠습니다."

고개를 내려선 해변에 떠 있는 커다란 배에 일동은 서둘러 올랐다. 닻이 오르고 돛이 펼쳐지고, 배가 미끄러지듯 널따란 바다를 달리기 시작했다. 육지가 점차 멀어져갔다. 배는 돛에 바람을 가득 머금고 달렸는데 왠지 서쪽으로 달리고 있는 듯한 기분이 들지 않는 것은 아니었으나 설마 그럴 리 없을 거라며 일동은 끝도 없이 펼쳐진 망망한 대해를 바라보고 있었다. 저건 틀림없이 아쓰미 반도라고 누구의 눈에도 느껴지는 곳까지 오자 왼쪽으로 이세와 시마[67]의 산들이 솟아 있었으며 멀리로 미카와 만이 연무에 감싸여 있는 것 아닌가? 동쪽으로 가야 할 배가 서쪽으로 와버린 것이었다. 모든 사람들이 이상하다고 느꼈을 때, 배는 이미 이세 바다로 들어서 있었다. 경호를 맡은 사무라이들이 웅성거리기 시작했으며 말을 들어보기 위해 나서려 했으나, 마음 놓고 방심하고 있는 사이에 허리에 차고 있던 칼까지 전부 상대의 손에 들어간 상태였다.

"이 배는 대체 어디로 가는 것이오?"

---

67) 志摩. 지금의 미에 현 시마 반도 지방. 시슈(志州).

타케치요를 싣고 서쪽으로 향하는 배

경호를 맡은 자 가운데 하나가 다급하게 물었다. 그러자 상대방은 유유히 아쓰타(熱田)라고 차분하게 대답했다.

"아시겠습니까? 그렇게 조급해하실 것 없습니다."

"아쓰타? 오와리의?"

"그렇습니다. 이 부근에서 아쓰타라고 하면 우선은 오와리의 땅 정도일 것입니다."

"그렇다면 이놈들, 계책을 쓴 것이로구나."

"자자, 조금 진정하십시오. 어차피 무기는 저희들이 맡고 있으니 소란을 피워봐야 특별히 득이 되지는 않을 것입니다."

"무사의 정신이 눈곱만큼이라도 있다면 너희 같은 놈들은 부끄러움에 죽어야 할 놈들이다. 이마가와 나리가 보냈다는 거짓말을 잘도 했구나."

"하하하하하, 이제 와서 안타까워해봐야 이미 소용없는 일입니다. 다름 아니라 저희는 얼마 전에 오카자키에게 타하라 성을 빼앗긴 토다 야스미쓰 나리와 고로 나리의 가신들입니다."

"뭐라, 토다 야스미쓰!"

일동은 비로소 사건의 진상을 분명하게 알 수 있었다. 성을 빼앗긴 원한을 이렇게 해서 풀겠다는 것이었다.

"따지고 보면 토다 나리와 오카자키 나리는 부자지간이나 다를 바 없으니 도련님을 데리고 있다는다고 해서 특별히 노여워하실 일은 아니라 여겨집니다. 하하하하."

미카와의 사무라이는 원통함이 뼈에 사무쳤다. 그러나 무기를 빼앗기고 배 위에 있는 이상 달리 손을 쓸 방법이 없었다. 지금부터는 함부로 소란을 피우지 않도록 자제하며 도련님을 지키기에 노력해야겠다고 각오했다. 배는 치타(知多) 반도를 지나 오와리의 아쓰타 항구로 들어섰다. 야스미쓰의 손을 거쳐 노부히데에게로 보내진 타케치요는 아쓰타의 카토 즈쇼노스케 미치모리(加藤図書助順盛)에게 맡겨졌다.

타케치요를 빼앗은 노부히데는 크게 기뻐했다. 오카자키로 말이 급히 달려가 히로타다에게 강경한 내용의 담판장을 건네주었다.

<아드님이신 타케치요 도련님은 스루가로 가셨어야 하나 중도에 저희가 맡게 되어 지금 저희 땅에 계십니다. 일이 이렇게 된 이상 무익하게 의리를 지키려 하시는 것은 어떨까 싶습니다. 그러니 한시라도 빨리 저희를 따르겠다고 말씀하시는 것이 상책이라 여겨집니다. 만약 귀하께서 언제까지고 스루가에 의지하겠다고 하신다면 타케치요 도련님의 목숨은 보장할 수 없을 듯합니다. 이상 깊이 생각해보시고 확답을 주셨으면 합니다.>

이 무슨 얄궂은 일이란 말인가. 이마가와 씨에게 인질로 보내면 커다란 변화가 일어나지 않는 한 타케치요의 목숨에 별다른 지장은 없을 것이라 생각했기에 멀리 스루가로 보낼 마음이 들었던 것인데, 다른 사람도 아니고 지금 자신과 기량을 다투고 있는 노부히데의 손으로 넘어가다니, 어떻게 된 일이란 말인가. 어떻게 움직여도 비극을 맞이할 수밖에 없어져

버린 오카자키 성의 운명에 히로타다는 아득하게 눈앞이 어두워지는 듯한 느낌이었다. 그러나,

'오와리의 요구대로 고분고분 노부히데에게 항복할 수는 없다. 아들을 위해서 이마가와에 대한 의리를 저버릴 수는 없다. 그 때문에 설령 타케치요의 몸이 갈가리 찢긴다 할지라도 무사로서의 약속을 깰 수는 없는 일이다.'

<이번 인질에 관한 건, 스루가로 보낸 것을 중도에 빼앗겼으니 어쩔 수 없는 일입니다. 일이 여기에 이르렀으나 목숨을 앗으신다 한들 스루가에 등을 돌릴 수는 없습니다. 인질은 원래 스루가로 보내려던 것이었으나 이렇게 된 이상 어떻게 처분하시든 말씀에는 따를 수 없습니다.>

단호하게 적은 편지를 오와리로 보냈다. 세상이 아무리 전국시대라고는 하나 이 정도의 결단은 결코 쉬운 일이 아니었으리라. 이 편지를 본 오다 노부히데는 손뼉을 치며 감탄했다.

"흠, 과연 오카자키의 히로타다는 명장이로구나."

이런 말과 함께 특별히 타케치요에게 위해를 가하려 하지도 않고 나고야(名古屋)의 반쇼지(万松寺)라는 절에 유폐시켰다.

(3) 개똥지빠귀

멀리 고향을 떠난 타케치요를 상대하는 사람이라고는 올해로 11세가 된 아마노 사부로베에뿐이었다. 타향의 땅에서 이 어린아이들은 어떤 괴로움도 그대로 받아들일 수밖에 없었다. 다행히 카토 즈쇼노스케는 이 어린아이들에게 적지의 사람이라고는 여겨지지 않을 만큼의 친절을 베풀었으나 지금까지 한 성의 어린 주인으로 자라온 타케치요 입장에서는 모든 것이 자신의 뜻 같지 않았다는 것은 말할 필요도 없는 사실이었다.

이런 어린 주군의 모습을 보다 못한 카네다 요사에몬 마사후사(金田与

三右衛門正房)가 타케치요 탈환을 꾀했으나 도중에 발각되어 아쓰타미타가하시(三田ヶ橋)에서 책형에 처해지고 말았다. 오카자키의 사무라이들도 어떻게 해서든 되찾기 위해 빈틈을 엿보았으나 엄중한 오다씨의 눈을 속일 수는 없었다.

어느 날, 너무나도 외로워하는 타케치요를 동정해서였는지 아쓰타신사의 한 신관이 보낸 것이라며 하인이 새 한 마리를 들고 왔다.

"도련님, 이걸 좀 보십시오. 정말 귀여운 새 아닙니까? 도련님을 위해서아쓰타 신사의 신관이 보내준 것입니다."

하인이 내민 새장 속에 새가 어리둥절하다는 듯 앉아 있었다. 그러다곧 힘찬 소리로 울기 시작했다. 가만히 들어보니 그 소리는 여러 새들의소리를 기묘하게 흉내 낸 것이었다.

"이름이 뭐지?"

"검은 개똥지빠귀입니다. 혹은 티티새라고도 합니다. 가만히 들어보십시오. 자, 이렇게 여러 새들의 흉내를 내며 우는 것이 이 새의 특징입니다. 아주 재미있지 않습니까?"

하인의 말도 듣는 둥 마는 둥, 타케치요는 새를 가만히 들여다보고있다가,

"할아범."하고 아주 야무진 목소리로 말했다.

"이 새는 다른 새의 흉내는 잘 내지만 자신의 소리는 조금도 내지않잖아. 흉내만 낼 뿐, 자신의 힘은 내지 않는 것을 대장이 되어야 할사람이 키울 수는 없어."

"네?" 하인은 어처구니가 없기도 하고 감탄스럽기도 했다.

'이게 대체 일고여덟 살짜리 아이의 입에서 나올 말이란 말인가? 아니, 씨가 다른 거야. 적어도 오카자키의 성주인 히로타다의 피가 이처럼어린 몸에도 흐르고 있는 거야. 참으로 놀라운 일이로구나.'

어른조차 생각지 못할 이 한마디에 하인은 송구하게 되었다는 듯
새장을 물리고 말았다.

×   ×   ×

그러나 나고야에서의 생활이 슬프기만 한 것은 아니었다. 그 가운데서
도 타케치요의 마음을 늘 어루만져준 것은 생모인 오다이의 애정이었다.

오다이는 히로타다와 이혼한 후, 히사마쓰 사도노카미 토시카쓰(久松
佐渡守俊勝)에게 재가하여 나고야에서 그리 멀지 않은 치타군(知多郡)
아고야(阿古屋)에서 살고 있었다. 오카자키에 남겨두고 온 아들 타케치
요가 사로잡혀 오와리로 왔다는 소식을 들었을 때, 오다이의 슬픔은
과연 어떤 것이었을까. 한시라도 빨리 아들을 보고 싶다, 그리고 외로운
타향의 땅에 있는 그 가여운 아이를 따뜻한 품으로 꼭 안아주고 싶다고
생각하기는 했으나 자신은 지금 히사마쓰 집안에 적을 두고 있는 몸,
그런 행동이 용납될 리가 없었다. 그렇다고는 하나 아직 10세도 되지
않은 아들이 반쇼지의 승방에서 힘없이 기둥에 기대어 정원의 비라도
우두커니 바라보고 있으리라는 등의 여러 가지 생각이 떠오르면 더는
가만히 있을 수 없을 정도의 애정에 시달렸다. 그랬기에 은밀히 사람을
보내 타케치요의 동정을 엿보게 했으며 추울 때나 더울 때면 거기에
맞는 옷을 보내주었고, 혹은 귀한 과일 등을 보내어 어린 타케치요의
마음을 어루만져주었다.

존귀한 모성애!! 거기서는 무엇과도 바꿀 수 없는 존귀하고 깊은
자애가 생생히 물결치고 있었다. 고향을 떠나 멀리 적지에서 이 다정하고
자애로운 어머니의 사랑을 받은 타케치요는 얼마나 커다란 감사와 행복
을 느꼈을지. 그것은 모든 것을 얼려버리는 혹독한 겨울의 추위 속에
있는 유일한 온실처럼 얼어붙으려 하는 어린 싹을 무탈하게 길러내기에
충분한 것이었다.

(4) 사별

히로타다의 높은 의(義)에 이마가와 씨도 가만히 앉아 있을 수만은 없었다. 오카자키를 위해서라도 인질을 중도에 빼앗은 오다 씨와 일전을 벌여야겠다며 텐분 17년(1548) 3월에 슨엔산의 대군을 린자이지(臨済寺)의 셋사이(雪斎) 화상에게 주어 오다 씨의 각 성을 소탕하고 니시미카와를 회복하려 꾀했다.

이 소식을 들은 노부히데도 역시 대군을 이끌고 키요스에서 나와 카사데라(笠寺), 나루미를 지나 안조에서 야하기가와를 건너 카미와다를 거쳐 바토노하라(馬頭の原)로 나서려 했다.

슨푸를 출발한 셋사이 화상은 후지에다(藤枝) · 오오이가와(大井川) · 사요(小夜)의 나카야마(中山) · 텐류가와(天竜川)를 넘어 히키마(引間)에 이르렀으며, 거기서 군대를 둘로 나누어 이마기레(今切)와 모토자카(元坂)를 넘어 요시다로 나왔으며, 고유 · 야마나카 · 후지카와(藤川)를 지나 카미와다를 공격할 계획이었다.

오다 군은 카미와다에 도착했고 이마가와 군은 후지카와에 도착했다. 그 거리는 겨우 10리[68]에 불과했으나 험한 산길이었기에 서로 적의 동정은 알 수가 없었다. 그래도 전기는 시시각각 무르익고 있었다.

3월 19일, 이마가와 군의 선봉인 아사히나 토고로(朝比奈藤五郎)와 오다 군의 선봉인 오다 노부히로(織田信広)가 뜻밖에도 아즈키자카에서 충돌했다. 아사히나[의] 군의 적수가 되지 못하고 엉망으로 패한 노부히로를 쫓아 토기(盗木)까지 가자, 오와리 군의 원군이 노부히로를 돕기 위해 방어전을 펼쳤기에 아사히나는 여기서 반대로 격파당해 달아나고

---

68) 거리의 단위로 10리는 약 4km.

달아난 끝에 아즈키자카 기슭에까지 이르렀다.

이 모습을 본 이마가와 군의 용장 오카베 사나유키(岡部真幸)가 아사히나의 위기를 구하기 위해 갑자기 일어나 오와리 군의 옆구리를 향해 돌격했다. 불의의 공격을 받은 오와리 군은 버텨내지 못했다. 혼란, 또 혼란. 마침내 패해 달아나버리고 말았다. 아즈키자카에서의 전투가 이마가와 군의 승리로 끝나자 오카자키의 장병들은 충분히 사기를 회복했다. 오랜만에 여명이 찾아온 것처럼 그들의 사기가 더욱 높아졌다.

그러던 4월 15일, 마쓰다이라 노부타카(오)가 오카자키를 공격하기 위해 자신의 병사들을 이끌고 성 밖에 있는 메이다이지(明大寺)로 밀고 들어왔기에 사카이 마사치카(토), 이시카와 키요카네 등이 맞아 싸웠으나 상대가 성난 파도처럼 밀어붙였기에 도저히 이길 수가 없었다. 한 걸음 물러나고 두 걸음 물러나고, 퇴각하기 시작했으나 그럴 틈조차 주지 않겠다는 듯 적은 날카롭게 추격해 들어왔다.

이를 보고 오오쿠보 고로자에몬 타다토시(토), 이시카와 신쿠로 등이 70여 명의 궁수를 수풀과 언덕 사이에 숨겨두고 추격해오는 적에게 화살을 쏟아붓게 하였으며, 그 사이에 스고우(菅生) 강변을 빠져나가 메이다이지 거리로 물러나게 하려 했는데, 노부타카(오) 자신이 앞장서서 추격을 해왔다.

"이놈들 화살 맛 좀 보아라."

그 모습을 보고 오오하라 겐자에몬(大原源左衛門)이 거리는 멀었으나 뒤를 돌아 퉁 날린 화살 하나가 적의 급소를 꿰뚫어 노부타카는 공중제비를 돌며 말에서 떨어졌다. 자신도 모르게 만세를 외친 것은 오오하라 한 사람만이 아니었을 것이다. 오카자키 성의 숙부로서 온갖 좋지 않은 책모를 썼던 노부타카의 죽음을 그들은 어떻게 바라보았을지.

대장이 쓰러지면 잔병들은 온전할 수 없다는 말처럼 궤멸하여 달아나는 병사들. 이를 시작으로 카모하라(鴨原), 니시노(西野), 야구사(八草), 우메쓰보(梅坪) 등 히로타다의 군은 차례로 주위 요새를 떨어뜨려 마침내 오카자키가 그 기운을 떨칠 기회를 잡았다. 아직 24세인 청년 성주의 앞길이 봄날처럼 활짝 펼쳐졌으며, 긴 겨울의 압박에서 벗어나 이제 자유로운 푸른 하늘이 어렴풋이 보이기 시작한 것이었다.

여기서 우리는 어두웠던 마쓰다이라 씨의 고난의 역사에 다시 하나의 어둠과 탄식을 더하지 않으면 안 된다. 그것은 히로타다의 병사였다.

텐분 17년(1548) 11월에 야마나카의 성주 마쓰다이라 시게히로(松平重弘)의 성을 함락시켰을 무렵부터 병마가 히로타다의 몸을 갉아먹기 시작했다. 그리고 텐분 18년 3월 6일, 이 청년 성주는 다난했던 반생을 뒤로하고, 마침내 앞으로의 활동무대가 펼쳐지기 시작한 것을 보기만 한 채 그 생애를 마감했다. 향년 24세. 상하 사람들의 애도 속에 유해는 쇼오지(松応寺)에서 재가 되었으며, 조도산(成道山) 다이주지에 묻혔다.

이 무슨 운명의 장난이란 말인가. 24세라는 젊은 나이에 죽어간 히로타다도 히로타다지만, 나고야 반쇼지에 덧없이 인질로 사로잡혀 아버지의 죽음을 지키는 것조차 용납받지 못한 타케치요는 이 소식을 듣고 얼마나 커다란 슬픔에 잠겼을까? 살아 계신 어머니와는 생이별, 오직 한 사람뿐인 아버지는 이미 돌아가셔서 천지간에 오로지 홀로 고아가 되어버린 타케치요는 그 어린 가슴에 무엇을 새기고 무엇을 빚어내고 있었을까?

(5) 인질교환(슨푸로)

큰 별이 떨어지면 작은 별들은 빛을 잃는다. 오카자키의 모습이 바로 그랬다. 그것은 마치 어두운 밤에 빛나던 등불이 한 줄기 바람에 꺼져버린 것 같아서, 신하들은 어떻게 수습을 해야 좋을지 몰랐으며, 각 인사들의 귀추를 알 수 없게 되어버리고 말았다. 물론 중신과 노신들은 어떻게 해서라도 어린 주군 타케치요를 맞아들이고 싶었으나 그 주군이 멀리 적지인 오와리에 있었기에 어떻게 손을 쓸 수가 없었으며, 만약 이러한 때에 안조와 우에노 각 성이 한꺼번에 들고 일어나 오카자키를 공격한다면 오카자키를 대대로 섬겨오던 가신이라 할지라도 화살 한 번 쏘아보지 않고 노부히데에게 항복하는 자가 속출할지도 모를 일이었다. 성주가 없는 지금, 성 안의 동요는 너무나도 자명한 일이었다.

이러한 모습을 본 이마가와 요시모토는 오카자키의 중신들을 급히 슨푸로 옮기게 했으며, 토리이 타다요시(鳥居忠吉), 아베 마사즈미(阿部正澄), 이시카와 야스나리(石川康成), 마쓰다이라 미쓰치카(松平光親) 등을 오카자키에 머물게 하여 조세 및 잡무를 관장케 하고, 슨푸에서 장병을 따로 파견하여 오카자키 성을 지키게 했다. 오카자키는 사실상 요시모토의 관리하에 완전히 들어가게 됐으며, 슨푸의 속령(属領)이나 다를 바 없이 되어버리고 말았다. 이렇게 해서 오카자키를 자신의 것으로 만듦과 동시에 요시모토는 오다 씨에 대한 공격의 손길을 늦추지 않아 셋사이 화상으로 하여금 안조 성을 공격케 하고, 스스로는 아라카와야마(荒川山)에 진을 치고 사이조의 성주인 키라 요시아키(吉良義昭)를 공격했으며, 따로 부대를 나누어 사쿠라이를 침략, 점차 서진을 위한 촉수를 움직이기 시작했다.

텐분 18년(1549) 11월, 셋사이 화상이 필승의 각오로 슨엔산 3개 쿠니의 대군을 이끌고 가서 안조 성을 포위해버렸다. 안조가 위험하다는 소식을 들은 노부히데 역시 가만히 있을 수 없었기에 히라테 마사히데(平手政秀)를 대장으로 삼아 원군을 보냈고, 이에 양군 사이에서 필사의 대격전이 개시되었다. 오와리의 원군이 불똥을 튀기며 싸웠으나 구름떼 같은 대군에는 당해낼 수가 없어서 성 문이 열리는 것은 이제 시간문제가 되었다. 연일 사방팔방에서 밀려오는 대군의 징과 북소리, 화살 나는 소리와 화승총 소리가 무시무시하게 천지에 울렸으며, 밤낮을 가리지 않고 들려오는 함성에 안조 성도 최후의 일선까지 무너져 함락되어, 마침내는 성의 장수인 오다 노부히로가 포로로 사로잡히고 말았다. 노부히로를 생포한 스루가 군의 기세는 참으로 대단한 것이었으며, 바로 원군의 대장인 히라테 마사히데와 담판에 들어갔다.

"노부히로를 생포했습니다만, 어떻게 하시겠습니까? 이 자리에서 할복을 명할까요, 아니면 마쓰다이라 타케치요 나리와 교환을 할까요?"

아아, 이야말로 오카자키의 가신들이 오랜 세월 기다리고 기다려온 한마디였다.

오다 씨도 바로 승낙하여 11월 9일에 이마가와 쪽에서는 미카와 사람인 오오쿠보 등이 노부히로를 호송하여 니시노에 이르렀으며, 오다 쪽에서도 타케치요를 호송해왔다. 양쪽이 오와리노쿠니 카사데라에서 만나 순조롭게 인질교환이 이루어졌다.

오와리에 3년 동안 머물러 8세가 된 타케치요는 언뜻 보기에도 변해버린 오카자키 성으로 3년 만에 돌아오게 되었다. 노신들의 호위를 받으며 이제는 이미 세상에 없는 아버지 히로타다의 무덤 앞에 선 타케치요의 마음은 어떤 것이었을까? 오카자키의 자연은 변함이 없어서 노송과 오래된 삼나무는 옛 모습을 그대로 간직하고 있었으나 아버지는 이제 이끼 낀 돌 아래로 영원한 여행을 떠나 불러도 다시 볼 수 없는 황천객이 되어버리고 말았다. 피어오르는 향의 연기 앞에서 조그만 두 손을 모은 타케치요, 천군만마 사이를 오가며 귀신까지도 곡을 하게 만드는 노신들조차 언제부턴가 흘러내리는 눈물을 금할 길이 없었다.

타케치요는 이 고향에서 채 1개월도 머물지 못했다. 성묘를 마치고 고향의 애정을 느낄 사이도 없이 그는 다시 그 어린 몸을 슨푸로 향하지 않을 수 없었다.

(6) 인종의 12년

어제는 오와리, 오늘은 스루가. 정처 없이 이리저리 떠도는 유랑의 모습. 이것이 전국시대에서만 볼 수 있는 난세의 특수한 모습이었을까?

어쨌든 타케치요는 텐분 18년(1549) 12월 27일에 다시 오카자키를 떠나 슨푸로 인질이 되어 갔다. 따르는 자는 사카이 마사치카 28세, 나이토 마사쓰구(內藤正次) 20세, 아베 시게요시(阿部重吉) 19세, 아마노 야스카게 13세, 노노야마 모토마사(野々山元政) 12세, 아베 모토쓰구(阿部元次) 9세 및 이시카와 카즈마사(石川数正), 히라이와 치카요시(平岩親吉) 등 8명이었다.

슨푸에서의 타케치요의 생활은 그야말로 인종의 생활이었다. 사실상의 인질이자 식객이었던 그를 요시모토가 선량하게 대우했을 리 없으며, 집 없는 새를 기르는 것이라는 정도였기에, 때로는 견디기 어려운 모욕까지 받아야만 했다. 토리이 타다요시 등을 비롯한 오카자키의 노신들이 때때로 찾아오는 것이 소년 타케치요에게는 유일한 위안거리였다.

스루가의 가신들 가운데는 식객인 미카와 사람들의 처지를 동정하는 사람도 있었으나, 그 대부분은 모멸의 눈으로 보는 태도를 취했다.

어느 날, 타케치요는 매사냥을 나갔다. 적어도 그에게 대자연의 맑고 자유로운 들판으로 나가 마음껏 숨을 쉴 수 있는 것은 이러한 때 정도였기에 기분 좋게 매를 날렸는데 하라미이시 몬도노조(孕石主水正)의 저택에 있는 숲 속으로 매가 들어가 새들을 노리고 있자니 그 모습을 본 몬도노조가,

"미카와의 애송이에게는 정말 할 말이 없구나. 사람도 식객 노릇을 하면 근성까지 썩어버리는 모양이야. 매일 우리 집으로 들어와서 저렇게 새를 잡으려 난리를 치는데, 저거라도 잡아서 먹을 생각인 걸까?"

식객이기에 받아야 했던 모욕. 그러나 타케치요를 비롯하여 미카와의 가신들은 이러한 말에도 가만히 참아야만 하는 것이 지금의 처지였다.

미카와의 가신들에게 주어진 것이라고는 너무나도 초라한 것이었다. 오카자키 땅에서 거두어들이는 조세 전부는 이마가와 씨에게 몰수당했으며, 야마나카의 2천 섬[69]을 달라고 요구했으나 그것도 거절당했다. 따라서 그들은 나날의 양식조차 부족했기에 무사면서도 스스로 쟁기와 낫을 들고 농사를 지어야 했으며 그마저도 연공미를 낸 뒤의 남은 것으로 이슬 같은 목숨을 간신히 이어나갔다. 스루가 사람을 보면 미카와 사람들은 비위를 맞췄으며 설설 기고 굽실거리고 몸을 웅크린 채 다니지 않으면 안 되었다. 이렇게 대우하면서도 막상 전쟁이 벌어지면 가장 먼저 달려가게 했으며, 가장 위험한 곳을 골라 향하게 했다. 그랬기에 아버지를 잃고, 자식을 떠나보내고, 삼촌 · 조카 · 사촌형제 등 각각 혈육을 잃은 자들만이 모여 사는 기현상이 벌어졌다.

'인종!! 언제까지고 참으며 때를 기다려야 한다. 언젠가는 봄의 햇살이 반짝일 날이 찾아올 것이다.'

오카자키의 장사들은 이 말만을 믿으며 오로지 인종에 인종을 거듭해 나갔다.

×   ×   ×

◎ 아베카와에서의 돌싸움

5월 5일, 오늘은 단오절이다.

"도련님, 오늘은 진귀한 구경을 하러 가시지요"

근시(近侍)의 말에 타케치요는 그의 목말을 타고 아베카와(安倍川) 강변으로 갔다.

---

69) 무사의 녹봉으로 1섬은 약 180ℓ.

"저 사람들은 뭐지?"

등 뒤에서 타케치요가 몰려든 사람들을 가리켰다.

"돌싸움입니다. 곧 시작될 테니 잘 보십시오."

이런 이야기를 나누는 중에도 구경꾼들은 더욱 많이 몰려들고 있었다.

강을 사이에 두고 둘로 갈린 어린 병사들은 이미 싸움 준비를 마쳤는지 서로 기세를 올리고 있었다. 한쪽은 300명쯤, 다른 한 쪽은 150명쯤이나 될지. 지켜보고 있자니 다수의 구경꾼들이 줄줄이 숫자가 많은 쪽으로 옮겨갔다. 그 모습을 지켜보고 있던 타케치요가 말했다.

"저 사람들은 왜 저러는 거지?"

"숫자가 적은 쪽은 도저히 승산이 없다고 생각하여 모두 숫자가 많은 쪽으로 가서 보려는 것입니다. 그러는 편이 덜 위험합니다. 그럼 저희도 저쪽으로 가겠습니다."

"아니 숫자가 적은 쪽으로 가."라며 등 뒤의 타케치요가 머리를 흔들었다.

"그쪽은 위험합니다. 곧 싸움에서 지면 돌이 그야말로 빗발처럼 쏟아질 겁니다."

"절대로 그런 일은 없을 거야. 숫자가 적은 쪽이 이길 거야."

이 말을 들은 근시는 깜짝 놀랐다. 왜 이렇게 억지를 부리는 걸까? 그러나 타케치요는 조금도 말을 들으려 하지 않았다.

"도련님은 어째서 그렇게 말씀하시는 겁니까?"

"그건, 숫자가 많은 쪽은 그 숫자만 믿고 있기에 사람들의 마음이 일치되어 있지 않아. 그러니 하나가 되어 싸우지 못할 거야. 숫자가 적은 쪽은 그와 반대로 필사의 각오로 싸우기에 힘 전부가 일치되어 싸울 수 있어."

이래서는 누가 어른인지 알 수 없을 정도였다. 근시도 할 말을 잃고 말았다.

　'어린아이란 어쩔 수 없는 법이야. 곧 싸움이 시작되면 금방 알게 될 테지만 그때는 이미 늦을 텐데.'

　"시작되면 알 거야."

　'응? 내가 생각한 걸 도련님이 말하네. 정말 당해낼 도리가 없다니까.'
근시는 마지못해 싸움을 지켜보기로 했다.

　전기가 무르익었는지 함성과 함께 돌멩이가 바람을 가르며 날기 시작했고 비 오듯 쏟아졌다. 개중에는 맞은편까지 날아가지 못하고 강 중간에 떨어져 물보라를 일으키는 것도 있었으며 날아온 돌에 발을 맞은 자, 머리에 상처를 입은 자 등 강변은 순식간에 무시무시한 소년군들의 아수라장으로 변해버렸다. 돌멩이가 종횡으로 날아다녔으나 과연 전국시대에 태어난 아이들이었다. 한 발짝도 물러나지 않고 한 걸음, 한 걸음 나아가는 모습은 참으로 비장할 정도였다. 누가 뭐래도 숫자가 많은 쪽에서 던지는 돌멩이의 숫자가 많은 것은 틀림없는 사실이었다. 그 비처럼 쏟아지는 돌멩이 때문에 숫자가 적은 쪽은 한 걸음도 앞으로 나아갈 수 없었을 뿐만 아니라 얼마간 물러날 것처럼 보였다.

　'저걸 좀 보라고. 세상 이치는 어른이 더 잘 아는 법이야. 숫자가 많은 쪽과 적은 쪽이 싸우면 많은 쪽이 이기는 건 옛날부터 정해진 일이었다고.'

　근시가 고소하다는 듯 뒤를 돌아보았으나 등 뒤의 타케치요는 눈길조차 주지 않았다.

　'어, 뭐야?'라고 생각한 순간에는 형세가 완전히 뒤바뀌어 있었다. 지금까지 공세에 나섰던 숫자가 많은 쪽에서 날아오르는 돌멩이의 숫자가 줄었다 싶은 순간, 와아 하는 함성이 오르면서 숫자가 적은 쪽에서 기관총처럼 돌멩이가 발사되기 시작했다. 이 일제사격에 맞설 수 없었던 것인지 뒷걸음질 친다 싶은 순간 숫자가 적은 쪽이 맹렬하게 돌격을 개시했다. 와와 오르는 함성과 돌팔매질, 숫자가 많은 쪽은 그것을 막을 틈도 없이 걸음아 나 살려라 달아나기 시작했다. 그야말로 전군이 와르르 무너져 이 돌싸움은 숫자가 적은 쪽의 완승으로 끝나버리고 말았다.

×   ×   ×

19세가 되어 오케하자마(桶狹間) 전투가 시작되기까지, 타케치요는 역경에서 어쩔 수 없이 겪어야 했던 체험과, 또 하나는 셋사이 화상에게서 입은 감화 덕에 수양을 쌓을 수 있었다.

셋사이 장로는 다이류잔(大竜山) 린자이지의 화상으로 후에 보주호국선사(宝珠護国禅師)라는 시호를 임금이 내렸을 정도의 걸승이었다. 백팔 가람 깊은 곳에 들어앉아 중생제도라는 공염불을 외우는 속기 있는 중들과는 달리, 중국과 일본에 대한 지식은 물론 병법·술수에도 통달한 사람이어서 늘 요시모토의 신임을 얻었기에 병사들을 이끌고 각지에서 싸웠으며, 안조·우에노 각 성을 떨어뜨렸고, 오다 노부히로를 사로잡아 타케치요와 인질교환을 한 것도 이 사람이었다.

이러한 셋사이에게로 다니며 타케치요는 걸승의 마음속에서 뿜어져 나오는 정기를 느꼈고 그 감화를 충분히 받았다. 옷 안쪽에 군복을 입은 셋사이, 그것은 이미 사람을 압도하는 기개였다. 훗날 대업을 이루는 타케치요의 어린 영혼에 이 풍운의 영기가 적잖이 스며들었을 것이다. 그와 동시에 타케치요 스스로도 타고난 배짱과 영기와 기개를 가지고 있었던 것은 말할 필요도 없는 일이리라.

10세가 되던 해의 봄, 새해를 축하하는 자리, 이마가와 가의 가신들과 함께 요시모토에게 신년의 예를 갖추기 위해 모였을 때, 이마가와 가의 가신들이 오카자키의 애송이는 어떤 얼굴을 하고 있는지 반은 호기심에서 반은 경멸하듯 타케치요를 바라보고 있자니 벌떡 일어선 타케치요가 후다닥 툇마루 끝으로 달려가 요시모토가 보는 앞에서 소변을 보았다. 여기에는 사람들 모두 벌어진 입을 다물지 못했다.

그 무렵 오카자키에 머물며 모든 일을 처리하고 있던 중신 토리이 타다요시는 타케치요의 놀이친구로 당시 13세였던 외아들 모토타다(元 忠)를 슨푸로 보냈다. 어느 날 10세인 타케치요가 모토타다에게 때까치를 매처럼 길들이라고 명령했다. 그러나 아무리 해도 때까치는 매처럼 길들여지지 않았다. 이를 본 타케치요가 화를 내며,

"네가 잘못 길들이는 거다."라고 툇마루에서 모토타다를 밀어 떨어뜨렸다. 이 이야기를 들은 타다요시는,

"아아, 참으로 훌륭하구나. 지금은 이마가와의 식객이 되어 마음도 위축되고 모든 일에 주눅이 들어 있지 않을까 걱정했는데 조금도 걱정할 필요가 없겠다. 평범한 사람이라면 지금 오카자키를 지키고 있는 이 타다요시의 눈치를 보느라 얼마간의 억울한 일조차 참는 것이 보통일 텐데, 그와 같은 기백이 있으시다는 건 곧 발전하실 소질을 충분히 가지고 계시다는 증거다. 너는 그와 같은 일은 결코 마음에 담아두지 말고 열심히 충성을 다하도록 하여라."라고 오히려 자신의 아들을 타일렀다고 한다.

몇 번의 성상이 꿈결처럼 지나는 동안 오카자키 사람들은 이처럼 인종의 세월을 보냈는데, 그 사이 이마가와 씨는 어떤 변화와 발전의 모습을 보였을까?

(7) 이마가와 씨의 촉수

이마가와 씨는 안조 성을 함락시킨 이후 오카자키에 병력을 증강하여 서쪽에 위치한 오와리 공략에 대한 대비에 여념이 없었으나, 오와리 쪽은 생각했던 것보다 그렇게 압박을 가해오지 않았다. 그도 그럴 것이

오다 씨 쪽에 내홍이 있었기 때문이었다.

텐분 20년(1551)에 노부히데가 세상을 떠나자 그의 아들인 노부나가가 18세에 그 뒤를 이었으나, 대담하고 거칠 것이 없으며 어디에도 구애받지 않아 방종하기까지 한 그에게 반항하는 자들이 속출했다. 노부나가는 동생 노부유키(信行)를 스에모리 성에 두고 스스로는 나고야 성에 머물렀는데, 그해에 후지시마(藤島)의 성주인 니와 우지히데(丹羽氏秀)가 종가인 이와사키 성의 니와 우지요시(丹羽氏識)를 공격하는 것을 보고 우지요시를 도와 우지히데를 물리쳤다.

텐분 21년(1552) 4월에는 나루미의 성주인 야마구치 노리쓰구(山口教継)가 카사데라의 나카무라(中村)에서 배반을 했으며, 8월에는 키요스의 사카이 다이젠(坂井大膳) 등이 반기를 올리는 등 이 거칠 것 없고 분방한 청년 노부나가를 둘러싸고 내홍이 속속 일어나 외부로의 진출은 도저히 생각할 수도 없는 상황이었다. 이러한 때에도 노부나가의 무뢰한 같은 행동이 그치지 않았기에 마침내 그의 양육을 담당하고 있던 히라테 마사히데가 죽음으로 간언했으며, 그것이 일대 전환점이 되어 불세출의 영웅 노부나가 시대의 출현을 위한 기초가 되었다.

요시모토에게 있어서 오와리의 그러한 내홍은 다시 오지 않을 기회였다. 텐분 23년(1554) 정월, 군대를 일으킨 요시모토는 시기바라(鴫原)를 지나 무라키(村木)에 요새를 쌓고 오가와(小河) 성을 공격했다. 이 소식을 접한 노부나가는 사이토 도산(斎藤道三)에게 부탁하여 나고야를 지키게 한 뒤, 자신이 대장이 되어 무라키로 달려가 그곳을 마침내 함락시켰다.

요시모토가 오와리로 출정한 것을 보고 사가미 오다와라의 호조 우지야스(北条氏康)가 그 빈틈을 이용하여 스루가로 공격해 들어갔다. 그 호조 씨가 성을 비운 사이에 이번에는 카이의 타케다 신겐이 오다와라를 공격하기 위해 병사를 내었고, 양군이 카리야가와(苅屋川)에서 충돌했다. 이처럼 꼬리에 꼬리를 물고 서로가 서로의 빈틈을 노리고 있었기에 조금도 방심하거나 빈틈을 보일 수 없는 상황이었다. 따라서 요시모토도 마음 놓고 태평하게 오와리로 출병했다가는 언제 어디서 빈집털이가 달려들지 알 수 없는 일이었기에 함부로 손을 내밀 수는 없었다. 그러나 이는 비단 이마가와뿐만 아니라 당시의 다이묘, 쇼묘 모두 마찬가지였다. 어디 빈틈이 있지나 않을까, 눈을 둥그렇게 뜨고 지켜보던 때였다.

그러한 때에 요시모토의 모사인 셋사이 장로가 호조와 타케다 두 집안 사이를 오가며 마침내 이마가와 씨를 위해 매우 유리한 방법을 만들어냈다. 우지야스(호)의 아들 우지마사(氏政)는 신겐(타)의 딸을 아내로 맞아들이고, 요시모토(이)의 아들인 우지자네(氏真)는 우지야스(호)의 딸을 아내로 맞아들여 세 집안이 인척관계를 맺게 된 것이었다. 이는 더없이 좋은 소식이었다. 이마가와 씨에게 배후에 대한 근심은 이제 절대로 없다고 해도 좋을 터였다. 이마가와 씨가 가장 두려워했던 타케다 씨와 호조 씨는 당분간 이마가와 씨에게 손을 내밀지 않을 것이었다. 이렇게 해둔 다음 요시모토는 드디어 오와리 쪽으로 진격의 창끝을 향하려 했다.

여기서 생각해두어야 할 것은, 당시는 이런 일이 매우 흔했다는 점이다. 이렇게 인척이 됐다고 해서 그것으로 완전히 자기편이 됐다고는 말할 수 없었으며, 자신에게 불리한 상황이 벌어지면 아무렇지도 않게 타인처럼 돌아서곤 했다. 그 때문에 여러 가지 비극이 일어나기도 했다.

그러는 사이에 타케치요는 관례식을 치를 나이가 되었다. 코지(弘治) 원년(1555) 3월, 요시모토가 직접 관례식을 치러주어 마쓰다이라 지로사부로 모토노부(松平二郎三郎元信)가 되었으며, 세키구치 치카나가(関口親永)가 머리를 깎아주었다. 이렇게 해서 마침내 성인이 되기는 했으나 여전히 식객의 몸, 아직 운이 트이지 않았기에 그의 운명이 자연스럽게 찾아오기를 기다릴 수밖에 없었다. 언뜻 앞길에 아무런 희망도 없는 것처럼 보이는 정세이기는 했으나, 그 밑바닥에서는 모토노부를 이에야스로 만들어나가는 검은 물결이 흐르고 있었다. 예를 들어 분주하게 움직인 그간의 정세를 살펴보자면,

코지 원년 4월, 노부나가가 오다 노부토모(織田信友)를 살해하고 키요스 성을 빼앗았다.

9월, 요시모토가 아마노 카게쓰라(天野景貫)를 보내 오오규 야마나카를 공격했다.

윤10월, 신겐과 우에스기 카게토라(上杉景虎)가 아사히(旭) 성에서 싸웠다.

12월, 요시모토의 군대가 비슈 마에다(前田)의 가니에(蟹江) 성을 공격했다.

코지 2년(1556) 2월, 마쓰다이라 요시하루(토)가 모토노부(이에야스)의 대리인으로 미카와 나우치(名内) 성을 공격했으나 성주인 오쿠다이라 사다토모(奧平貞友)의 역습으로 전사했다.

오다 씨의 장수인 히치카(日近)가 이마가와 씨의 장수인 미카와 나시(梨子) 성의 쿠리우(栗生)를 공격했다.

3월, 코에쓰 양군이 신슈에서 카와나카지마(川中島) 전투를 벌였다.

4월, 미노의 사이토 도산과 요시타쓰(義竜) 부자가 다투었다.

5월, 나고야의 하야시 미치카쓰(林通勝) 등이 노부나가를 살해하려 했다.

8월, 오카자키의 신하인 스가누마 등이 아메야마(雨山) 요새의 오쿠다이라 사다요시(奧平貞能。)를 공격했다.

이 해에 모토노부(이에야스)는 고향인 오카자키로 성묘를 갔는데, 돌아가신 아버지를 위해 법회를 치르고 겸해서 신하들의 모습도 보고

카와나카지마 전투

싶다고 요시모토에게 청하자 요시모토도 거절할 이유가 어디에도 없었기에 즉석에서 허락해주었다.

오카자키로 돌아오기는 했으나 혼마루70)에는 이마가와 씨가 보낸 성주 대리 야마다 신에몬(山田新衞門)이 있었다. 모토노부가 왔다는 말을 듣고 신에몬은 그를 혼마루로 들이려 했으나,

"아닙니다. 저는 아직 어린 몸입니다. 무슨 일에 있어서나 연장자들의 의견을 들어야 할 몸이니 그대로 혼마루에 계시기 바랍니다."라며 자신은 니노마루71)로 들어갔다. 이 겸손한 모습이 이마가와 씨의 기분을 매우 좋게 했다.

'15세 소년답지 않은 사람이야.'라는 칭찬을 듣기에 충분했다.

한편 80세의 노신인 토리이 이가노카미 타다요시의 안내를 받아 곳간 안으로 들어가보았다. 거기에 산처럼 가득 들어찬 가마를 가리키며 타다요시는,

"이처럼 식량을 쌓아놓은 것도 전부 도련님께서 한시라도 빨리 오카자

---

70) 本丸. 성의 중심이 되는 건물.
71) 二の丸. 혼마루의 바깥쪽에 있는 성곽.

키로 돌아오시어 한 성의 주인으로 당당히 수많은 장사들을 거느릴 날이 오기를 기다리는 마음이 있기 때문입니다. 이제 여명도 얼마 남지 않은 저, 그날이 빨리 오기를 바라는 것만이 저의 유일한 소망입니다."라는 말이 채 끝나기도 전에 늙은이의 눈에서 눈물이 줄줄 흘러내렸다.

언제까지고 미카와를 지키려 하는 이 충신의 진심어린 노력에 모토노부도 한동안은 가슴이 먹먹해지고 눈물이 글썽거렸다.

"때가 오기를, 때가 오기를. 할아범, 때가 오기를 기다리세."

이듬해인 코지 3년(1557) 정월 15일, 모토노부는 이름을 다시 쿠란도 모토야스(蔵人元康)로 고치고 이마가와 요시모토의 일족인 세키구치 교부다유 요시히로(関口刑部太夫義弘)의 딸을 아내로 맞아들였다. 당시 16세. 이 사람이 바로 쓰키야마도노(築山殿) 부인이다.

(이하 모토야스라는 이름 대신 이에야스라고 하겠다. 원래는 에이로쿠(永禄) 6년(1563) 7월에 이름을 바꾸었으나 변화가 너무 심하기에 번거로움을 피하기 위해 일반적으로 익숙한 이에야스라고 하겠다.)

5. 이에야스의 첫 출진

에이로쿠 원년(1558) 2월, 17세가 된 청년 이에야스는 요시모토로부터 갑자기 테라베 성 공격을 명령받았다. 성주인 스즈키 휴가노카미 시게타쓰(鈴木日向守重辰)가 이마가와 씨를 배신하고 오다 씨와 내통했기 때문이었다.

뛰어난 재능이 있다고는 하나 아직 17세의 어린 나이였기에 걱정하는 자도 있었지만 흔연히 미카와의 오카자키로 돌아간 이에야스는 병사를 모아 출발했다. 미카와의 가신들에게 있어서도 이는 기쁜 일이었다. 지금까지의 싸움은 결국 이마가와 씨의 수족으로 쓰인 것이지 집안을 위해 일한 것이 아니었다. 게다가 그들을 지휘한 것은 모두 이마가와 씨의 장수로 한정되어 있었기에 때로는 무엇을 위해서 자신들의 목숨을 걸고 싸우는 것인지 알 수 없는 경우도 있었다. 그런데 이번에는 자신들의 주군을 모시고 나서는 싸움이었다. 오랜만에 진짜 싸움다운 싸움을 할 수 있을 듯한 기분이 들었다.

5일, 테라베를 향해 출발했다. 용감하게 달려나간 미카와의 장사들은 굉장한 기세로 테라베 성을 공격하여 성의 외곽을 불태우고 크게 사기가 올라 우메쓰보, 코로모, 히로세 각 성까지 밀고 들어갔다. 그러나 테라베 성의 수비가 견고했기에 쉽게 무너지지는 않았다. 이 모습을 본 이에야스는 가신들에게,

"이렇게까지 공격했는데 떨어지지 않는 것을 보니 적에게 상당한 준비가 있었던 모양이오. 또 이 성 하나만이 적이 아니라 주위의 성에

첫 출진하는 이에야스

들어앉아 있는 오와리의 군이 성을 열고 밀려든다면 우리 군은 그야말로 앞뒤로 적을 맞아 진퇴양난에 빠질 수밖에 없을 터이니 우선은 곁가지를 먼저 치고, 그런 다음 근본을 끊는 방책을 쓰는 것이 가장 좋을 듯하오."라고 말하고 성에 불을 지른 뒤 물러났다. 아니나 다를까 테라베가 위험하다는 소식을 들은 노부나가는 여러 장수들을 보내 미카와 군의 배후를 공격하려 하고 있었다. 직전에 그러한 방침을 읽은 미카와 군은 어떠한 고전도 치르지 않고 유유히 오카자키로 돌아올 수 있었다. 17세 청년의 판단이라고 하기에 이는 너무나도 훌륭한 지휘였다. 오카자키의 중신들은 할아버지 키요야스만큼이나 뛰어난 자라며 기뻐했고, 요시모토 역시 녹봉으로 야마나카의 3백 관과 칼을 보내 그 처치를 칭찬했다.

이 첫 번째 출진에 이은 청년 이에야스의 전공으로는 오오타카(大高) 성에 군량을 보급한 일을 들 수 있다. 일의 시작은 요시모토의 오와리 정벌에서 비롯되었다. 에이로쿠 2년(1559), 자신의 서진에 늘 방해가 되는 오다 노부나가를 완전히 제거하기로 결심한 요시모토는 오와리와의 경계선 부근의 방어를 매우 엄중하게 다졌다. 특히 오오타카 성에는 우도노 초스케 나가모치(鵜殿長助長持)를 두어 오와리 견제를 위한 제일선으로 삼았다.

그 방면에 있어서는 노부나가도 방심하지 않았다. 오오타카 성에 대한 방비로 탄게(丹下) 성을 미즈노 타테와키(水野帶刀)·야마구치 에비노조(山口海老丞)에게 지키게 했으며, 젠쇼지(善照寺) 성을 사쿠마 사쿄(佐久間左京), 나카지마(中島) 성을 카지카와 헤이자에몬(梶川平左衛門), 와시즈(鷲津) 성을 이이오 오우미노카미(飯尾近江守)와 이이오 아키노카미(飯尾隱岐守), 마루네(丸根) 성을 사쿠마 다이가쿠(佐久間大学) 등에게 지키게 하였으며, 그 외에도 테라베·코로모·히로세 3개 성에도 각각 부장을 배치하여 한 치의 빈틈도 보이지 않았다.

이렇게 되자 요시모토도 일이 어려워졌으나 그보다 더욱 난처해진 것은 오오타카 성이었다. 워낙 전선에서 너무 앞으로 돌출되어 있었기에 주위 모두가 적이었다. 성 밖으로는 단 한 걸음도 방심한 채 나설 수가 없었다. 실질적으로는 농성을 할 수밖에 없었으니 난처할 만도 했다. 게다가 가장 문제가 되는 것은 식량이 점점 줄어들고 있다는 점이었다. 그러나 식량을 보급하려 하면 주위의 성에서 적병들이 밀물처럼 밀려와 도중에 빼앗아버릴 것은 너무나도 당연한 일이었다. 그렇다고 해서 먹지 않고 지낼 수도 없는 일이었다.

군량을 보내달라는 요청이 슨푸로 연달아 날아들었으나 그것을 어떻게 보내주어야 할지, 여기에는 요시모토도 뾰족한 수를 찾을 수 없었기에 가신들을 모아놓고 그 일에 관해서 논의했다. 섣불리 맡았다가 실패를 하면 목숨도 위험할 뿐만 아니라 주군 요시모토의 수치가 되기도 할 터인데 그럴 위험성이 거의 9할 가까이나 될 듯했기에 자리에 임한 각 장수들도 도무지 묘수가 떠오르지 않았다.

"임무를 맡겠다는 자가 아무도 없단 말이오? 그대들은 우도노 들을 그냥 죽게 내버려둘 생각이란 말이오?"

스스로 나서는 자가 없었기에 요시모토가 크게 화를 내며 소리를 질렀으나 그래도 가신들 가운데서 그 일을 맡겠다고 나서는 자는 없었다.

"제가 그 일을 맡고 싶습니다만."

젊지만 야무진 목소리가 쥐 죽은 듯 고요한 그 방의 한쪽 구석에서 들려왔다. 누구지, 하며 일동은 그 목소리 쪽으로 일제히 고개를 돌렸다. 거기에는 당년 18세의 이에야스가 당당한 모습으로 앉아 있었다.

'뭐야…….' 일동의 놀라움은 순간 모멸로 변해갔다.

"미카와의 애송이 놈이 뭔가 또 잔꾀를 부려서 요시모토 공의 환심을 사려는 것일 테지만, 이번만은 테라베 성 공격 때처럼 그렇게 만만하지는 않을 게야. 산전수전 다 겪은 용사들이 기라성처럼 늘어앉아 있는 가운데 겁도 없이 제가 맡겠다고 나서다니 정말 건방지기 짝이 없는 녀석이로군."

"바로 부끄러움의 눈물을 흘리며 돌아올 게 뻔해."

이런 속삭임이 들려오는 가운데, 요시모토의 사내다운 목소리가 들려왔다.

"오카자키 나리, 진심이시겠지?"

확인하려 들자 이에야스는,

"저 역시도 틀림없이 무사입니다."라고 단호하게 말했다.

"저 녀석 정말 갈 생각인 모양이군. 이거 일이 점점 재미있어지는데."

이에야스에 대한 험담을 하며 줄줄이 돌아가는 가신들에 뒤이어 이에야스도 자리에서 나오자 사카이, 이시카와 등의 노신들이 마치 기다리고 있었다는 듯,

"도련님, 오오타카 성에 군량 넣는 일을 맡으셨다는 말이 사실입니까?"

"하하하하, 그대들은 왜 그렇게 놀란 표정을 짓고 있는 게요? 오오타카 성이 무섭기라도 하단 말이오?"

"허나, 그곳은 위험하기로 이름 높은 곳, 만에 하나라도……."

"그만 됐소."

이에야스는 노신들의 간언을 조금도 귀담아 들으려 하지 않았다.

밤이 깊으면 오카자키를 출발하겠다는 명령이 떨어지기는 했으나 군량을 어떻게 성 안으로 넣겠다는 것인지 노신들은 안절부절못했다. 요시모토 앞에서 맡아가지고 온 일이니 뭔가 기책(奇策)이 있을 것이라 생각했으나, 이에야스의 명령을 보니 기책다운 기책은 어디에도 없는 듯했다.

마쓰다이라 사마노스케(松平左馬介), 사카이 요시로(坂井与四郎), 이시카와 요시치로(石川与七郎) 등을 선봉으로 삼고 자신은 정병 800을 이끌고 치중 1천 2백 바리72)를 준비하여 조용히 마루네, 와시즈 등의 성 사이를 빠져나갔다. 위험천만한 일이었다. 당장에라도 성의 병사들이 밀려나오지나 않을까 일동은 마음을 졸이며 갔는데 오오타카 성에서 20여 정쯤 떨어진 곳까지 오자, 거기부터는 마루네와 와시즈 성의 병사들이 오오타카 성을 둘러싸고 있어서 한 걸음도 전진할 수 없었다. 여기까지 다다르자 발걸음을 멈추게 하고 그 앞쪽에 있는 한 부대로 하여금 테라베 성의 공격을 명령했다. 무엇 때문에 테라베를 공격하라는 건지 이유는 알 수 없었으나 앞쪽에 있던 장사들이 함성을 올리며 밀고 들어가 나무문을 깨부수고 불을 지른 뒤 본격적으로 공격에 나서려 한 순간, 이번에는 우메쓰보를 공격하라는 명령이 떨어졌다. 명령이 떨어졌기에 창끝을 돌린 정병은 나무문은 물론 깨부수고 니노마루까지 밀고 들어가 불을 질렀다.

오오타카 성을 둘러싸고 있던 마루네, 와시즈의 오와리 군은 한밤중에 들려오는 커다란 함성과 하늘에 쏟아지는 불꽃에 테라베와 우메쓰보가

---

72) 일본에서는 駄(다)로 헤아린다. 1다는 말 한 마리에 실을 수 있는 양으로 135kg.

위험하다고 생각하여,

"모두 테라베와 우메쓰보를 구하라."라며 포위를 풀고 진군했다. 오오타카 성 바깥에 적병이 얼마 남지 않은 것을 본 이에야스가,

"지금이다."라며 전군의 방향을 급히 틀어 밀물처럼 오오타카 성으로 쇄도해 들어갔기에 남아 있던 소수의 파수병들은 아무런 힘도 쓰지 못했으며, 별 어려움도 없이 유유히 입성하여 보기 좋게 군량을 건네주었다. 성 안의 기쁨은 이만저만한 것이 아니었다. 굶주릴 염려만 없다면 사기 백배, 미카와 군에게 크게 감사했다. 테라베, 우메쓰보로 달려간 마루네, 와시즈의 병사들이 와서 보니 적은 한 명도 보이지 않았다.

"그렇다면……, 속았구나."라고 깨달은 순간에는 이미 늦어서, 모든 임무를 안전하게 마친 미카와 군은 유유히 오카자키로 돌아가는 중이었다. 성의 병사들은 너무나도 기민한 움직임에 간담이 서늘해졌으며, 그 기묘한 책략에 넋이 나가 그저 입을 벌리고만 있을 뿐이었다.

6. 오케하자마 전투

모든 준비가 갖춰졌다고 생각한 이마가와 지부타이후(治部大輔) 요시모토는 에이로쿠 3년(1560) 5월, 스스로 4만 5천의 대군을 이끌고 오다 씨 공략을 위해 오와리로 침입했다. 돌아보면 그 일전은 이마가와 · 오다 두 집안의, 실로 47년에 걸친 항쟁의 총결산이었다.

만반의 준비를 하고 때를 놓치지 않았다. 슨엔산 3개 쿠니를 손 안에 쥐고, 토호쿠73) 지방의 호조 씨와 타케다 씨의 침략에 안전반을 설치해둔 요시모토는 오랜 세월 자신의 포부였던 쿄토로의 진군을 실행에 옮기려 했다. 이마가와 씨는 그 조상을 아시카가(足利) 씨에 두고 있으며, 무로마치(室町) 시대의 명문가였기에 쇼군인 아시카가 씨에게 후계자가 없으면 미카와의 키라 씨가 그 뒤를 잇고, 키라 씨에게도 후계자가 없으면 스루가의 이마가와 씨가 그 뒤를 이어야 하는 상태에 있었기에 한시라도 빨리 쿄토로 들어가 천하를 호령하겠다는 야심을 품고 있었던 것이다.

지금 그 야심에 방해가 되는 오와리의 노부나가를 자신의 웅대한 꿈의 희생양으로 삼으려는 것이었다. 당시 요시모토는 42세, 재략과 나이에 있어서 원숙기에 접어들어 있었다. 그에 비해서 노부나가의 나이는 27세로 아직 청년이기는 했으나 그 식견과 역량이 눈에 띄게 뛰어나 오와리의 노부나가라는 이름을 한껏 떨치고 있는 영웅이었다. 그러나 누가 뭐래도 나이가 나이였으며, 상대는 3개 쿠니를 소유하고

---

73) 東北. 아오모리, 이와테, 아키타, 미야기, 야마가타, 후쿠시마 지방을 일컫는 말.

있는 카이도 제일의 무사, 아무리 봐도 오와리에 승산이 있으리라고는 여겨지지 않았다.

이마가와에 대한 전략으로는 양 쿠니의 경계선에 위치한 마루네, 와시즈, 탄게, 젠쇼지, 나카지마 등 5개 성을 전선(前線)으로 하여 이마가와 군을 막아보려 했다. 그러나 그 병력에 있어서 한쪽은 4만 5천이라 칭하는 대군, 한쪽은 겨우 4천도 되지 않는 소수, 싸움의 결과는 처음부터 정해진 것이나 바를 바 없는 듯했다.

요시모토의 군대는 18일에 쿠쓰카케(沓掛)에 이르렀으며, 군을 7개 부대로 나누고 각자 역할을 정해 총공격의 준비를 이미 마쳤다. 오카자키의 이에야스 역시 한 부대의 장수로 마루네 성을 공격하라는 명령을 받았다. 아사히나 야스요시(朝比奈泰能)를 와시즈로 보내고, 나루미와 쿠쓰카케에는 수비병을 두고, 따로 한 부대를 키요스로 직행케 하고, 한 부대를 원군으로 삼고 요시모토 스스로는 본군을 이끌고 그 총지휘를 맡아 최종적으로는 키요스로 향하겠다는 것이 이마가와의 전략이었다.

마루네 공격을 명령받은 이에야스는 당년 19세, 5월 19일 여명에 다른 부대보다 앞서 마루네 성으로 향했다. 쿠쓰카케에서 오케하자마를 거쳐 오오타카에 이르는 길목에 위치한 이 성은 와시즈·오오타카와 함께 요충지로 꼽히는 곳이었다. 당시 성의 수장은 사쿠마 모리시게(佐久間盛重)였다. 미카와 군이 파죽지세로 공격해 들어오자 상대 역시 사력을 다해 방어전에 나섰기에 테라베 성처럼 간단히는 떨어지지 않았다. 그뿐만 아니라 너무 조바심을 치며 앞으로 공격해 들어가기만 했기에 성의 병사들에게 역습을 당해 마쓰다이라 마사치카(松平正親), 마쓰다이라 마사타다(松平政忠) 2명이 전사하고 말았다. 이 모습을 본 이에야스는 커다란 목소리로,

"급하게 들이칠 필요 없다. 상대는 결사의 각오로 맞서고 있다. 뒤로

멀리 물러나 활과 총포를 준비하라."라고 명령했다.

명령에 따라 미카와 군이 물러나자 성의 병사들이 이때다 싶어 추격해 왔고, 그들을 향해 옆구리에서부터 활과 총을 쏘아댔기에 적의 진영이 무너졌으며 성의 장수인 모리시게는 총탄에 맞아 전사했다. 이에 기세가 오른 미카와 군은 마침내 요새에 불을 지르고 마루네를 완전히 점령해버 렸다. 하늘을 찌를 듯 불길이 치솟은 적의 성에서부터 승전보가 요시모토 에게로 전해졌다. 요시모토의 기쁨 또한 커다란 것이었다.

"역시 오카자키 나리, 훌륭하시군. 오오타카 성에서 잠시 쉬시게."라는 말이 전해졌다.

우도노 나가테루(鵜殿長照)를 대신하여 오오타카로 들어간 미카와 군이 승리 이후의 휴식을 취하고 있을 무렵, 와시즈가 함락되었다는 소식도 역시 전해졌다. 시작은 매우 만족스러웠다. 이마가와 씨 군은 그야말로 천마가 하늘을 달리는 듯한 기세였다.

"축하하기로 하세. 크게 축하하기로 하세."

덴가쿠하자마74)에 다다른 총대장 요시모토는 여기서 대군과 머물며 승리의 축배를 들기로 했다.

'키요스가 뭐 그리 대수란 말이냐. 내일이면 오와리를 단숨에 짓밟아주 겠다. 자, 마셔라, 마셔. 그리고 영기(英気)를 길러 내일의 공명에 대비하 자.'

호기로운 대장과 가신, 오늘의 싸움에 우쭐해진 자들뿐이어서 오케하 자마는 곧 술과 음식이 넘쳐나는 환락의 거리로 변해버리고 말았다.

마루네와 와시즈가 위험하다는 보고에 이어 함락되었다는 소식, 키요 스 성에는 위급함을 알리는 전령들이 연달아 달려들었으며, 성 안으로

---

74) 田楽狭間. 오다 노부나가가 이마가와 요시모토를 기습한 곳은 오케하자마라고 일 반적으로 알려져 있으나 덴가쿠하자마라는 설도 있다.

도망쳐 들어오는 선봉의 병사들……. 키요스 성은 들끓는 솥처럼 소란스러웠다. 그러나 당년 27세인 성주 노부나가는 성 안 병사들의 소동과는 상관없이 유유자적 커다란 잔을 기울이고 있었다. 시시각각 들려오는 소식이라고는 전부 패보일 뿐인데 대장이 특별히 손을 쓰려 하지도 않고 그저 술에만 취해 있으니, 참으로 미덥지 못하게 보였다. 한시라도 빨리 군사회의를 열어야 한다고 모든 사람들이 걱정했으나 당사자인 노부나가가 태평했기에 달리 방법이 없었다. 그러다 더는 참지 못하고 그들은 노부나가가 술을 마시고 있는 면전에 모여서 군사회의를 열기로 했다. 중신들의 의견도 성에서 나가 싸워야 할지, 혹은 농성을 해야 할지 둘로 갈리었다. 그러다 하야시 사도 등의 의견대로,

"적은 4만 5천을 칭하는 대군, 아군은 5천도 되지 않은 소수, 나가서 야전을 펼치는 것은 물론 어리석음의 극치라고 하지 않을 수 없소. 키요스는 일본에서도 가장 견고한 성이오. 따라서 물러나 농성하며 전력을 거기에 집중해야 할 것이오."라고 결론 내렸다.

그러나 노부나가는 여전히 태평한 태도였다. 자신들의 일 때문에 노신들이 머리를 맞대고 협의를 거듭하고 있는 것이라고는 여겨지지 않을 정도로 침착한 모습이었다.

"과연 나리께서도 요시모토의 대군 앞에서는 군사회의를 할 기력조차 잃으신 모양이오. 적의 대군에 넋을 잃으신 모양이오."

이렇게 수군거릴 정도로 그는 여전히 커다란 잔을 기울여 유유히 술을 마시고 있었다. 그러다 갑자기,

"출진이다! 말과 식사를 준비하라!"라고 한마디 명령을 내렸다.

농성을 각오하고 있던 사람들은 이 뜻밖의 명령에 어리둥절해졌다. 그러나 노부나가는 그러한 신하들은 거들떠보지도 않고 작은북을 쥐었으며, 뒤이어 낭랑하게 흐르는 요곡 아쓰모리[75]……,

"인간 50년, 하늘 아래 세상과 비교하면 몽환과 같구나. 한 번 목숨을 받아 멸하지 않는 자 있는가……."

춤을 마치더니 더운 물에 만 밥으로 배를 채운 노부나가가 말에 훌쩍 뛰어오르며,

"나와 공명을 다투고 싶은 자는 따르라!"

찰싹, 채찍 휘두르는 소리에 말은 하늘을 나는 듯 아쓰타로. 그 주군의 열렬함에 기운을 얻은 젊은 무사들도 경쟁하듯 가담하여 아쓰타에 도착했을 무렵에는 1천 명 정도가 되었다. 거기에 다다르자 마루네, 와시즈 2개 성이 화염에 휩싸여 활활 타오르고 있는 모습이 뚜렷하게 보였다.

아쓰타 신궁76) 앞에 정렬한 일동은 거기서 무운을 빌었다. 신 앞에 정숙하게 머리를 조아린 채 신관이 올리는 축사를 듣고 있자니, 신전 속에서 투구 부딪치는 소리가 들려왔다. 멀리서 희미하게 그러나 명료하게,

"신의 가호로 오와리 군의 필승, 의심의 여지없다."

신관의 목소리가 늠름하게 울려퍼졌다. 이것이 군대의 사기를 한껏 고무시켰다.

나루미 부근의 젠쇼지 가까이에 이르렀을 무렵, 요시모토가 덴가쿠하자마에서 주연을 벌이고 있다는 첩자의 보고가 들어왔다.

"때가 왔다."고 손뼉을 치며 기뻐한 노부나가는, 젠쇼지에 소수의 병력을 남겨 적의 눈을 속이게 한 뒤, 약 2천의 병사들을 이끌고 크게 우회해서 기습을 감행했다. 이날은 전례 없이 더운 날이었으나 정오 전후, 노부나가가 요시모토의 진에 다가가려 할 무렵부터 갑자기 커다란

---

75) 요곡(謠曲, 요쿄쿠)은 일본 전통 가면극인 노(能)의 가사에 가락을 붙여 부르는 것. 아쓰모리(敦盛)는 요곡 가운데 하나.

76) 神宮. 격이 높은 신사. 일본어로는 '진구'

폭풍우가 불기 시작했다.

"됐다, 지금이다!"

거센 비바람 속에서 노부나가의 병사들이 이마가와 군의 북서쪽으로 돌아들어 타시가네야마(太子ヶ根山) 정상에서부터 일제히 커다란 함성을 올리며 돌격해 들어갔다. 축배와 더위와 거센 비바람에 완전히 방심하고 있던 이마가와 군은 이 갑작스러운 돌격에 아무런 준비도 갖추지 못한 채 보기에도 처참한 패배를 당하고 말았다. 요시모토는 주위에서 오르는 커다란 함성을 아군끼리의 다툼 정도로밖에 생각하지 않았다. 어느 틈엔가 자신의 곁에도 누구 하나 남아 있지 않았기에 어떤 소동이 벌어진 것인지 보고 와야겠다고 생각하던 차에 긴 창을 든 사무라이가 나타났다. 요시모토는 자신의 부하인 줄 알고,

"말을 끌고 와라."라고 명령했다.

"실례하겠소."라는 말과 함께 질풍처럼 긴 창이 번뜩였다.

"이 무례한 놈!"

요시모토가 칼집에서 뽑으며 휘두른 칼이 상대방 창의 자루를 자르고 그의 무릎에까지 상처를 입혔다.

"아뿔싸."라며 나뒹구는 자에게 다시 한 번 칼을 휘두른 순간, 뒤에서부터 커다란 힘으로 엉겨붙은 자가 있었다. 요시모토는 몸을 마음대로 움직일 수 없게 되었다.

"에잇."하며 뿌리칠 사이도 없이 털썩 내동댕이쳐졌고 밑에 깔려서, 일대 용맹을 휘두르던 요시모토의 목은 안타깝게도 모리 신스케(毛利新介)의 손에 들리게 되었다.

"이마가와 나리의 목이 여기에 있다."

이 일전으로 이마가와 군의 기세는 완전히 꺾였으며, 반대로 노부나가는 군웅들 속에서 단번에 자신의 이름을 드러내게 되었다. 오오타카

오케하자마 전투

성에서 쉬고 있던 이에야스는 오케하자마에서 패했다는 소식을 듣자마자 병사들을 이끌고 오카자키로 돌아가버렸다.

대장 요시모토를 잃은 뒤의 이마가와 군은 그냥 보기에도 무력해져버리고 말았다. 타이겐 셋사이(大原雪斎) 장로는 이미 세상을 떠났으며, 범용한 우지자네가 그 뒤를 잇기는 했으나 도저히 아버지의 유업을 이을 만한 대장은 아니었다.

이렇게 해서 스루가에서의 12년 동안의 식객 생활을 마친 이에야스는, 이 싸움을 계기로 스루가의 손에서 벗어나 비로소 미카와 오카자키 성의 성주로서 독립하게 되었다.

제2편   비약기

1. 오다 씨와의 연합

오케하자마에서의 일전은 스루가, 토오토우미, 미카와, 오와리 지방의 커다란 사건이었을 뿐만 아니라, 전국의 세계를 일변하게 만든 일대 전환점이기도 했다. 그것은 어지러워질 대로 어지러워진 일본의 전국시대를 통일하여 평화로운 일본으로 전환시키기 위한 서막이었다. 험난하기 짝이 없는 땅 고르기를 매우 대담하게 해낼 영웅 노부나가의 출현을 결정적으로 증명하여, 일본에 여명의 서광이 마침내 보이기 시작한 순간이었다.

이보다 더 커다란 전환기를 가져다준 것은 미카와 오카자키의 형세였다. 오케하자마에서 요시모토가 전사하자 오카자키 성으로 돌아온 이에야스는 이제 누구의 눈치도 볼 것 없이 할아버지 이후로 내려온 성주로서의 지위를 확립했으나 요시모토에 대해서는 커다란 은혜를 입었기에 곧 슨푸로 사람을 보내서,

"노부나가는 이번 싸움에서의 승리로 자만하여 방비가 허술할 것이 틀림없으니, 슨엔산의 대군을 이끌고 다시 일을 도모한다면 오케하자마에서의 치욕을 깨끗이 씻을 수 있을 것이오."라고 거듭 복수전을 재촉했으나 요시모토의 아들인 우지자네는 아버지와 달리 범용한 자였기에 애써 출병하려는 기미조차 보이지 않았다.

'희망이 없다.' 우지자네의 편에 서서는 도저히 커다란 일을 이룰 수 없겠다고 이에야스는 꿰뚫어보았다. 동시에 신예의 기운에 불타오르는, 그리고 준마와도 같은 모습 그대로 돌연 혜성처럼 나타난 노부나가와

손을 잡는 것이 얼마나 중요하고 또 필요한 일인지도 분명히 느꼈다.

한쪽은 아버지의 원수조차 치지 못하는 비겁한 자였으며, 다른 한쪽은 일본의 전쟁사에서도 전례를 찾아볼 수 없을 정도의 기습으로 단번에 천하의 영웅과 어깨를 나란히 하며 한 치도 물러서지 않는 청년 영웅이었다. 오로지 혼자만의 힘으로 미카와를 보다 안정적으로 확대, 신장시킨다는 것은 도저히 불가능한 일이었다. 아무래도 다른 세력과 연합해야만 비로소 미카와의 발전을 위한 기초를 닦을 수 있을 터였다.

시세를 읽는 이에야스의 눈은 날카로웠다. 그는 벌써부터 노부나가와 연합하여 자신의 대업을 이루어야겠다고 결심했다. 그러나 지금 당장 노부나가와 손을 잡아서는 세상의 평판이 좋지 않을 것이며, 무엇보다 자신에게 유익한 일이 아니었다. 왜냐하면 현재 이에야스의 세력은, 결코 대등한 자격으로 연합할 만큼의 실력을 갖추고 있지 못했기 때문이었다. 이대로 손을 잡으면 자신은 한 단 아래의 지위에 서게 될 터였다. 그래서는 이마가와 씨와의 옛 관계처럼 영원히 머리를 들 수 없는 입장에 놓이게 될 터였다. 이에 그는 노부나가가 미노의 사이토 씨의 공격을 염려하여 어쩔 수 없이 동쪽으로는 침략의 손길을 뻗지 못하고 있을 때 히로세·코로모·우메가쓰보·쿠쓰카케 등의 각 성을 공략했으며, 또 미즈노 노부모토와 이시가세(石箇瀨)·카리야에서 싸워 이호를 무너뜨리고, 나카지마·에이라(永良)를 취하여 그 실력을 크게 과시함과 동시에 스스로도 힘을 비축하기에 노력했다.

이젠 됐다는 자신감이 붙은 것인지 에이로쿠 4년(1561) 2월에 마침내 노부나가와 손을 잡았다. 이 일로 인해서 이마가와 우지자네는 마쓰다이라 씨에게서 완전히 버림받았을 뿐만 아니라, 경우에 따라서는 지금까지 아군이었던 이에야스를 적으로 삼아 싸워야 하는 일이 벌어지게 될지도 몰랐다. 이에야스와 노부나가의 연맹은 마쓰다이라, 이마가와, 오다

세 집안에 커다란 영향을 주었다.

이에야스가 노부나가와 손을 잡기까지 그 내부에서도 상당한 논의가 있었던 듯하다. 원래 연합에 관한 문제는 카리야의 성주인 미즈노 노부모토가 노부나가에게 권한 데서 시작된 일인데, 그 말을 꺼낸 노부모토는 이에야스의 숙부뻘이 되는 사람이기는 했으나 지금까지 몇 번이고 적이 되어 전장에 모습을 드러내기도 했기에 그의 말에 어느 정도의 성의가 담겨 있는지는 의심스러운 일이었다. 그러나 그보다 노부나가가 문제였다. 이에야스는 슨푸에 부인 세키구치 씨와 아들 사부로를 인질로 보낸 상태였는데, 인질을 희생하면서까지 연합하려는 오카자키를 노부나가가 과연 신용할지. 또 그가 만약 그것을 신용한다 할지라도 인질을 희생하면서까지 노부나가와 강화를 맺는다면 세상 사람들은 마쓰다이라 가를 어떻게 평가할지. 그를 두고 기회주의자, 세력이 강한 쪽에만 빌붙는 절조 없는 무사라고 말할 것이 뻔했다. 따라서 이는 불가하다고 주장하는 자들이 있었다.

이에 대해서 찬성하는 자들은, 물론 이마가와 씨에게 은혜를 입기는 했으나 그것은 그저 형식적인 일에 불과하다. 사실대로 말하자면 은혜는 커녕 그 때문에 오카자키 사람들이 얼마나 비참한 꼴을 당했는지 알 수 없다. 녹봉도 변변찮은 것이었고 전쟁에서는 늘 위험한 땅에 서야했기에 그 때문에 목숨을 잃은 오카자키의 장사 역시 얼마나 많았는가. 은혜라면 은혜랄 수도 있지만, 그 은혜는 이미 몇 번의 지난 전투에서 다 갚았다. 게다가 우지자네는 지나치게 어리석다 싶을 정도로 어리석으며, 밤낮으로 색에만 빠져 있고, 점잖지 못하게 시가와 축구와 춤 등에 마음을 빼앗겨 아버지의 원수를 갚겠다는 패기조차 없는 사람이다. 그런 사람과 행동을 같이하면 반드시 몰락할 운명을 맞이하게 될 것이다. 우리 마쓰다이라 가가 발전하기 위해서는 무슨 일이 있어도 오와리와 손을 잡지 않으면 안 된다고 말했다. 이러한 의견이 대다수를 점했기에 연합하게 된 것인데, 그만큼 일반 사람들의 마음이 이마가와 씨에게서 멀어진 것이 사실이었던 듯하다.

오와리와 미카와의 합종으로 일기 시작한 파도로 인해 카이도의 풍파가 곧 거칠어지기 시작했다. 카타하라의 영주인 마쓰다이라 이에히로(松平家広), 타케야의 영주인 마쓰다이라 키요요시(松平清善), 사이고의 영주인 사이고 마사카쓰(西郷正勝), 이노미치(井道)의 영주인 스가누마 사다카쓰(菅沼定勝), 노다의 영주인 스가누마 사다미쓰, 타미네의 영주인 스가누마 사다나오(菅沼定直), 나가시노의 영주인 스가누마 사다카게(菅沼貞景), 사쿠테(作手)의 영주 오쿠다이라 사다요시, 카와지(川路)의 영주인 시다라 사다미치(設楽貞道) 등이 속속 우지자네를 떠나 이에야스 밑으로 들어왔다. 노한 것은 우지자네였다. 곧 이에히로 등의 인질 11명을 잡아다 살육했으나 그로 인해서 오히려 이마가와 씨에 대한 반감은 더욱 깊어갈 뿐이었다.

이렇게 되자 이마가와와 마쓰다이라 씨 사이에서 당연히 작은 전투가 벌어지기 시작했다. 두 집안 사이에서 벌어진 그런 전초전에서도 이마가와 쪽은 늘 밀리기만 했다. 자연스럽게 이에야스의 세력은 더욱 강성해지고 그 기초가 단단해졌기에, 굳은 약속만 나누었을 뿐 아직 키요스로 찾아간 적이 없던 이에야스는 에이로쿠 5년(1562) 정월에 마침내 스스로 찾아가서 강화의 뜻을 나타냈다. 이때 노부나가는 매우 기뻐하며 이에야스를 맞아들였고 여러 가지 진수성찬으로 환대한 뒤, 명검인 나가미쓰(長光)의 장검과 요시미쓰(吉光)의 단도를 선물했으며, 돌아가는 길에는 하야시 사도노카미, 다키가와 쇼겐(滝川将監) 등으로 하여금 아쓰타까지 배웅하게 했다.

이렇게 해서 노부나가와 이에야스의 맹약이 완전히 체결되어 동쪽은

마쓰다이라 씨가, 서쪽은 오다 씨가 맡아 서로 도우며 천하통일의 패업을
향해 똑바로 돌진해나갈 준비를 완전히 갖추게 되었다.

2. 동방 경략

오와리와 미카와가 손을 잡은 이후부터 사방에 대한 책략을 소의 발걸음처럼 조금씩 진행시켜나간 것은 당연한 일이었다. 이는 이에야스의 주의이기도 하고 성격이기도 했다. 화려하게 나아가는 것이 아니라, 한 걸음씩 착실하게 실력을 쌓아나갔다.

키요스에서 돌아온 이에야스는 카미고(上鄕) 성을 공격하여 성주인 우도노 나가테루를 쓰러뜨리고 그의 두 아들을 포로로 삼았다. 우지자네는 이마가와 씨에게서 등을 돌렸을 뿐만 아니라 키요스까지 가서 노부나가와 회담을 했다는 사실만 해도 부아가 끓어오르는 일인데 자신의 영지까지 침범하여 성주를 죽이고 두 아들을 포로로 삼았다는 말까지 듣자 불과 같이 화를 냈다.

"괘씸한 놈! 표변(豹變)이란 그를 두고 하는 말이다. 아버지 요시모토의 은혜도 잊고 내게 창끝을 겨누다니, 사람의 탈을 쓴 짐승이다. 그렇다면 인질인 타케치요(훗날의 노부야스)의 숨통을 끊어놔 그에 대한 분풀이로 삼겠다."라며 타케치요의 목을 치려 한 순간, 오카자키에서 급히 사람이 와서 나가테루의 두 아들을 보내겠다는 말을 전했다. 단, 그냥 줄 수는 없으니 슨푸에 있는 이에야스의 아들 타케치요, 그리고 부인 세키구치 씨와 교환을 하자는 것이었다.

'이놈이.' 싫었으나 나가테루의 두 아들을 죽게 내버려두는 것도 가여운 일이었기에 우지자네는 그 청을 받아들였고, 이렇게 해서 인질 교환이 이루어졌다. 지금까지 혈육을 슨푸에 남겨두었기에 이에야스 자신은 물론 노부나가도 의심의 눈길을 보낼 우려가 있었는데, 그러한 근심은 완전히 끊겼으며 이마가와 씨에 대해서도 앞으로는 더욱 본격적이고 적극적으로 공략을 할 수 있게 되었다.

역사는 반복된다고 흔히들 말하는데, 인간을 둘러싼 운명의 수레바퀴는 참으로 자주 같은 일을 반복하는 듯하다. 전에는 이에야스가 이마가와 씨에게 인질로 가려다 오다 씨에게 빼앗겼고, 이후 셋사이 장로에 의해서 오다 노부히로와 교환되었다. 동서의 위치가 바뀌기는 했으나 그와 같은 일이 그대로 다시 일어난 것이었다. 지난날의 일을 떠올렸을 이에야스는 어떤 감회에 빠졌을까? 기뻐한 것은 이에야스 한 사람만이 아니었다. 노부나가도 역시 크게 축복했으며, 자신의 딸을 타케치요에게 주겠다고 약속했을 정도였다.

인연의 끈을 완전히 끊어버린 이에야스는 점차 그 촉수를 동쪽으로 뻗어 이마가와 씨의 영토를 침략하기 시작했다. 이에야스는 사카이 타다쓰구에게 명령하여 토조를 지키게 한 뒤, 자신은 우시쿠보(牛久保)·요시다를 공격했으며, 이치노미야(一の宮)에 성을 쌓고 혼다 햐쿠스케 노부토시(本多百助信俊)에게 지키게 했다. 1만 2천의 병력을 이끌고 온 우지자네는 타케다 신겐의 아버지인 노부토라에게 8천을 주어 유격대로 삼고, 자신은 이치노미야 성을 포위했다. 이에야스 역시 원군을 이끌고 가서 양군이 드디어 결전을 치를 것처럼 보였으나 우지자네 스스로 포위를 풀고 물러났기에 일이 거기까지는 이르지 않았다.

그러나 이 무렵 카이도의 풍운은 매우 급박하게 움직이고 있었다. 노부토라는 신겐의 아버지로 신겐에게 쫓겨나 이마가와 씨의 식객으로 머물고 있기는 했으나, 그것은 코슈의 책략 가운데 하나일 뿐, 크고 작은 스루가의 동정을 신겐에게 빠짐없이 은밀하게 알려주고 있다는 유언이 파다하게 퍼졌기에 의구심을 떨치지 못한 우지자네가 마침내 이치노미야의 포위를 풀고 자신의 쿠니로 돌아간 것이었다.

이에야스에게 있어서 이는 절호의 기회였다. 그는 이 기회를 놓치지 않고 토미나가(富永) 성을 공격했으며, 야와타(八幡)와 사와키(佐脇)의 요새 2개를 빼앗아 코사카이에게 요새를 지키게 하고, 우시쿠보의 성주인 마키노 나리사다(牧野成定)를 항복케 했으며, 이듬해인 에이로쿠 6년 (1563) 6월에는 나가사와의 성주인 마쓰다이라 야스히라(松平康平)로 하여금 마쓰다이라 코레타다(松平伊忠)를 돕게 하여 방비를 엄중하게 하는 등 동방 경략을 위한 발걸음을 착착 밟아나가고 있었다.

에이로쿠 6년 7월 6일, 요시모토가 지어준 이름이었던 모토야스를 이에야스로 바꾸었다. 이마가와 씨와의 모든 관계를 끊은 지금, 오와리에 인질로 잡혀 있을 때 검은 개똥지빠귀를 보고 자력갱생의 신천지에서 독자적인 모습을 보이겠다고 했던 말을 그대로 실현한 것이라고 할 수 있으리라.

이러한 때에 뜻밖에도 내란이 일어났다. 유명한 미카와 잇코잇키[77]였다. 사건은 사자키(左崎) 성을 지키고 있던 스가누마 사다아키(菅沼定顯)가 식량이 부족해지자 영내에 있는 절인 조구지(上宮寺)의 쌀과 좁쌀을 몰수한 데서 비롯되었다. 이 처치에 격노한 절의 승려들이 노데라무라(野寺村)의 혼쇼지(本証寺), 하리자키무라(針崎村)의 쇼만지(勝鬘寺) 등의 응원을 받아 승병을 이끌고 사자키로 공격해 들어갔다. 그 기세가 심상치 않았기에 도저히 승산이 없다고 판단한 사다아키는, 이 사실을 사카이 마사치카(坂井正親)에게 보고했다. 사다아키의 보고를 들은 마사치카는 일이 난처하게 됐다고 생각했으나, 사람을 보내서 승려들을 설득하기로

---

77) 一向一揆. 무로마치 · 전국시대에 킨키 · 호쿠리쿠 · 토카이 지방을 중심으로 일어났던 잇코슈(一向宗) 승려와 신도들의 잇키(무장봉기). 1580년에 오다 노부나가가 이시야마 혼간지와 벌인 이시야마 전투를 마지막으로 막을 내렸다.

했다. 그러나 어떠한 말도 듣지 않는 승려들이 그의 사자까지 베어버렸기에 일이 커지고 말았다. 이에야스가 바로 명하여 거기에 관계한 승려들을 전부 잡아들이자 그들은 더욱 분노하여 사방으로 격문을 보냈고, 본격적으로 거병하여 일이 더욱 복잡하게 되어버렸다.

기세가 날카롭던 신진 영웅 이에야스에게 있어서 승병의 봉기 정도는 아무것도 아니었을 것이라고 생각하기 쉬우나, 당시의 승병 때문에는 천하의 오다 노부나가도 꽤나 골머리를 썩어 통일의 대업을 늘 방해받았을 정도였다. 멀리로는 불교가 전래되었을 무렵의 소가(蘇我) 씨와 모노노베(物部) 씨의 다툼에서부터 태평세상이 된 토쿠카와 시대의 시마하라의 난(島原の乱)에 이르기까지, 종교를 등에 업은 전란은 매우 뿌리 깊게 계속되어 왔다.

중놈들이 뭐 그리 대수냐며 노부나가도, 이에야스도 우습게보고 시작했으나 어처구니없을 정도의 역습을 받았으니, 종교라는 것이 사람의 마음을 얼마나 단단히 붙드는지는 이러한 예로도 분명히 알 수 있으리라.

이에야스도 물론 그렇게 커다란 사건이 될 줄은 꿈에도 생각지 못하고 간단하게 처리할 요량으로 폭동을 일으킨 승려들을 잡아들인 것이었으나, 그것이 뜻밖에도 커다란 소동이 되어버리고 말았다. 그도 그럴 것이,

자신의 가신들이 그 종문으로부터 격문을 받아들자 지금까지의 주종관계는 헌신짝처럼 내던지고 봉기한 쪽의 편을 들기 시작했기 때문이었다. 개중에는 오오미 토로쿠(大見藤六)라는 자처럼 전날 밤까지 이튿날을 위한 군사회의에 가담했다가 그날 밤에 무장봉기 세력 쪽으로 돌아선 자도 있었기에 영내는 더욱 어지러워져 잇키파와 이에야스파 2개로 나뉘었고 어제까지 서로 얼굴을 맞대고 있던 친구, 부자가 서로 갈라서서 칼을 가는 모습까지 보이게 되었다. 신앙의 힘이란 참으로 무시무시한 것이다.

이처럼 이에야스에게서 등을 돌리고 무장봉기 세력의 편을 든 자들 가운데 사카이 타다나오는 우에노에서, 키라 요시아키는 토조에서 할거했으며, 아라카와 요시히로(荒川義広)는 야쓰오모테(八面)에서 할거했고, 마쓰다이라 이에쓰구(松平家次)는 사쿠라이에서, 나쓰메 요시노부(夏目吉信)는 노바에(野羽江)에서, 마쓰다이라 산조(松平三蔵)는 오오쿠사(大草)에서 할거하는 등 속속 무장봉기 세력의 편을 들기 시작했다. 이에 이에야스는 타케야, 카타하라, 후카미조, 니시오(西尾), 도이(土井), 카미와다, 코리키(高力), 쓰쓰바리(筒針), 후지이, 후쿠가마 등에 각 장수들을 배치하여 빈틈을 보이지 않았으며, 스스로는 오카자키에 진을 치고 사카이 타다쓰구, 이시카와 카즈마사 등을 이끌며 그 총지휘에 임하는 등 그들의 섬멸을 꾀했다.

잇키 세력이 아무리 강하다 할지라도 결국 그들은 무장봉기에 지나지 않는다. 전투를 위한 진이 이 정도로 완비되었으니 패배는 이제 시간문제라고 할 수 있을 터였다. 곳곳의 요새가 혹은 떨어지고, 혹은 항복을 했기에 에이로쿠 8년(1565)에는 그렇게 혼란스러웠던 무장봉기도 완전히 그쳐버리고 말았다.

무장봉기가 가라앉음과 동시에 이에야스는 혼다 시게쓰구, 코리키 키요나가(高力淸長), 아마노 야스카게 세 사람을 부교[78]로 삼아 정치와 형벌을 관장하게 했다.

12월에는 이마가와 우지자네가 이이오 무네자네(飯尾致眞)를 유인하여 죽였기에, 거기에 원한을 품은 이이오의 가신이 히키마(引馬) 성을 이에야스에게 바쳤다. 이것이 훗날의 하마마쓰(浜松)로 이에야스의 동방 경략을 위한 절호의 땅이 되었다.

이듬해인 에이로쿠 9년 12월 29일에는 조정으로부터 종5위하를 서임했고 미카와노카미에 임명되었으며, 옛 성인 토쿠가와로의 복귀를 허락받았다. 이렇게 해서 비로소 토쿠가와 이에야스라는 이름이 생겨나게 된 것이다. 이듬해인 에이로쿠 10년(1567)에 노부나가는 이를 축하함과 동시에 이미 약속한 대로 자신의 딸을 노부야스에게 시집보내 두 집안의 사이가 더욱 긴밀해졌고, 서로에게 의지하여 패업을 달성하기 위한 적극적인 행보가 마침내 그 서막을 열게 되었다.

그렇다면 이 무렵 천하의 형세는 어땠는지 잠시 풍운의 흐름을 관측해 보기로 하겠다.

---

78) 奉行. 행정사무를 담당하던 각 부처의 장관.

3. 광란의 소용돌이

마치 하늘의 뭇별들처럼 서로 그 빛줄기의 예리함만을 유일한 자랑으로 여기고 있던 영웅들은, 그저 지방에서 할거하며 작은 껍데기 속의 주인이 되는 것에만 만족하지 않고 마침내는 그 눈을 전국으로 돌려 중앙으로의 진출에 뜻을 두게 되었다.

그 무렵 쇼군 요시테루(義輝)는 미요시 요시쓰구(三好義次)·마쓰나가 히사히데(松永久秀) 등의 공격을 받아 자결했고, 요시아키(義昭)는 달아났으며, 그 혼란을 틈타 미요시와 마쓰나가 사이에서 쟁투가 일어났고, 호소카와 후지타카(細川藤孝)·아사쿠라 요시카게(朝倉義景)·호라가토우게(洞ヶ峠)의 쓰쓰이 준케이(筒井順慶)·키타바타케 토모노리(北畠具教)·하타케야마 타카마사(畠山高政)·하타노 하루미치(波多野晴通)·롯카쿠 요시카타(六角義賢) 등의 군소 영웅이 무너져가고 있는 아시카가 쇼군을 둘러싸고 간계를 꾸미며 밀착하기도 하고 이간하기도 하고 화목하기도 하는 등, 쇼군이라는 절호의 먹잇감을 중심으로 그 야심을 채우기에 광분했다. 거기에 더해 엔랴쿠지(延暦寺)·시기산(信貴山)·코후쿠지(興福寺)·네고로지(根来寺)의 승려들이 서로 뒤엉켜 쿄토는 그야말로 소용돌이의 중심지가 되어버리고 말았다.

그러나 그 소용돌이는 건설의 소용돌이가 아니라 오히려 몰락의 소용돌이였다. 제아무리 세력이 미약하다 할지라도 쇼군으로서의 지위가 붕괴되면 상당한 먼지가 일어날 것은 당연한 일이었다. 쿄토를 중심으로 한 킨키79) 지방 여러 호족의 이러한 쟁투는 요컨대 쇼군 붕괴의

한 과정에 지나지 않았다. 물론 그들에게 그러한 자각은 없었을 테지만, 설령 교묘한 책모가 성공을 거두어 쇼군의 자리를 빼앗았다 할지라도 그것은 곧 아시카가 씨의 전철을 밟는 것 외에 아무것도 아니었으리라. 그들에게는 갈라진 천하를 통일할 만큼의 실력이 없었기 때문이었다. 잔꾀를 부리거나 간사한 술책을 쓸 수는 있었으나 정면에서 당당하게 천하를 노려볼 만큼의 힘은 조금도 가지고 있지 않았던 것이다.

누가 뭐래도 힘은 지방에 있었다. 요충지를 차지하고 대자연 속에서 자란 자만이 참된 저력을, 대업을 이룰 잠재력을 가지고 있었다. 이러한 정세를 놓고 봤을 때 중앙 각 호족의 동란을 뿌리까지 파괴할 수 있는 커다란 힘을 가진 인물에 대한 요구는 필연적인 것이었다. 커다란 인물이여 나오라. 그리고 천하를 통일하라. 이는 가뭄에 단비를 기다리는 것과도 같은 국가 일반의 요망이었다.

특히 아시카가 요시아키는 무너져가는 가운을 만회하기 위해서 요청에 응해줄 만한 호족에게는 어떠한 차별도 두지 않고 편지나 사람을 보냈다. 오로지 쿄토를 진정시키기 위해서 자신을 쇼군으로 옹립하기에 노력해달라고 동분서주하는 모습은 딱하다기보다 오히려 비참하기까지 했다. 그가 주목한 지방의 영웅은 우에스기 켄신, 타케다 신겐, 오다 노부나가였다. 다시 말해서 자신을 옹호해주기만 하면 누가 됐든 상관없는 일이었던 것이다.

이러한 쇼군의 유혹이 지방 영웅들의 마음을 얼마나 흔들어놓았을지. 그들은 앞 다투어 쿄토로 들어갈 대책을 세웠으나 아침저녁으로 급변하는 전국의 세상, 천하의 형세는 좀처럼 뜻대로 움직여주지 않았다. 그들이 한 걸음이라도 서쪽으로 향하면 곧 그 빈틈을 노릴 것이 뻔한, 한시도

---

79) 近畿. 쿄토, 오오사카를 중심으로 한 그 주변의 지역. 쿄토, 오오사카, 시가 현, 효고 현, 나라 현, 와카야마 현, 미에 현을 일컫는다.

방심할 수 없는 시대였기에 매우 탁월한 인물이 아니고서는 아무런 지장도 없이 쿄토로 들어가기란 쉬운 일이 아니었다. 그랬기에 권모술수의 다툼이 전개되었다. 온갖 책략을 동원하여 자신을 한 걸음이라도 쿄토에 가까워지게 하려고 각 영웅 사이에서 연합과 제휴가 계획되었다.

여동생이나 자식들이 그러한 동맹을 위해 아낌없이 희생되었다. 정략결혼을 통해 인척관계를 맺음으로 해서 자신의 안전을 도모했을 뿐만 아니라 잠시 동안의 예방책으로 그러한 교섭이 마구 행해졌다. 오다 노부나가도, 타케다 신겐도, 호조 우지마사도, 토쿠가와 이에야스도, 토요토미 히데요시도, 그 외의 모든 영웅이 자연스럽게 그렇게 했으며, 그런 양자의 관계가 깨지면 이번에도 역시 당연하게 그들을 희생양으로 삼았다.

우에스기, 호조, 타케다, 이마가와 네 집안은 서로 동맹을 맺기도 하고 등을 돌리기도 했으며, 거기에 미카와의 이에야스 역시 우에스기 가에 추파를 던지기도 하고 호조 씨와 타케다 씨의 안색을 살피기도 했다. 우지야스(호) 부자가 신겐(타)의 원조를 받아 우에스기 테루토라(켄신)를 우마야바시(厩橋)에서 공격했으며, 신겐(타)이 자신의 아들인 요시노부(義信)를 죽이고 그 부인을 이마가와 씨에게로 돌려보냈기에 화가 난 우지자네(이)는 영내의 소금을 카이노쿠니(타)에 보내는 것을 금했고, 그 때문에 산간지방의 신겐은 커다란 타격을 입었으나 결국 카스가야마(春日山)의 명장인 켄신(우)이 자기 쿠니의 소금을 제공하여 영웅으로서의 태도와 이름을 드높인 일도 있었다.

에이로쿠 8년(1565)에 신겐의 아들 카쓰요리(勝賴)에게 양녀를 시집보낸 노부나가는 에이로쿠 10년(1567)이 되자 신겐의 딸을 며느리로 맞아들이기 위해 신겐의 허락을 받고 폐물을 교환하는 등, 노부나가는 이에야스 외에도 타케다 씨와 손을 잡아 동방으로부터의 항쟁을 완화함으로 해서 미노, 오우미, 이세 등에 자신의 힘을 쏟아부었고, 이에야스는 노부나가와 협력하여 이마가와 씨에 맞섰으며, 멀리 에치고 카스가야마의 켄신(우)과도 좋은 관계를 유지했다. 우지자네(이)는 호조 씨와 제휴하고는 있었으나, 서쪽에는 신흥세력인 이에야스가 있었으며, 인척이었던 신겐(타)과의 사이가 끊어졌기에 에치고(우)와 간신히 연락을 주고받았을 뿐이었다. 신겐(타)은 호조 씨, 노부나가(오)와 손을 잡고 있기는 했으나 남북으로 적을 두었기에 켄신(우)과 우지자네(이)에게 신경을 쓰지 않을 수 없었다. 호조 씨는 타케다 씨와 손을 잡고 이마가와 씨와 동맹을 체결하고 우에스기 씨와 다퉜으며, 켄신(우)은 또 이에야스 및 우지자네(이)와 손을 잡고 신겐(타)과 호조 씨와 맞서는 등, 이들 관계를 보면 참으로 복잡할 만큼 뒤엉켜 있었으나, 이 역시도 무슨 일이 벌어지면 하루아침에 어떻게 변할지 모를 것이었다. 그야말로 누란지세(累卵之勢)와도 같은 동맹의 체결이자 교섭이었다. 이러한 가운데 끝까지 동맹을 유지하여 서로 의지하고 서로 도우며 양자의 목적을 관철시킨 것은 노부나가와 이에야스 두 사람뿐이었다.

이렇게 해서 동방으로부터의 우환은 전부 이에야스에게 맡기고 노부나가는 쿄토로 들어가서 요시아키를 쇼군의 자리에 앉혔으며, 황실에 헌금하고 황실의 땅을 회복시켜 천하통일의 대업도 마침내 서광을 보게 되었다.

4. 엔슈 경략

우지자네(이)가 어리석다는 일반적인 평가에 주위 영웅들은 그의 영지를 노리기 시작했다. 슨푸(이)로 자신의 아버지인 노부토라를 몰아낸 타케다 신겐은 그 노부토라로부터 얻은 정보를 통해서 이마가와 가에 대한 정황을 자세히 알자마자 엔슈 경략의 야심을 착착 드러내고 있었다.

에이로쿠 11년(1568) 12월, 신겐이 이에야스에게 사자를 보내와, '지금 우지자네는 유연(遊宴)에 빠져 사람들의 마음이 나날이 흩어지고 있기에 방비가 갖추어져 있지 않소. 그를 공략하기에 지금보다 더 좋은 때는 없을 듯하오. 귀하는 이를 어떻게 생각하시는지. 만약 귀하께서도 나의 말에 동의하신다면 내가 북쪽에서 이마가와 씨를 압박할 테니, 귀하께서는 서쪽에서 군대를 움직이시오. 그렇게 하여 오오이가와를 경계로 그 동쪽은 내가, 서쪽은 귀하께 분할하는 것은 어떠신지?' 라고 말했다.

꽤나 좋은 조건이었다. 이에야스는 그렇게 하겠다고 승낙했다. 이에야스의 이 승낙은 물론 신겐의 속내를 꿰뚫어보고 내린 결론이었다. 신겐이 그런 달콤한 미끼를 제시하여 이에야스에게 이마가와 씨의 배후를 치게 한 것은, 그렇게 하여 슨슈 경략을 용이하게 하겠다는 속셈이었다. 그것을 이미 읽고 있었으면서도 그렇게 하겠다고 대답한 이에야스였다.

토쿠가와의 반응이 좋다고 판단하자마자 신겐은 12월에 스스로 군대를 이끌고 스루가(이)로 침입해 들어갔다. 놀란 것은 우지자네였다. 신겐이 칸바라(蒲原)에 진을 친 것에 대해서 스스로는 오키쓰(興津)의 세이켄지(淸見寺)까지 나갔으며 따로 부장 이하라 아와노카미(庵原安房守)로 하여금 삿타야마(薩埵山)에 진을 치고 이를 막게 했다.

　그러나 이 얼마나 비참한 일이란 말인가. 지금의 우지자네는 마치 호랑이나 승냥이 속의 어린 양 같은 처지였다. 지략과 수완을 겸비하여 세상에 이름 높은 신겐 앞에서 어떤 위력을 발휘할 수 있겠는가. 그야말로 고양이 앞의 쥐 같은 꼴이었는데, 그나마 궁지에 몰린 쥐가 고양이를 무는 정도의 기개조차 가지고 있지 못했다. 게다가 신겐의 기지와 책략이 종횡으로 행해져 휘하의 장수 대부분이 매수되었기에 주장의 아래에 순수한 충성심을 품은 인사는 그림자조차 찾아볼 수 없었다. 이렇게 되었으니 대장 혼자서 싸울 수는 없는 일이었다. 어쩔 수 없이 슨푸로 퇴각했으며 그곳도 위험하다고 느꼈기에 토키(土岐)로 달아났고, 다시 카케가와(掛川) 성으로 들어가 아사히나 빗추노카미(朝比奈備中守)에게 의지하여 마침내 괴로웠던 한숨을 돌릴 수 있게 되었다. 승세를 몰아 그 뒤를 쫓던 카이(甲) 군이 단번에 슨푸(이)를 점령해버렸다.

　각 영웅들 사이에서 간신히 유지되던 균형이 신겐의 스루가 침략으로 인해 곧 깨져버리고 말았다. 가장 먼저 위협을 느낀 것은 오다와라의 호조 씨였다. 타케다 씨가 스루가를 침범했다는 사실은 그리 대수롭지 않게 볼 일이 아니었다. 곧 해륙 양군을 동원하여 스루가로 침입해 들어갔다. 어린아이의 손목을 비틀듯 너무나도 간단히 이마가와 씨를 처리한 신겐도 여기에는 약간 애를 먹었다. 장소가 다른 쿠니였으며 게다가 병사들도 상당히 지쳐 있었다. 우지야스(氏)의 수완 역시 우습게 볼 수는 없었다. 이에 신겐은 호조 씨에게 흥미로운 협정문을 보냈다.

　'이마가와 씨는 도저히 도움이 될 만한 자가 아닙니다. 따라서 귀하는 동쪽에서 공략하시어 후지가와(富士川) 동쪽을 영유하시기 바랍니다. 그러면 저는 후지가와 서쪽을 영유하겠습니다.'

　이에야스에게 보냈던 것과 완전히 똑같은 내용이었다. 게다가 여기에 따르면 이에야스의 영토는 곧 신겐의 영토로 당장에 바뀌지 않으면 안 될 터였다. 그러나 상대가 호조 씨고, 특별히 이에야스에게 보여줘야 할 성질의 것도 아니었기에 상관은 없었지만 이에야스가 이 사실을 알았다면 신겐은 뭐라고 대답했을지.

하지만 이러한 조건도 이에야스 때처럼은 먹히지 않았다. 호조 씨는 단호하게 거절했다.

'이마가와, 호조, 타케다는 인척관계가 아닙니까. 그것을 분할할 이유가 어디에 있습니까?'

즉석에서 사자를 이즈에 유폐시키고 우지마사(호) 스스로 미시마로 출진했으며, 동생인 우지토키(氏時)는 칸바라로 출진케 했고, 별동대로 수군 300척을 내어 카케가와 성을 돕게 했다. 곧 우지마사 자신이 대군을 이끌고 삿타야마로 가서 타케다 노부토요(武田信豊)를 물리쳤으며, 오키쓰를 방어하고 있던 신겐의 군까지 멋지게 격파했다. 여기에는 천하의 신겐도 애를 먹었다. 온갖 수단을 다 동원해서 맞선 지 100일이 지났으나 식량이 완전히 떨어져버렸기에 기껏 빼앗은 슨푸를 참으로 아깝게 되었다는 듯 돌아보며 어쩔 수 없이 퇴각할 수밖에 없었다.

이러한 동안에 가만히 앉아 있기만 할 이에야스가 물론 아니었다. 사카이 타다쓰구를 토오토우미로 보냈으며, 노부나가와 상의한 결과 스가누마 사다미쓰 · 이마이즈미 노부히로(今泉延伝) 등에게 이마가와 씨의 부장인 스가누마 타다히사(菅沼忠久) · 콘도 야스모치(今藤康用) · 스즈키 시게미치(鈴木重路) 등을 설득케 하여 아군으로 삼았으며, 이들을 선두로 이이다니(井伊谷) 성을 빼앗고, 오사카베(刑部) · 시라스가(白須賀) · 우즈야마(宇津山) 각 성까지 공격했으며, 더욱 나아가 히키마 성을 함락시키고 이리야마즈(不入斗)에 이르렀으며 카케가와 성까지 공격했다. 성의 장수는 아사히나 빗추노카미 야스토모(泰朝)였는데 사력을 다한 방어전에 미카와 군도 단번에 성을 함락시킬 수는 없었다.

카케가와 성 공략에 날을 보내고 있을 무렵, 신겐(ᄐ)은 약속에 위반되는 행동을 착착 진행해나가고 있었다. 그는 이에야스에게 오오이가와 서쪽을 양보하겠다고 협약했으나 이에야스가 한 걸음 한 걸음 앞으로 나아가는 모습을 보고는 갑작스럽게 태도를 바꾸었다. 엔슈를 그렇게 빨리 경략한다는 것은, 신겐에게 있어서 그리 좋을 것 없는 일이었다. 이에야스에게 그렇게 말하기는 했지만 애초부터 결국에는 자신이 손에 넣겠다는 것이 주요한 목적이었는데, 거침없이 공격해 들어온다면 자신의 지분이 줄어들 터였다. 이에 암암리에 이에야스의 침략을 방해하려는 의도를 가지고 부장인 아키야마 노부토모(秋山信友)가 신슈 이나군에서 엔슈로 들어갔으며, 미쓰케(見附)에 진을 치고 이에야스의 침입을 방해하기 위한 시위운동을 펼쳤다. 이를 보고 화가 난 이에야스가 약속이 다르지 않느냐며 신겐에게 당장 따지자,

"이거 참 난처하게 됐군. 아키야마가 멋대로 내대고 있는 모양이오. 당장 물러나라고 하겠소."라고 딴청을 피웠는데, 그렇다고 해서 아키야마 노부토모가 신속하게 떠날 기미도 보이지 않았다.

그 후, 이에야스는 우지자네(ᄋ)를 카케가와 성에서 공격하는 한편으로 텐노잔(天王山)에서 싸웠으며, 쿠노 무네요시(久野宗能)와 오가사와라 나가타다(小笠原長忠) 등에게 텐노잔·카와다무라(河田村)·소가야마(曾我山) 등의 성을 견제하게 하고 카케가와 성을 포위한 채 장기전에 들어갔다. 그러던 어느 날 성 안으로 사람을 보내,

"……나는 어린 시절 선군이신 요시모토(ᄋ) 공이 길러주신 은혜를 아직도 잊지 못하고 있소. 따라서 만약 내게 엔슈를 할양(割讓)하신다면 호조 씨와 협력하여 타케다 씨를 치겠소. 어떻게 생각하시는지?"라고 묻게 했다. 이 사자를 만난 우지자네(ᄋ)는 당장 호조 우지마사와 상의했고

우지마사도 승낙했기에 오구라 스케히사(小倉資久)를 보내 서약을 맺었다. 이에야스는 바로 카케가와 성을 접수하여 이시카와 이에나리(石川家成)에게 지키게 했으며, 우지자네(이)를 호조 씨에게 넘겨주었다. 이렇게 해서 아주 간단히 엔슈는 이에야스의 손에 들어가버렸다.

주위를 평정한 이에야스는 이듬해인 에이로쿠 13년(1570) 정월에 거성을 오카자키에서 하마마쓰로 옮겼다.

이에 심기가 불편해진 것은 신겐이었다. 자신이 득을 보려다 오히려 이에야스에게만 좋은 일을 시킨 꼴이 되어 버리고 말았다. 말하자면 신겐의 샅바를 두르고 이에야스가 멋지게 씨름을 한 셈이나 다를 바 없었다. 자신이 놓은 덫에 자신이 걸리고, 한 방 먹이려다 자신이 한 방 먹은 셈이었다. 갑자기 기분이 언짢아져 탄식을 한 것도 당연한 일이었다.

게다가 신겐의 형세는 점차 좋지 않은 쪽으로 흘러가고 있었다. 신겐에게 패한 우지자네(이)는 멀리 에치고(우)로 글을 보내 양쪽에서 카이(타) 군을 치자고 했으며, 호조 씨 역시 켄신(우)에게 서장을 보내 서로 출병하여 스루가(이)를 회복할 계획을 세웠다. 그러나 켄신(우)은 호조 씨와 동맹을 쉽게는 맺으려 하지 않았다. 그는 동맹을 맺기 전에 우선 3가지 조건을 달았다.

(1) 우지마사(호)의 아들을 켄신의 양자로 들일 것.

(2) 코즈케, 시모우사80), 무사시, 히타치는 우에스기 가의 옛 영토이니 그것을 반환할 것.

(3) 우지마사 자신이 직접 와서 진을 같이 할 것.

참으로 어려운 조건이었다. 켄신도 당연히 실현되지 않을 것이라는

---

80) 下総. 지금의 이바라키 현.

사실을 알면서도 이렇게 말한 것이니 짓궂다고 해야 하는 것인지. 그러나 호조 씨는 이 어려운 조건을 단호하게 거절하지 못할 만한 입장에 있었다.

자칫했다가는 에치고(우)와 사가미(호)가 동맹을 맺을지도 모를 일이었다. 이 미묘한 관계는 신겐(타)도 진작부터 알고 있었다. 에치고(우)와 사가미(호)가 동맹을 맺으면 아무리 신겐이라 할지라도 궁지에 몰릴 수밖에 없기에 그는 자신 나름대로의 운동을 펼친 결과 노부나가에게 청하여 쇼군 요시아키가 켄신(우)에게 코에쓰 연합을 권하는 글을 보내게 했다. 켄신도 역시 이러한 관계를 숙지하고 있었기에 요시아키의 명령에 따를 듯한 모습은 보이지 않았으며 오히려 호조 씨에 대해서 앞의 조건에 대한 회답을 재촉했다. 그러나 호조 씨도 호조 씨여서, 당장에라도 그 요구를 들어줄 듯하면서 자꾸만 에치고(우) 군의 출병을 독촉했다. 이렇게 되면 그야말로 여우 대 너구리의 지혜대결이었다.

이러한 술책으로 시일을 보내고 있는 사이에 삿타야마의 대진도 어느 틈엔가 풀려 신겐(타)과 우지마사(호) 모두 병사를 물렸으나 신겐이 다시 올 것은 자명한 사실이었기에 마음 편히 있을 수 없었던 우지마사는 한층 더 적극적으로 켄신(우)의 마음을 흔들었고 켄신 역시 승낙했기에 마침내 에치고(우)와 사가미(호) 양자 간의 동맹이 성립되었다.

사면초가에 빠진 신겐(타)이었으나 그 정도로 기가 죽을 만한 영웅은 아니었다. 그처럼 위험한 정세 속에 있었으면서도 돌연 공세로 전환했다. 물론 늘 공세로 나서는 것이 신겐의 전략이었으며, 거기에 전술가로서 탁월한 점이 있는 신겐이었다. 어디까지나 호조 씨와 결전을 치르겠다는 듯 코신81)의 병사들을 이끌고 후카자와(深澤) 성을 공격했으며, 니라야마(韮山)를 압박했고, 미시마에 불을 질렀으며, 카와나리시마(川成島)까

---

81) 甲信. 카이노쿠니와 시나노노쿠니를 아울러 이르는 말.

지 밀고 들어갔다. 이때 호조 우지야스는 마침 불어온 바람을 타고 큰 비가 내리자 갑작스럽게 습격을 가해 멋지게 성공을 거두었고, 신겐은 자신까지 도주해야 할 정도의 패배를 맛보았다. 이에 우지야스는 칸바라 코코쿠지(興国寺), 누마즈(沼津) 산마이바시(三枚橋) 등에 병력을 증강하여 방어를 위한 전열을 가다듬었다.

슨슈(호)의 대비가 굳건하다고 본 신겐은 곧 거침없는 기책(奇策)을 펼치기 시작했다. 방향이 전혀 다른 무사시 쪽으로 출병하여 타키야마(滝山) 성을 공격했으나 성의 장수인 호조 우지테루(北条氏輝)가 잘 방어했기에 도저히 이를 무너뜨릴 수 없었다. 그러자 다시 방향을 틀어 오다와라(호)로 가서 성 부근의 마을에 불을 질러 도발했으나 우지마사(호)는 굳이 싸움을 하려들지 않았다. 신겐도 혼자서는 싸울 수 없었기에 물러나기 시작했다. 그냥 내버려두었으면 좋았을 것을, 이를 본 호조 군은 타케다 군이 달아나는 것이라 생각하여 추격을 시작했고 미마세토우게(三増峠)에서 싸워 오히려 크게 패하고 말았다.

12월이 되자 신겐(타)은 스루가(호)로 침입하였다. 이번에는 기세가 매우 높아서 단숨에 칸바라 성을 함락시키고 성의 장수인 호조 우지토키를 죽였으며, 슨푸와 오다와라의 연락을 끊고 슨푸 성으로 밀고 들어가 오카베 마사쓰나(岡部政綱)를 항복하게 만들었으며 아베 모토자네(阿部元真)를 몰아내 슨슈를 완전히 회복했다.

이에야스 역시 오카자키를 떠나 히키마 성에 머물며 엔슈를 완전히 손에 넣은 상태였기에 이제 두 세력의 충돌은 피할 수 없는 상태가 되어버리고 말았다.

5. 아네가와 전투

신겐과의 위기가 점차 다가오고 있을 무렵, 이에야스는 노부나가의 갑작스러운 부탁을 받아 홋코쿠[82])로 출병하지 않을 수 없었다.

이에 앞서 노부나가는 쿄토를 중심으로 한 지방의 영웅들을 정벌하고 있었는데 에치젠의 영주인 아사쿠라 요시카게만은 쉽사리 노부나가를 따르려 하지 않았다. 이는 쇼군 요시아키가 예전에 요시카게에게 몸을 의탁한 적이 있었고, 오다 씨와 아사쿠라 씨는 예전에 함께 칸료[83])인 시바(斯波) 씨를 섬겼기에 이제 와서 앞날이 뻔한 쇼군이나 노부나가에게 묶이기는 아무래도 싫었던 것이리라. 이에 쓰루가(敦賀), 카네가사키(金ヶ崎), 테즈쓰(手筒) 등의 각 성에 대한 방비를 단단히 하고 본격적으로 반항의 기세를 올리기 시작했다. 이렇게 된 이상 이제는 무력을 사용할 수밖에 없었기에 마침내 에치젠 토벌을 위한 상의에 들어갔는데 부하 가운데 한 사람이,

"아사쿠라 가와 아사이(浅井) 가는 참으로 오랜 동안 친교를 맺어왔으니 에치젠 토벌에 앞서 일단은 아사이 씨와 상의하여 동의를 얻는 편이 좋을 듯합니다."라고 말했다. 이에 노부나가는,

"아닐세, 나와 아사이 나가마사(浅井長政)는 인척관계에 있으니 이견은 없을 걸세."

---

82) 北国. 와카사, 에치젠, 카가, 노토, 엣추, 에치고, 사도 7개 쿠니를 일컫는 말. 혹은 북쪽 지방.
83) 管領. 쇼군을 보좌하여 정무를 담당하던 직명.

아사이 씨에게는 단 한마디의 말도 없이 미카와의 이에야스에게 원군을 부탁하여 겐키(元亀) 원년(1570) 4월에 에치젠 토벌군을 일으켰고 오우미와 와카사[84]를 지나 에치젠으로 들어갔다. 시바타 카쓰이에(柴田勝家), 이케다 노부테루(池田信輝), 키노시타 히데요시(木下秀吉) 등의 장수들이 신속하게 테즈쓰 성을 포위했으나 지세가 험하고 성은 견고했기에 한때는 고전을 면치 못했지만 다행히도 이에야스가 원군을 이끌고 왔기에 마침내는 이를 떨어뜨렸으며 승세를 몰아 산으로 이어져 있는 카네가사키 성을 점령하고 더욱 깊이 들어가 요시카게의 본거지인 이치조다니(一乘谷)로 밀고 들어가려 한 순간,

"오우미의 아사이 씨가 요시카게에 응해서 군대를 일으켜 노부나가의 뒤를 끊을 준비를 하고 있다."는 첩보가 날아들었다.

노부나가와 부하들은 놀라지 않을 수 없었다. 멀리 홋코쿠까지 들어온 지금 그 퇴로가 막힌다면 진퇴양난에 빠질 터였다. 처음 이 보고를 접했을 때 노부나가는 아무래도 믿을 수가 없었으나, 거듭되는 보고에 그것이 진실임을 알고 천하의 노부나가도 결사의 각오를 하지 않을 수 없었다.

노부나가의 여동생이 아사이 나가마사에게로 시집을 갔는데 어째서 이런 일이 벌어진 걸까? 그것은 매우 사소한 부주의에서 비롯된 일이었다. 노부나가가 아사쿠라 군을 공격한다는 소식을 들은 나가마사의 아버지 히사마사(久政)가 크게 화를 내며,

"아사이 가와 아사쿠라 씨는 할아버지 때부터 친분을 유지하고 있는데 우리 집안에 단 한마디 말도 없이 아사쿠라 씨를 공격하다니, 이는 노부나가의 안중에 아사이 집안은 이미 없다는 증거다. 벌써부터 이런다

---

84) 若狭. 지금의 후쿠이 현 서부. 자쿠슈(若州).

면 훗날 아사쿠라 가가 멸망한 뒤에는 그 창끝을 반드시 우리 집안으로 향할 것이다. 그때 가서 아사쿠라 가의 전철을 밟느니 지금 아사쿠라 씨와 동맹을 맺어 노부나가를 없애는 편이 낫다."라고 말했다.

여기에는 나가마사도 달리 방법이 없었기에 아버지의 명령에 따라 요시카게와 제휴하여 뒤에서부터 협공할 계획을 세운 것이었다. 아무리 커다란 둑도 개미구멍 하나 때문에 무너진다는 말처럼, 늘 세심한 주의를 잊지 않았던 노부나가도 뜻밖의 곳에서 뜻밖의 인물에 의해 반역을 맞게 된 것이었다. 이에 일단은 죽음을 각오했으나 이에야스의 권유에 따라 우선은 쿄토로 물러나기로 하고 하시바 히데요시[85]에게 후미를 맡긴 뒤 퇴각을 시작했다.

싸움의 목표가 갑자기 바뀌어 아사이 씨에 대한 노부나가의 적개심이 이때부터 본격적으로 전개되기 시작했다. 그는 자신의 근거지인 기후(岐阜)와 쿄토 사이의 연락이 끊기지 않도록 하기 위해 비와코(琵琶湖) 호수의 남쪽에서부터 동쪽에 걸쳐 유명한 부장들을 배치했다. 사카모토(坂本) 방면에 모리 나가요시(森長可), 세타(勢多)에 야마오카 카게타카(山岡景隆), 나가하라(永原)에 사쿠마 노부모리(佐久間信盛), 초코지(長光寺)에 시바타 카쓰이에, 아즈치(安土)에 나카가와 시게마사(中川重政) 등을 배치했다.

노부나가에 의해 자신의 성에서 쫓겨난 롯카쿠 쇼테이(六角承禎)는 어떻게 해서든 노부나가를 멸망시키고 싶다며 활발하게 책모를 꾸민 결과 아사이 씨와 손을 잡고 옛 신하들을 모았으며 지역의 사민들을 부추기고 에치젠의 아사쿠라 씨와 연통하여 반노부나가 연합군을 형성했다.

---

85) 앞의 키노시타 히데요시, 하시바 히데요시 모두 토요토히 히데요시의 이전 이름이다.

겐키 원년(1570) 6월, 쇼테이는 아들 요시스케(義弼)에게 명령하여 초코지를 포위하게 했다. 수장은 노부나가 휘하의 장수로 이름을 날리고 있는 시바타 카쓰이에였다. 숨 쉴 틈도 주지 않고 공격을 퍼부었으나 미동도 하지 않는 성을 보고 요시스케는 약이 올랐다. 뭔가 좋은 방법이 없을까 조바심을 치고 있던 차에,

"성 안에는 우물이 없을 겁니다. 틀림없이 물을 멀리서 끌어오고 있을 겁니다."라고 고한 자가 있었다. 요시스케는 기뻐했다. 당장 가신에게 명령하여 수원지를 찾아내게 했으며 그 수로를 끊어버렸다. 지금까지의 싸움에서 흔히 있었던, 음료수를 끊어 적을 괴롭히는 전법이었다.

그러나 카쓰이에도 그리 만만하지는 않았다. 멀리서 물을 끌어오기에 반드시 이와 같은 어려움을 겪게 되리라 예상하고 커다란 항아리 수십 개에 물을 가득 채워두었으며, 또 빗물을 수조에 모아 만일의 사태에 대비하고 있었다. 그러나 날이 지남에 따라서 빈 항아리의 숫자가 늘어났으며 물이 부족해지기 시작해서 점점 괴로움을 겪게 되었다. 한편 롯카쿠 쪽에서는 이제 물이 떨어졌으리라 생각하여 성의 병사들이 견디지 못하고 나오기를 기다렸으나, 나올 기미가 전혀 보이지 않자 화목을 핑계 삼아 히라이 진스케(平井甚介)를 성 안으로 들어가게 해서 물이 있는지 없는지를 살펴보게 했다. 그 무렵 성 안에는 겨우 몇 개의 항아리에 물이 남아 있을 뿐이었다. 그러나 적의 의도를 알아차린 카쓰이에는 가신들에게 각각 명령을 내린 뒤에 사자를 만났다.

"노고가 많으시오."

카쓰이에는 평소와 다름없는 모습으로 히라이와 대면했다. 히라이가 은밀히 성 안을 둘러보니 한쪽에 커다란 물통이 있었는데 사무라이들이 번갈아 와서는 몸을 씻었다. 그리고 씻기를 마치면 조금도 아까워하는 기색 없이 그 물을 버렸다.

시바타 카쓰이에

'웅? 저들의 모습으로 봐서 물은 아직 마르지 않은 모양이군.'

히라이는 이렇게 생각했으나,

"참으로 죄송한 말씀입니다만, 손 씻을 물을 좀 주셨으면 합니다. 아주 조금이면 됩니다."

"그렇게 하시오."

카쓰이에가 태연하게 손뼉을 쳐서 시동에게 물을 가져오게 했다. 히라이가 보니 대야 속에 가득한 물, 그것을 잠깐 쓰기만 하고 돌려주자 시동은 아까워하는 기색도 없이 그 자리에서 버려버렸다.

'이거 이상한데, 성 안에 우물이 있는 듯해.'

이렇게 생각한 히라이가 자신의 진영으로 돌아가 이러한 내용을 주인인 롯카쿠 쇼테이에게 보고하자,

"그렇다면 성은 아직 쉽게 떨어지지 않을 것이다."라며 크게 낙담했다.

히라이가 돌아가자 카쓰이에는 바로 부하 장병들을 전부 불러모았다. 카쓰이에의 얼굴은 커다란 결단 때문에 열기를 띠고 있었다.

"알고 있는 것처럼 성 안에는 이미 물이 떨어지려 하고 있소 우리가

성을 베개 삼아 죽을 때가 온 것이오. 그대들은 목이 말라 죽겠소, 아니면 싸우다 죽겠소?"

이 한마디가 채 끝나기도 전에,

"애초부터 싸우다 죽을 각오!" 뒤이어 "싸우다 죽자!", "싸우다 죽자!"라는 목소리가 이구동성으로 울려퍼졌다.

"알겠소. 자, 술을 준비하라."

사졸들의 각오에 손뼉을 치며 기뻐한 카쓰이에는 술을 내어 주연을 벌이고 남은 물을 전부 가져오게 했다.

"마지막 술이오, 마지막 물이오. 아쉬움이 남지 않도록 충분히 마시시오."라고 말한 뒤 자신도 커다란 잔에 가득 따라 벌컥벌컥 단숨에 들이켠 카쓰이에를 따라 모두가 충분히 마셨다고 생각하자 자리에서 벌떡 일어나 창을 쥐더니 '에잇'하는 기합과 함께 내지른 창끝이 커다란 항아리를 보기 좋게 깨서, 쫘아 쏟아지는 물소리…….

무슨 일일까 싶어 자리에서 일어난 장병들을 매서운 눈으로 바라보며 시바타는,

"죽음은 이미 결정되었다. 어찌 물에 미련이 있겠는가. 돌진하라!"

이 한마디에 사기가 오른 장병들이 와아 함성을 지르며 적진을 향해 쇄도해 들어갔다. 불의의 공격을 받은 롯카쿠 군, 결사의 각오로 달려든 시바타 군의 기세에 싸움은 이미 결정난 것이나 다를 바 없어서 우왕좌왕하는 적의 목을 700여 급이나 얻었다. 그야말로 전대미문의 대승리였다. 이후 항아리를 깬 시바타라며 이 이야기가 대대로 전해지게 되었다.

<깨지는 항아리 소리보다 높이 울리는 이름은 시바온 공과 시바타 카쓰이에>

×   ×   ×

초코지 성 전투에서의 승리 소식을 접한 노부나가는 마침내 본격적으

로 아사이·아사쿠라 연합군 토벌을 결심하고 하마마쓰에 있는 이에야스에게 원병을 요청하여 오우미로 출진했다.

기후를 출발한 오다 군은 후와(不破)에서 이부키(伊吹) 산록을 따라 북서진하여 아사이 나가마사의 부장 등이 지키고 있는 요코야마(橫山)성을 각 장수들에게 공격케 했다. 성은 아네가와(姉川) 왼쪽 기슭의 험한 절벽에 서 있었는데 오다니(小谷) 성의 외곽을 이루고 있었다. 한 부대가 요코야마 성을 공격하는 동안 본대는 급히 내달려 오다니야마로 가서 성 주위의 마을에 불을 지르고 본성과 대치하여 토라고젠야마(虎御前山)에 진을 쳤으나 나가마사가 자중하여 응전하지 않았기에 전기가 아직 무르익지 않았다고 본 노부나가는 군대를 철수하여 아네가와를 앞에 둔 류가하나(竜ヶ鼻)에 진을 치고 아사이 쪽의 요새인 요코야마 성을 포위했다. 나가마사는 본성인 오다니에서 나와 아네가와를 끼고 류가하나와 마주보고 있는 다이키야마(大奇山)에 진을 쳤다.

시시각각 전기가 무르익고 있었다. 그러한 때에 아사쿠라 요시카게의 일족인 카게타케(景健)가 8천의 병사를 이끌고 와서 아사이 군에 합류했으며, 이에야스 역시 3천의 병사를 이끌고 와서 노부나가 군과 합류했다.

노부나가가 이에야스의 원군을 매우 기뻐하며,

"먼 길 오시느라 수고 많았소. 싸움의 때가 무르익었기에 대부분의 준비는 이미 끝난 상태요. 그대는 유격군이 되어 아군의 약한 부분을 도와줬으면 하오."

노부나가의 이러한 요청을 듣고 이에야스의 어조가 조금 바뀌었다.

"이거 참으로 섭섭한 말씀을 하십니다. 그저 유격대가 되어 적의 옆구리를 찌르기만 한다면 이는 후대까지의 수치가 될 것입니다. 만약 무슨 일이 있어도 그렇게 해야 한다면 당장 미카와로 돌아갈 수밖에 방법이 없을 듯합니다."

"이거, 이거. 그렇다면 아사이는 나의 당면한 적으로 내가 맡고 싶으니 그대는 아사쿠라를 맡아주시기 바라오. 허나 아사쿠라는 커다란 대군이니 내 휘하에 있는 자들을 함께 데리고 가도록 하시오."라고 노부나가가 조금 물러났기에,

"말씀은 감사합니다만 저희는 작은 쿠니여서 소수의 병력에만 익숙해져 있을 뿐, 아직 대군의 지휘에는 익숙하지 않습니다. 게다가 그 마음을 알지 못하는 사람들과 함께 하면 통제가 어려울 듯하니 제 휘하의 병사들만 데리고 가겠습니다. 아사쿠라의 병사가 몇 만이든 반드시 쳐부수도록 하겠습니다."

"그렇다고는 하나 홋코쿠의 대군을 그대에게만 맡긴다면 이 노부나가 역시 웃음거리가 될 테니 걸리적거려 귀찮으시겠지만 한두 사람 정도는 데려가셨으면 하오."

"그렇게 말씀하신다면 이나바 이요노카미 요시미치(稲葉伊予守良通)를 빌려주십시오."

"그는 그렇게 지위도 높지 않고 거느린 자들도 많지 않지만, 원하신다면 데려가도록 하시오."

이렇게 해서 이에야스는 수하의 병사들과 이나바 이요노카미만을 데리고 아사쿠라 군에 맞서기 위해 출발했다.

아사이 군은 아네가와를 사이에 두고 노무라(野村)에 진을 쳤으며 아사쿠라 군은 미타무라(三田村)에 진을 쳤는데 그 총병력은 대략 1만 3천. 이를 본 노부나가는 요코야마 성의 견제를 니와 나가히데(丹羽長秀)에게 맡긴 뒤, 자신은 휘하의 병사들을 이끌고 가서 나가마사를 상대했다. 이에야스는 카게타케 군과 맞섰으며, 우지이에 나오모토(氏家直元), 이가 사다하루(伊賀定治), 이나바 미치토모(稲葉通朝) 등은 유격대가 되었다.

고전할 것은 처음부터 각오하고 있었으나 아사쿠라 군은 8천인데 비해서 아군은 3천. 싸움이 시작되자마자 궁지에 몰리게 되었다. 아군의 형세가 좋지 않다고 본 이에야스는 나가사와 토조(長沢藤蔵)라는 자를 척후로 보냈다. 그가 곧 돌아와서 제2진과 제3진 사이의 연락이 긴밀하지 않다고 보고하자 사카이 타다쓰구, 오가사와라 나가타다, 스가누마 사다미쓰 등을 선진으로 삼아 그쪽을 향해 돌격하게 했다. 선진에 선 맹장과 용사들, 앞 다투어 아네가와를 건너려 했으나 적도 그리 만만치는 않아 맞은편 기슭에서 화살을 쏘아댔기에 쉽게는 맞은편 기슭에 오르지 못했다. 이 모습을 본 제2진의 사카키바라 야스마사(榊原康政)가,

"이 무슨 한심한 꼴이란 말인가!"라며 병사들을 이끌고 강물로 뛰어들어 단번에 선진을 앞지를 듯 보였다.

"제2진에게 잡혀서는 안 된다."

선진에 선 사람들이 함성을 올리고 물보라를 휘날리며 맞은편 기슭으로 뛰어올라 맹렬하게 돌격해 들어가자 아사쿠라 군은 순식간에 무너져 패하고 말았다.

나가마사에 맞선 노부나가 군 역시 고전을 면치 못하고 있었다. 선진은 이미 무너졌으며 적이 본진까지 밀고 들어왔기에 지기 싫어하는 성격의 노부나가가 성이 난 듯 커다란 목소리로 질타하며 분투를 거듭했으나 아군은 더욱 물러날 뿐이었다.

"이 졸장부 같은 놈들."

얼굴 가득 피칠갑을 한 그가 칼을 쥐고 스스로 적 속으로 뛰어들려던 순간, 지금까지 하늘을 찌를 듯한 기세로 밀고 들어오던 아사이 군이 갑자기 주춤하더니 마침내 와 하는 함성에 압도되어 총 퇴각을 시작했다. 바로 기세를 회복한 아군이 추격을 시작하려 했으나 그보다 앞서 추격해 들어가는 부대가 있었다.

"미카와 군이다."

적의 측면을 노린 에야스의 습격이 멋지게 성공을 거두어 그토로 매서웠던 아사이 군이 무너지기 시작한 것이었다. 이는 물론, 아사쿠라 군이 달아나는 것을 보고 덜컥 두려움을 느낀 순간 갑자기 습격을 받았기에 패한 것이리라. 승패는 이미 결정이 난 것이나 다름없었다. 아군이 밀물처럼 요코야마 성으로 쇄도해 들어가자 성의 병사들은 싸움 한 번 해보지도 않고 달아나버리고 말았다. 달아나는 적을 오다니 성까지 추격했고 사와야마(佐和山)를 빼앗은 뒤, 노부나가 군은 의기양양하게 쿄토로 개선했다.

이번 싸움에서의 승리는 그야말로 이에야스의 공이었다. 노부나가는 기뻐하며,

"이번 싸움의 공은 무슨 말로 치하해야 할지 모르겠소. 내 일찍이 이런 활약은 들은 적조차 없고 후세의 누구도 여기에는 미치지 못할 것이오. 우리 집안의 본보기, 무문의 기둥이라 할 수 있을 것이오."라고 극찬하는 감사장을 보냈다.

이번 싸움에 임한 오구리 쇼지로(小栗庄次郎)는 겨우 16세였는데 이에야스 옆까지 다가온 적을 멋지게 찔러 쓰러뜨렸으며, 그 후에도 가장 먼저 적진으로 뛰어드는 공을 여러 번 세웠기에 그때마다 "또 첫 번째야(마타 이치반가)?", "또 처음이로군(마타 이치까)."이라고 말했고 결국은 "너는 지금부터 마타이치(又一)라고 해."라고 해서 그것이 본명이 되어버렸다.

오오쓰카 진자부로(大塚甚三郎)는 창으로 적과 싸웠는데 그러는 사이에 자신의 창이 부러지면 느닷없이 적의 창을 빼앗자마자 그것을 내질러 별 어려움 없이 적을 쓰러뜨렸기에 또 없어(마타 나이), 또 없어, 라는 칭찬을 들었고, 그렇게 해서 마타나이(又內)라고 이름을 바꾸었다.

6. 미카타가하라 전투

노부나가를 돕기 위해 병력을 북방에 쏟아부었던 이에야스는 아네가와 전투가 끝나자 자기 집안의 방어에 힘을 집중해야 할 필요가 있었다. 타케다 신겐의 스루가 침략이 본격화되었기 때문이었다.

토쿠가와 씨를 계략에 빠뜨리려다가 자신이 계략에 빠져버린 신겐은 그 거침없는 기략과 수완으로 겐키 원년(1570) 9월에 니라야마 성을 포위하고 우지마사(虎)와 미시마에서 대치했으며, 겐키 2년 2월에는 타나카(田中) 성으로 옮겼고 오우미 오야마(小山)로 나아갔다가 노만지(能満寺)에 성을 쌓아 오오쿠마 비젠노카미(大熊備前守)를 수장으로 두었으며, 타키사카이(滝境) 요새에 수비병을 두었고, 3월에는 스스로 타카텐진(高天神) 성을 공격했으나 성의 장수인 오가사와라 나가타다(토)가 필사적으로 방어전을 펼쳐 간단히는 빼앗을 수 없었기에 병사를 거두어 이누이(乾) 성에서 카케가와, 쿠노(久野) 쪽을 순시한 뒤 이나로 돌아왔다.

한편으로는 사가미노쿠니와의 접경지를 위협함과 동시에 별동대로 하여금 텐류가와 하구, 하마마쓰와 모쿠쇼(目掌) 사이에 있는 카케즈카(掛塚)를 습격케 했으나 이는 오히려 혼다 타다카쓰(토), 오오카와치 마사쓰나(大河内政綱) 등에 의해 격퇴당했다. 그러나 신겐은 미카와의 아스케(足助)로 아키야마 노부토모, 야마가타 마사카게(山県昌景) 등을 보내 그 지역의 병사들을 선동하여 오카자키를 습격하게 했다. 여기에 맛을 들였는지 노부토모는 미카와로 들어가 타미네(田嶺)의 성주인 스가누마 사다나오(토), 사쿠테의 성주인 오쿠다이라 사다요시 두 장수를 투항하게 만든 뒤 더욱 나아가 타케히로(竹広)에까지 이르렀다. 이누이의 성주인 아마노 카게쓰라(竹)도 역시 가만히 있을 수는 없다는 듯 미카와로 침입하여 나가시노 성을 공격하던 중에 아키야마 노부토모 군을 우회하여 나가시노를 포위하고 결국에는 성의 장수인 도주 마사사다(道寿正貞)의 항복을 받아냈으며, 4월에는 지역의 병사들을 유도하여 이와쓰무라(岩津村)에 불을 지르는 등 참으로 신출귀몰하는 활약을 펼쳤다.

이에야스의 영토는 사실상 완전히 어지러워졌으며 신겐 역시 이에야스를 얕잡아보고 있었다. '애송이 같은 놈.'이라는 정도로밖에 생각하지 않았던 것이리라. 이렇게 미카와 각지를 헤집어놓은 뒤, 충분히 승산이 있다고 생각한 그는 스스로 2만 3천의 대군을 이끌고 니시미카와로 들어가 스즈키 시게나오(鈴木重直)가 지키고 있던 타스케 성에서 시게나오를 내쫓고 타시로(田代), 아사가야(浅谷), 아지로(安代), 야쿠와(八桑), 오오누마(大沼) 등의 요새를 취했으며 갑자기 히가시미카와로 방향을 틀어 스가누마 사다미쓰를 달아나게 하고 다시 요시다 성을 공격했다.

미카와는 혼란에 빠졌다. 이렇게 되자 이에야스도 가만히 있을 수 없었다. 자신이 머물고 있는 하마마쓰 성 이외의 각 성과 요새를 차례차례로 유린당한 채 울상만 짓고 있을 수는 없었다. 미카와의 장병들은 니렌기에 진을 치고 파죽지세로 밀려오는 카이 군에 대비했으나 그들의 상대가 되지 않았으며, 이에야스까지 성 밖에서 패해 요시다로 물러나고 말았다. 그야 말로 뱀 앞의 개구리 같은 꼴이었으나 이렇게 된 이상 이에야스도 필사의 결전을 각오하지 않을 수 없었다.

한동안 우시쿠보와 나가사와를 침략한 뒤, 신겐은 마침내 자신의 땅으로 돌아갔으나 뒤이은 위기가 눈앞에 있었다. 이러한 정세를 보고 노부나가가, '하마마쓰에는 수비병만을 남기고 요시다로 물러나 잠시 타케다 씨의 정세를 살피는 것이 어떻겠는가, 그러는 편이 미카와의 안전을 위한 상책인 듯하다.'는 말을 전해왔으나 지금 하마마쓰를 떠나 요시다로 물러난다는 것은 타케다 씨의 예봉에 싸우기도 전부터 겁을 먹고 달아나는 꼴이라 생각했다. 현상유지냐, 일보후퇴냐. 이에야스는 노부나가의 충고에 감사하면서도 끝까지 하마마쓰를 지키기로 결심했다. 그리고 멀리 에치고(우)로 서로 제휴하여 남북에서 타케다 씨를 억제하자는 글을 보냈다.

원래 신겐은 일대의 걸물이었다. 하늘로부터 받은 재능이 아닐까 싶을 정도의 전술과 정치적 수완을 종횡으로 발휘하여 앞서 깨졌던 카이(타)와 사가미(호)의 동맹을 다시 부활시켰다. 사가미의 호조 씨가 에치고(우)와 동맹을 맺은 이유는 카이(타)의 침략을 등 뒤에서부터 억제해 주기를 바랐기 때문이었다. 그러나 켄신(우) 입장에서 보자면 자신의 의도가 엣추[86]와 이와시로[87] 방면의 공략에 있었을 때는, 그 배후를 공격할지도 모를 카이(타) 군에 대한 대비로 호조 씨와의 동맹은 도움이 되는 것이었으나 엣추와 이와시로가 그렇게 두렵지 않은 지금에 와서는 자연스럽게 호조 씨에 대한 원조도 소홀해지게 된 것이었다. 이러한 모습을 본 우지야스(호)는 세상을 떠나기에 앞서 아들 우지마사에게 에치고와의 동맹은 파기하고 카이와 동맹을 맺어야 한다는 유언을 남겼다. 신뢰할 수 없게 된 에치고(우)와 손을 끊고 카이(타)와 손을 잡기만 한다면 서쪽의 근심은 해소될 테니, 그 사이에 아와[88]와 카즈사[89]를 공략하여 칸토 통합을 이루는 편이 훨씬 커다란 이익이 될 터였다. 이에 아들 우지마사는 그 유언에 따라 타케다 씨와 절충한 결과 두 동생인 우지타다와 우지타카(氏尭)를 인질로 보내고 굳건히 손을 잡게

---

86) 越中. 지금의 토야마 현.
87) 岩代 지금의 후쿠시마 현 중부와 서부.
88) 安房. 지금의 치바 현 남부. 보슈(房州).
89) 上総. 지금의 치바 현 중부.

되었다.

신겐의 거침없는 정치적 수완은 단지 호조 씨와의 동맹 하나 정도로는 만족하지 못했다. 호조 씨와 손을 잡은 타케다 씨는 은밀하게 아와 · 카즈사의 사토미(里見) 씨, 히타치의 사타케(佐竹) 씨와도 연통하여 호조 씨의 배후를 견제했으며, 에치젠의 잇코잇키 세력과도 연통하여 켄신(우)을 괴롭히게 했고, 오오사카 혼간지(本願寺)와 아사이 · 아사쿠라와 야마토90)의 마쓰나가 씨와는 예전부터 노부나가의 대업을 저지하려 했었다. 그 놀라운 통찰력과 이중삼중의 용의주도한 대비 때문에 사후 3년 동안이나 주위의 각 다이묘들이 그의 죽음을 믿지 않았을 정도의 관록을 갖추고 있었다.

이러한 모습을 보고 노부나가 · 이에야스 연합군 역시 멍하니 있을 수만은 없었다. 특히 이에야스는 에치고(우)로 편지를 보내 켄신과 동맹을 맺으려 커다란 노력을 기울였다. 겐키 원년(1570) 7월에는 이에야스의 사자인 우에무라 요사부로(上村与三郎), 나카가와 이치스케(中川市助) 등이 에치고(우)로 가서 무라카미 쿠니키요(村上国清), 카와다 부젠노카미(川田豊前守)와 회견하고 맹약을 맺었으며, 그 후에도 우에무라 이에쓰구(上村家次), 마쓰다이라 마코(松平真来), 이시카와 이에나리 등이 종종 편지를 보냈고, 겐키 2년에는 카노우보 조젠(加納坊浄全), 쿠마가야 나오타카(熊谷直高) 등이 다시 에치고로 가서 그 동맹을 더욱 굳건히 했다.

노부나가도 역시 켄신에게 글을 보내서 만약 신겐(타)이 에치고로 출병한다면 이에야스는 스루가 · 토오토우미의 산악지방으로 출병할 것이며, 노부나가는 시나노로 출병하여 서로 그 배후를 위협할 것이라고 말해 함께 협력하여 신겐에 대비할 것을 약속했다.

---

90) 大和. 지금의 나라 현. 와슈(和州).

삼각, 사각, 오각……. 동맹, 그리고 동맹. 어디가 가장 동맹을 잘 맺은 것일까? 전국시대 영웅의 가슴속을 가만히 생각해보면 가엾다는 생각이 들기도 한다.

전운이 점점 낮게 드리우기 시작했다. 시나노, 미카와, 토오토우미, 스루가, 카이, 사가미, 에치고 등의 중부 일본은 곧 닥치려 하고 있는 폭풍우 전야의 고요함 속에 빠진 듯한 형국이었다.

이 고요함을 깨고 갑자기 카이(甲)의 대군에게 출동 명령이 떨어졌다. 신겐이 이끄는 본군 2만, 호조 우지마사의 원군 2천이 시나노의 카미이나군(上伊那郡)에서 아키바로(秋場路)를 거쳐 토오토우미로, 별동대인 야마가타 마사카게가 이끄는 5천의 대군은 시모이나군(下伊那郡)에서 토오토우미로, 양군이 동시에 진격하다 결국은 대동단결하여 미카와와 토오토우미 2개 쿠니를 종횡무진으로 유린하겠다는 계획이었다. 본대는 벌써부터 토오토우미로 들어가 이이다(飯田), 타다라이(只来) 2개 성을 빼앗았으며 아마노 카게쓰라에게 명령하여 부근 일대를 지키게 한 뒤, 다시 남진하여 오오타가와(太田川) 왼쪽편에 있는 니시지마(西島), 후쿠로이(袋井), 키하라(木原)에 진을 치고 쿠노 성을 공격했다.

이렇게 되자 마침내 본격적으로 결전을 치러야 할 때가 왔다. 이에야스는 각 성과 요새의 수비를 엄중하게 하고 동시에 쿠노 성 원조와 적에 대한 정찰을 겸해 오오쿠보 타다요, 혼다 타다카쓰, 나이토 노부나리(內藤信成) 등에게 3천의 병사를 이끌고 가게 했으나, 이 일행은 도중에 코슈군에게 발각되어 뿔뿔이 흩어져 달아나버리고 말았다. 게다가 코슈군의 추격이 매우 날카로워 한 부대는 큰길에서, 한 부대는 샛길에서 숨 쉴 틈도 주지 않고 공격했으나, 혼다 타다카쓰(土)의 지혜와 용기로 커다란 손해 없이 하마마쓰로 돌아올 수 있었다. 그러나 전초전에서 패했다는 것은 그리 바람직한 일이 아니었으며 무엇보다 사기저하가 가장 커다란 문제였다.

군대는 신속함이 생명이라고들 말하는데, 신겐의 군은 이미 후타마타(二俣) 성을 포위했으며, 다른 한 부대로 하마마쓰의 움직임에 대비하여 한 치의 빈틈도 보이지 않도록 진을 치게 했고, 히가시미카와로 들어가 요시다를 빼앗고 엔슈 이다이라(伊平)를 떨어뜨린 야마가타 마사카게의 별동대까지 합류했기에 카이 군은 세력이 한층 더 커졌다. 적은 눈앞에 있었다. 게다가 지용을 겸비한 명장이 이끌고 있는 카이 군은 연전연승, 그야말로 대나무를 쪼개는 듯한 기세였다.

당시 신겐은 52세로 마음먹은 일은 못할 것이 없었으며, 남자로서도 완숙기였고 온갖 기책이 솟아올랐으며 대담하기까지 하여 완성된 인간의 모습으로 천하를 두렵게 만든 대영웅. 이에 비해서 이에야스의 나이는 31세여서 패기와 열정으로 불타오르는 장년의 초기. 두 사람이 서로 맞서 한 걸음도 양보하지 않았기에 흐릴지 맑을지, 비가 내릴지 폭풍이 몰아칠지, 하마마쓰 상공에는 심상치 않은 구름이 드리워져 있었다.

10월 하순, 우쓰야마(宇津山)로 마쓰다이라 키요요시를, 노다 성으로 마쓰다이라 타다마사(松平忠正)와 시다라 사다미치를, 타카텐진 성으로 혼다 토시히사(本多利久)를 보낸 이에야스는 스스로 군을 이끌고 카미마스무라(神增村)까지 출진하기는 했으나, 후타마타 성을 지키던 나카네 마사테루(中根正照) 등이 선전했음에도 불구하고 오히려 패하여 성에서 나와 하마마쓰로 퇴각했기에 형세가 불리하다고 본 이에야스도 하마마쓰로 퇴각해버리고 말았다.

요다 노부모리(依田信守)에게 명령하여 후타마타 성을 지키게 한 신겐은 나와(名和), 아마카타(天方), 무카사(向笠), 이치노미야 등 부근 일대의 성채를 손에 넣어 하마마쓰 및 카케가와 성에 대비하였으며, 스스로는 대군을 이끌고 12월 22일에 하마마쓰 성을 왼쪽으로 바라보며 유유히 이와이다(祝田), 오사카베 쪽으로 진군했다. 멀리 오와리에서 올 노부나가의 응원군을 맞아 싸울 생각이었던 것이다.

하마마쓰 성 안에서는 충신들이 입을 모아 간언했다.

"이번의 태도는 아무래도 무모한 듯합니다."라고 거침없이 말한 것은 토리이 시로자에몬 타다히로(鳥居四郎左衛門忠広)였다.

"코슈 군의 미카와 및 토오토우미 침략에 대해서도 노부나가 나리의 가세를 조금 더 일찍 의뢰하셨다면 이처럼 어지러워지는 일은 없었을 것입니다. 저희는 노부나가 나리를 위해서 홋코쿠의 아네가와 전투에까지 출병하여 상당한 원조를 했는데, 저희를 위한 노부나가 나리의 원조는 아직 보이지 않습니다. 이러한 때에 오와리의 가세를 청하는 것은 조금도 이상한 일이 아닙니다. 그것도 처음에는 허락지 않다가 지금에 와서야 마침내 원군을 보내겠다는 소식이 오와리에서 왔습니다만, 적은 3만이 넘는 대군, 저희는 겨우 8천에 지나지 않으니 이 숫자의 많고 적음으로 미루어 생각건대 승패는 이미 자명한 일입니다. 또한 제가 정찰한 바에 의하면 그러한 대군이면서도 대오 정연하여 한 치의 흐트러짐도 없으니 완전한 승리는 도저히 바랄 수도 없는 일인 듯합니다. 이래서는 섣불리 싸울 수도 없습니다. 당장 선봉에 선 사람들을 소환하시는 것이 상책일 듯합니다. 만약 다시 일전을 치르실 생각이시라면, 아군의 전열을 정비하시고 총포를 주고받는 시간을 늦추시어 적이 홋타(堀田) 부근까지 나오기를 기다렸다가 싸움을 시작해야, 만에 하나의 승리라도 거둘 수 있을지 모르겠습니다만 그것도 온전히 승리하리라고는 장담할 수 없을 것입니다."

"닥쳐라." 이에야스가 갑자기 성난 목소리로 말했다.

"제아무리 신겐이라 할지라도 역시 귀신은 아니다. 또한 제아무리 대군이라 할지라도 그 숫자를 두려워한다면 어찌 싸움을 할 수 있겠는가?

평소 그대는 더없이 강한 자였는데, 오늘은 신겐의 코슈 군에 겁이라도 먹었단 말인가?"

"무슨 말씀을⋯⋯." 타다히로가 분개하며 말했다.

"평소의 주군이셨다면 자중하시어 굳게 지키셨을 텐데, 오늘은 어떻게 된 일이란 말입니까? 뻔히 패할 것을 알면서도 혈기를 이기지 못하고 계십니다. 곧 제가 지금 드린 말씀이 떠오를 때가 올 것입니다."라고 말한 채 그는 자리를 떠나버렸으나, 자신의 부하들에게는,

"됐다, 오늘의 싸움은 승리다. 흔쾌히 나아가 충성을 다하라."라고 말한 뒤 스스로 적진 속으로 뛰어들어 전사하고 말았다.

타다히로가 자리를 떠나고 모두가 출진하기로 결정한 순간, 정찰을 나갔다가 돌아온 와타나베 한조 모리쓰나(渡辺半蔵守綱)가 오늘 싸우는 것은 위험하다고 다시 전했다. 그러나 주군의 뜻이 이미 정해졌기에 곁에 있던 오오쿠보 타다스케(大久保忠佐), 시바타 시치쿠로(柴田七九郎) 등이 모리쓰나의 말도 듣지 않고 달려나가려 하자 모리쓰나가 다시,

"잠시만 기다리시오."

단호하게 그들을 제지했다.

"내가 보고 온 적의 정세에 결코 잘못은 없을 것이오. 혈기를 억누르지 못해 다시 일어서지 못할 상황에 놓이게 된다면 어찌하실 생각이시오. 겐지 이후의 토쿠가와 집안을 위해서 우리는 참을 수 없는 것까지도 참아야 하오."

그러자 사람들도 모리쓰나의 말에 압도되어 애써 나서려는 자가 없었다.

"옳은 말이오."

이에야스가 조용히, 그러나 힘에 넘치는 목소리로 말했다.

"이번 싸움이 얼마나 어려울지는 나도 충분히 그것을 알고 있소.

허나 알면서도 역시 싸우지 않을 수 없는 것이 지금의 상황 아니겠소. 우리의 영지이자 우리의 땅인 미카와와 토오토우미를 신겐에게 무참히 유린당했는데 그것을 가만히 지켜보기만 한다면, 그래서 사내라고 할 수 있겠소? 무사라고 할 수 있겠소? 무기를 쥔 몸의 괴로움은 패할 줄 알면서도 역시 싸워야 한다는 데 있소. 만약 이대로 가만히 있으면 신겐으로부터 치명상은 입지 않을지도 모르오. 그러나 훗날 사람들이 뭐라 하겠소? 미카와의 이에야스는 겁쟁이 무사다, 자고 있는 베개를 걷어차였는데도 떨치고 일어나지 못했다고 대대로 웃음거리가 되고 말 것이오. 그보다는 오히려 깨끗하게 전사하는 편이 얼마나 우리 집안을 빛나게 하는 일일지 모르오. 싸움의 승패는 하늘에 달렸소. 그리 각오하시오."

이 말이 노신들의 마음을 크게 움직였다.

'그래, 싸우자. 신겐이 뭐 그리 대수란 말이냐.'

미카와 장병들은 본래의 투지를 되찾아 정연하게 부대편성을 서둘렀다.

겐키 3년(1572) 12월 22일 새벽녘, 1만 7천의 대군을 이끈 신겐이 노베(野辺)를 출발하여 텐류가와를 건너 미카타가하라 고원으로 올라섰다. 노부나가가 보낸 원군 사쿠마 노부모리, 히라테 나가마사(平手長政), 타키가와 카즈마스(滝川一益) 등을 대장으로 하는 3천의 병사를 합쳐 전군 1만의 병사를 거느린 이에야스는 하마마쓰의 북쪽에 위치한 사이가가케(犀ヶ崖) 북쪽에 진을 치고 우익으로 사카이 타다쓰구, 타키가와 카즈마스, 히라테 나가마사, 사쿠마 노부모리를 배치했으며, 좌익으로는 이시카와 카즈마사, 혼다 타다카쓰, 마쓰다이라 이에타다(松平家忠), 오가사와라 나가타다를 배치하고, 자신은 예비대를 이끌고 뒤편 중앙에 위치하여 전군이 횡대로 늘어서서 적을 기다렸다.

이러한 배치에 대해서 코슈 군은 1개 부대만을 남겨 요격에 대비케 했을 뿐, 전군이 이와이다·오사카베 방면으로 전진하려 했다. 이때 적의 정황을 정찰하고 온 코슈 군의 장수 오야마다 노부시게(小山田信茂)가,

"토쿠가와 군의 사기가 높지 않으며 거기에 각 부서가 어지러워 지금이 야말로 싸우기 꼭 알맞은 때."라고 신겐에게 보고했기에, 곧 전군에 전투명령이 떨어져 전진은 중지되었으며, 전투태세를 갖추어 제1선에 오야마다 노부시게, 야마가타 마사카게, 나이토 마사토요, 코하타 노부사다(小幡信貞), 제2선에는 타케다 카쓰요리, 바바 노부하루(馬場信春)를 배치했고, 신겐 자신은 총지휘를 맡아 예비대와 함께 후방에 진을 쳤다. 즉, 토쿠가와의 횡대에 대해서 신겐은 종대로 응전하려는 것이었다.

코슈 군이 점차 남하해왔다. 양군의 충돌은 이제 눈앞에 닥쳐 있었다. 이에야스 앞에 무릎을 꿇고 있는 자는 적의 정세를 살피기 위해 나갔던 토리이 노부모토(鳥居信元)였다.

"적의 진이 견고하니 섣불리 다가가서는 안 될듯합니다. 전선에 있는 각 부대를 소환하여 수세로 전환했다가 적이 이와이다에 도착하는 것을 본 뒤, 배후에서 추격하는 것이 어떨까 싶습니다."

"안 되오."

이에야스의 결심은 이미 움직일 수 없는 것이었다.

오후 4시, 전진해온 코슈 군의 전위인 오야마다 노부시게의 부대와 사쿠마 노부모리의 휘하가 마침내 충돌했다. 전투가 시작되었다. 만반의 준비를 갖춘 채 때를 기다리고 있던 양군은 전투가 시작되자마자 무시무시한 함성과 고함을 내지르기 시작했다. 오야마다 노부시게가 우익을 향해 달려들었으며 동시에 코슈 군의 명장인 야마가타 마사카게 휘하의 장병들이 함성을 지르며 좌익으로 돌격해 들어갔다. 어서 오라며 오가사

와라, 마쓰다이라, 혼다, 이시카와 등이 창을 나란히 하고 맹렬하게 맞섰기에 명장 야마가타도 앞으로 나아가지 못하고 한 걸음, 두 걸음, 마침내 몇 정이고 퇴각했으며 여기에 기세등등해진 좌익이 단번에 밀어 붙이려 한 순간, 참으로 안타깝게도 우익을 지키던 오다 군이 이미 본진까지 뚫려 무너졌고 장수 가운데 히라테 나가마사까지 목숨을 잃었다는 보고가 들어왔다.

이러한 모습에 이를 갈던 토쿠가와 쪽의 웅장 사카이 타다쓰구가 장병들을 독려해가며 싸워 적을 얼마간 격퇴할 수 있었으나 아직 그 승패는 예상할 수 없었다. 적군에 새로이 바바 노부하루가 가세하여 그 세력이 더욱 커졌기에 타다쓰구의 고전은 극에 달했다. 얼마간 숨을 돌리려던 좌익을 향해서 타케다 카쓰요리가 이끄는 부대가 측면에서부터 숨 쉴 틈도 주지 않고 공격해 들어왔다. 좌익군에게 있어서 이는 거의 치명적인 상처가 되었으며 아오키 히로쓰구(靑木広次), 나카네 마사테루 등이 전사하는 비참한 결과를 맞이하게 되었다. 이 순간 한때 물러났던 야마가타 마사카게가 권토중래의 기세로 밀고 들어왔으며, 기세를 회복한 오야마다 노부시게 역시 바바 노부하루와 합류하여 우익에 맹공을 퍼부었다.

고전에 이은 고전!! 미카와 군도 결사의 다짐으로 맞섰으나 터진 봇물처럼 밀고 들어오는 카이 군의 기세에 점차 뒤로 밀리게 되었다. 이러한 전황을 지켜보고 있던 신겐은 요네쿠라 시게쓰구(米倉重継)에게 명령하여 측면공격을 가하게 함과 동시에 다시 전군 총공격의 명령을 내렸다.

더는 어떻게 해볼 수도 없었다. 아군은 순식간에 어지러워져서 목숨을 잃는 자의 숫자를 헤아릴 수 없었으며 광대한 미카타가하라는 곧 피범벅이 된 아수라장으로 변해버리고 말았다. 패해가는 아군의 진영을 격려하며 지휘하고 있는 이에야스의 얼굴에서는 비장한 결의가 넘쳐나고 있었다.

"혼다 타다자네 전사."

"토리이 노부토모 전사."

"나루세 마사요시 전사."

"마쓰다이라 야스스미 전사."

연달아 들려오는 것은 전부 장사들의 패보였다.

'이렇게 된 이상.'하고 가만히 전사를 각오한 이에야스는 한 걸음도 물러나지 않고 휘하의 병사들을 독려했으나, 전면적인 패배의 기운은 한 줄기 나무로 버텨낼 수 있을 만한 것이 아니었다.

"오오, 여기에 계셨습니까."라며 무릎을 꿇은 것은 하마마쓰를 지키라고 남겨두었던 나쓰메 지로자에몬 요시노부였다.

"밀린다는 소식을 듣고 만약의 사태가 있을까 싶어 수하들을 이끌고 모시러 왔습니다. 얼른 퇴각하시길."

"아니." 이에야스는 머리를 옆으로 흔들었다.

"이처럼 밀리는 싸움을 하여 수많은 충신들의 목숨을 잃게 했는데 어찌 뻔뻔스럽게 물러날 수 있겠느냐. 끝까지 싸우다 죽는 수밖에 없다."

"어찌 그런 말씀을 하십니까? 훌륭한 대장이 되어야 할 자의 입에서 나올 말이 아닙니다. 승패는 늘 있는 법. 이기는 것도 지는 것도 하늘의 운에 있다고 출진할 때 하셨던 말씀을 벌써 잊으셨습니까? 그래서야 대장으로서의 임무를 어찌 다하실 수 있으시겠습니까? 자, 얼른."

요시노부가 자꾸만 재촉했다.

"제게 그 지휘채를 빌려주신다면 후미에서 적을 막겠습니다."라고 말한 것은 강용하기로 소문난 스즈키 큐자부로(鈴木久三郞).

"안 될 말이다. 나는 여기서 죽겠다."

"안 되다니, 무슨 말씀을 하시는 겝니까? 어리석은 행동을 하시다 늦어서는 큰일입니다. 실례하겠습니다."하며 지휘채를 빼앗아 적 속으로 모습을 감추어버렸다. 이에야스가 멍하니 바라보고 있는 사이에 나쓰메가 말의 고삐를 잡고 있던 아제야나기 스케쿠로 타케시게(畦柳助九郎武重)에게,

"지금이다."라고 재촉했으며, 이에야스의 말이 사이가가케 쪽으로 멀어져가는 것을 보고 수하 25기와 함께 적 속으로 뛰어들어 훌륭하게 전사했다.

나쓰메가 추격해오는 적을 가로막고 싸우는 동안 달아나던 이에야스가 한 솔숲까지 왔을 때, 숲 속에서 "기다려라!"라는 목소리와 함께 달려나온 자가 있었다. 주위는 벌써 땅거미에 둘러싸여 사람을 알아볼 수 없을 정도가 되어 있었다.

"웬 놈이냐!"

경계의 몸짓을 취한 순간,

"마쓰이 사콘 타다쓰구(松井左近忠次)입니다. 붉은 투구는 사람들의 눈에 띄기 쉽습니다. 제 것과 바꾸시기 바랍니다."

"오오, 사콘."

안심과 동시에 언제까지고 주군을 생각하는 가신의 충성심에 이에야스는 눈물이 넘쳐흘렀다. 이에야스와 투구를 바꿔쓴 마쓰이는 그 자리에 남아 쫓아오는 적을 흩어놓은 뒤 다시 뒤를 따랐다. 뒤따르는 자들도 점차 늘어서 아마노 사부로 야스카게는 투구도 벗겨내지 않은 적의 목을 들고 있었으며, 나이토 마사나리는 세심한 주의를 기울여가며 사이가가케에서 나구리(名栗) 쪽으로 길을 잡았다.

"누구냐!" 따르던 자들 모두가 뒤를 돌아보았다. 이에야스의 말이 움직이지 못하고 있었다. 어느 틈에 쫓아왔는지 적 하나가 말 꼬리를

단단히 쥐어 움직이지 못하게 한 것이었다.

"에잇!" 이에야스가 허리에 찬 칼 한 자루를 뽑음과 동시에 휘둘러 피가 튀는가 싶었으나, 거리가 멀어서 적에게는 닿지 않고 말의 엉덩이를 베어버리고 말았다. 그 바람에 데굴데굴 나뒹굴고 만 적의 머리 위로 마쓰이 사콘이 있는 힘껏 검을 내리쳐 한 줄기 피와 함께 적은 숨통이 끊어지고 말았다.

한시도 방심하거나 지체할 수 없었다. 어둠이 점점 깊어져 길을 서두르기도 어려워졌다. 어두컴컴한 속에서 7, 8기쯤이 갑자기 튀어나와 길을 가로막으며 "멈춰라!"라고 외쳤기에 일동은 서둘러 태세를 갖추었다.

"음, 나가(長) 놈이로구나. 나가, 네 이놈."

적을 살펴보던 이에야스가 이렇게 말하며 칼자루로 손을 가져갔다.

"그렇습니다. 토쿠가와 나리의 목을 가지러 왔습니다."

가장 앞으로 나온 무사 하나가 조롱하듯 말했다. 나가는 얼마 전까지 오카자키에서 시동으로 있던 자였는데, 어느 틈엔가 타케다 쪽으로 돌아선 자 가운데 한 명이었다. 그런 만큼 일동의 분노는 극에 달했다. '저놈은 주군의 모습을 알고 있기에 이렇게 뒤를 따라온 것이다. 하루라도 주군으로 모셨던 분의 목숨을 이런 난전을 틈타 노리려 하다니, 괘씸한 놈.'이라고 생각하며 노나카 산고로(野中三五郎)가 내지른 창에 허를 찔린 나가는 간신히 몸을 피하는가 싶었으나 이미 늦어서 가슴팍을 찔려 말 위에서 털썩 떨어지고 말았다.

"꼴좋구나."

달려들어 눈에 보이지도 않을 만큼의 솜씨로 베어버린 나가의 목을 왼손에 들고 한껏 노려보는 산고로의 모습에, 지금까지 이 날랜 솜씨를 남의 일처럼 지켜보고 있던 무리들도 번쩍 정신이 들어 달아나버리고 말았다.

마침내 하마마쓰 성에 이르렀으나 서둘러 성 안으로 달려들어가면 성 안의 병사들이 크게 동요할 것이라 생각했기에 이에야스는 일부러 성의 해자 부근을 돌아 정문으로 들어갔다. 들어섬과 동시에 수비에 대한 명령을 내렸다.

패전 직후의 이에야스

"우에무라 마사카쓰(植村正勝), 아마노 야스카게, 너희는 추격해 들어오는 부대를 지키되, 추호도 방심해서는 안 된다."

"명심하겠습니다." 인사를 하고 떠난 두 사람에 이어,

"토리이 모토타다(鳥居元忠), 그대는 입구를 지키도록 하게. 단, 성문은 그대로 열어놓아 뒤늦게 돌아오는 자들의 편의를 도모하되 성 밖 대여섯 군데에 커다란 모닥불을 피워놓을 것."

"성 문을 열어두고 모닥불을……."

모토타다가 되물을 틈도 없이 이에야스는 서둘러 안으로 들어가버렸다.

"히사노(久野) 있는가? 더운 물에 만 밥을 가져오게."

"네."하고 옷소리와 함께 조신한 모습을 드러낸 것은 시녀인 히사노였다. 잠시 후, 히사노가 가져온 밥을 3공기 벌컥벌컥 들이마시더니 역시 시녀가 가져온 베개를 끌어다 벌렁 누운 이에야스는,

"이거, 부질없는 싸움을 해버렸군."이라고 말하자마자 천둥처럼 코를 골며 잠들어버리고 말았다.

속속 달아나 돌아오는 아군 병사들 뒤를 따라 코슈 군의 추격대가

벌써 성 아래에까지 이르렀다. 살펴보니 성 문은 열려 있고 곳곳에 모닥불을 피워놓아 주위가 대낮처럼 밝았다. 이 모습을 본 적장 야마가타 마사카게는,

"하하하하, 천하의 토쿠가와 나리도 많이 당황하신 모양이로구나. 저길 보아라, 성 문이 열려 있지 않느냐. 이때를 놓치지 말고 얼른 공격해 들어가자."

"아니, 잠시만." 말을 꺼낸 것은 바바 노부후사(馬場信房)였다.

"토쿠가와 나리는 카이도 제일의 무사라 일컬어질 정도의 명장이오. 까닭도 없이 성 문을 열어놓았을 리가 없소. 여기에는 틀림없이 어떤 계략이 숨어 있는 듯하오. 괜히 서두르다 후회할 짓을 해서는 안 될 것이오. 잠시 지켜보기로 합시다."

노부후사의 충고에 고개를 끄덕인 마사카게도 급격한 공격은 자제하고 있었는데 그러는 사이에 커다란 함성과 함께 성에서 달려나온 것은 토리이 모토타다와 와타나베 모리쓰나가 이끄는 부대였다. 그들과 맞서고 있자니 뒤늦게 성으로 돌아오던 미카와의 병사들이 뒤에서부터 함성을 올리며 돌격해 들어왔기에 역시 계략이 있는 것이라 믿게 된 카이의 명장은 성 아랫마을에 불을 지르며 퇴각하기 시작했다.

행운이라면 커다란 행운이었다. 이때 만약 야마가타 마사카게의 말에 따라 성 안으로 총공세를 펼쳤다면 토쿠가와 막부는 성립되지 않았을지도 모른다. 그런데 바바 노부후사에게 이러한 의심이 들게 할 만큼 평소 이에야스의 전술도 상당히 뛰어난 것이었던 듯하다.

신겐은 전군을 사이가가케 부근에 모아놓고 오로지 하마마쓰의 기습에만 대비하고 있었는데, 이날 밤에 아마노 야스카게, 오오쿠보 타다요 등이 이끄는 화승총부대가 은밀하게 뒷면으로 돌아들어 총구를 나란히 하고 일제히 사격을 개시했다. 여기에 쓰러진 자가 수십 명, 하마마쓰의

기세가 그리 만만치 않다는 사실을 알게 해주었다. 이에 미카타가하라 들판을 종횡으로 마음껏 유린한 신겐은 분해서 이를 가는 하마마쓰 성을 흘겨보며 유유히 24일에 서쪽으로 떠나버렸다.

7. 나가시노 전투 이전

　미카타가하라 전투에서 이에야스를 물리친 신겐은 의기양양하게 서쪽으로 향해 오다 씨가 보낸 원군에 의해 발생할 장해를 막고, 한편으로는 호조 씨의 동향도 근심이 되었기에 하마마쓰를 떠나 오사카베에 도착, 거기에 병사들을 모아놓고 주위의 형세를 살펴보기로 했다.

　미카타가하라에서의 승리는 대장으로서의 신겐의 관록과 서진에 대한 소망을 본격적으로 천하의 각 다이묘들에게 내보인 것이었다. 노부나가에게 좋지 않은 감정을 품고 있던 이세의 키타바타케 토모노리, 나가시마(長島) 잇코슈의 무장봉기세력, 그리고 쇼군 아시카가 요시아키 등은 이러한 신겐의 서진에 커다란 희망을 걸고 활발하게 글을 보내서 신겐의 환심을 사려했으며, 한시라도 빨리 서진의 목적을 달성하라고 권했다.

　형세를 살피던 신겐은 그대로 오사카베에서 새해를 맞이했으며, 세상은 텐쇼(天正) 원년(1573) 정월이 되었다. 그 동안에도 여러 가지 정치적, 군사적 야심에서 신겐의 환심을 사려는 자가 많았는데, 그러한 가운데 쿄토에서 쇼군 요시아키가 우에노 히데쓰구(上野秀次)를 보내서 노부나가와 손을 잡으라고 권했다. 그러나 신겐은 그 뜻에 따르지 않고 노부나가의 죄를 5개 항목으로 적어 쇼군에게 보냈으며, 노부나가 역시 신겐의 7가지 죄를 나열하여 쇼군에게 보내는 등 양자는 예전의 혈연관계를 완전히 무시하고 적대관계가 되어버렸다.

　정월 11일, 수풀 속에 있는 작은 성 하나를 지나는 길의 노잣돈 삼아 밟아 뭉개려고 시다라군(設樂郡)의 노다 성을 공격했다. 물론 신겐과 그의 신하들은 애초부터 크게 문제 삼지 않았다. 그저 지나는 길의 성 하나 정도로밖에 생각하지 않았다. 그러나 그것은 커다란 착각이었다. 성의 장수인 스가누마 사다미쓰와 그를 돕는 마쓰다이라 타다마사의 결사적인 항전은 생각 외로 치열했다. 단숨에 짓밟으려 했으나 뜻밖의 저항에 부아가 끓어오른 신겐이 본격적으로 공격을 시작했기에 성의 병사들이 아무리 사력을 다한다 한들 상대의 대병에는 당해낼 수가 없어서 마침내는 외성을 빼앗기고 성의 안쪽에서 농성하며 선전을 거듭했다. 원군을 요청하는 사자가 급히 하마마쓰로 달려갔다. 일이 다급하게 되었다고 생각한 이에야스가 바로 병사들을 이끌고 달려갔으나 카이 군의 진영이 굳건하여 도저히 맞설 수 없을 듯했기에 이번에는 크게 자중하여 요시다로 물러났으며, 노부나가에게 원군을 청했으나 노부나가도 쉽게는 움직일 것 같지 않았다.

그러는 사이에 타케다 군이 성 안의 음료수를 끊고 동시에 지하도를 파서 공격했기에 거세게 저항하던 성 안의 병사들도 겨우 400명으로는 버틸 수 없었고, 마침내는 두 장수가 자신들의 목숨을 끊을 테니 400명의 목숨을 보장해달라고 신겐에게 요청했다. 신겐이 이 요청을 받아들였기에 1개월을 버틴 노다 성도 힘이 다하여 성 문을 열게 되었다. 두 장수를 사로잡은 신겐은 극력 항복을 권했으나 완고하게 거부했기에 나가시노에 유폐시켜버렸다. 그러나 앞서 타케다에게 항복했던 오쿠다이라 사다카쓰(奧平貞勝), 스가누마 마사사다(菅沼正貞) 두 장수가 토쿠가와에게 보낸 인질이 하마마쓰에 있었기에 이들과의 교환 조건으로 노다의 명장은 별다른 탈 없이 석방되었다.

뜻밖의 일로 시간을 보내는 동안 진중의 신겐이 병에 걸리고 말았다. 3월에 이세의 키타바타케 씨 및 무장봉기세력들이 적극 서진을 권했으나,

자신의 몸이 좋아지기를 기다려야 했던 그는 쿄토 입성에 대한 뜨거운 소망을 이룰 수가 없었다.

몸이 좋아진 신겐은 15일에 히가시미노(東美濃)로 나와 이와무라(岩村) 성으로 들어갔고, 틈을 엿보다 노부나가 군을 물리친 뒤 미카와를 지나 호라이지(鳳来寺)로 옮겼으며, 우시쿠보 · 나가사와를 침범하여 미야자키(宮崎) · 아스케에 각각 병사를 배치하고 아들 카쓰요리로 하여금 하마마쓰에 대비하게 했으며 요시다 성은 야마가타 마사카게에게 견제하게 한 뒤, 자신은 노다 성을 손에 넣고 나가시노에 이르러 진을 쳤다.

토쿠가와라고 멍하니 있었던 것은 아니다. 신겐이 서진을 하는 동안 히라이와 치카요시는 아마가타(天方) 성을 공략했으며 이시카와 무네나리(石川宗城)는 쿠노 성을 공략하여, 두 개 성의 장수였던 쿠노 무네마사(久野宗政)와 쿠노 무네요시를 코슈로 쫓아내고 무카사(六笠) · 이치노미야를 빼앗아 코슈 군의 배후를 적극 견제했다.

신겐과 이에야스가 미카타가하라를 중심으로 자웅을 겨루던 무렵부터 노부나가에 대한 반감을 가지고 쿄토 부근의 군소 다이묘와 아사이, 아사카와 씨를 비롯하여 무장봉기세력과 에치고(9), 추고쿠[91]에 이르기까지 격문을 띄워 노부나가 토벌의 음모를 비밀리에 계획하던 쇼군 요시아키는, 니조(二条) 성에 병사를 모아놓고 정면에서 노부나가에 대항함과 동시에 쿄토 부근의 각 다이묘들로 하여금 배후를 압박하게 했다. 그러나 이처럼 몰락 직전에 있으면서 온갖 책동을 써서 회복에 몸부림치는 요시아키의 야심을 노부나가가 그냥 보고만 있을 리 없었다. 그랬기에 그도 요시아키에 대해서 경계를 결코 늦추지 않았는데, 결국은

---

91) 中国. 일본의 산요, 산인 지방.

표면적인 충돌이 일어나게 되었다. 요시아키와 노부나가의 충돌에 중요한 역할을 수행해야 할 자가 바로 켄신(우)이나 신겐(타)이었다. 특히 신겐은 미카타가하라에서의 승리 이후 미카와, 토오토우미 지방을 종횡으로 유린했으며 거기에 미노에까지 그 예봉을 뻗쳤기에 반노부나가 세력의 표면적인 주역으로서의 역할이 기대됐다.

'노부나가를 쓰러뜨릴 자는 신겐이다.' 요시아키의 반노부나가 운동이 표면화됨과 동시에 노부나가에게 반감을 품고 있던 각 다이묘들은 이러한 일반적인 여론을 등에 업은 신겐에게 서진하여 쿄토로 들어갈 것을 적극적으로 권했다. 시대의 형세가 참으로 급박하게 돌아가고 있었다. 이번 기회를 잡는다면 개세의 영웅 노부나가를 쓰러뜨리고, 신겐이 불세출의 영웅으로 출현하게 될지도 모를 일이었다. 그러나 참으로 알 수 없는 것이 세상일이다. 이 절호의 기회에 전부터 앓아오던 병이 시시각각 신겐의 몸을 침범하기 시작했다. 병이 깊으면 어떠한 영웅도 당해낼 재간이 없는 법이다. 일단 고향인 카이로 돌아가기 위해 시모이나 군 나미쿠라(波倉)에 있는 지부자카(治部坂)까지 갔다. 그러나 저승사자는 끝내 이 불세출의 영웅의 목숨을 앗아가고 말았다. 향년 53세.

카이의 신겐은 평소의 소신대로 야전에서 그 빛나는 생애의 막을 내렸다. 그러나 유언에 따라서 3년 동안은 그의 죽음을 사회에 발표하지 않았다. 이것이 바로 신겐의 신겐다운 점이어서, 이 때문에 노부나가와 이에야스 등은 신겐의 죽음을 반신반의했기에 직접 나서서 카이를 공격하려 하지는 않았다. 당시의 영웅들에게 신겐의 힘이 얼마나 커다란 두려움의 대상이었는지를 알 수 있는 대목이다.

×   ×   ×

이에야스의 앞길에 신겐의 죽음은 하나의 신기원이었다. 그의 아들인 카쓰요리 역시 범용한 인물은 아니었으나, 아버지 신겐만큼의 힘을 갖춘 명장은 아니었다. 그렇다고는 해도 이에야스 역시 신겐의 죽음을 바로 믿으려 하지는 않았다. 거기에는 뭔가 신겐만의 전략이 있는 것 아닐까 의심한 것도 당연한 일이었다. 그러나 죽음은 어디까지나 죽음이 었다. 신겐의 죽음을 숨기고 있기는 했으나, 카이가 내보이는 세력 그 자체가 자연스럽게 신겐의 죽음을 실증하기 시작했다.

이에야스는 신겐이 미카와에서 퇴각하자마자 오카자키에서 출발하여 하마마쓰로 들어갔고, 다시 스루가로 가서 오카베(岡部)에 불을 질러 위세를 내보였다. 이는 강한 자가 떠난 뒤를 잠시 쫓아보는 어리석은 짓처럼 보이기도 하나 사실은 신겐의 미카와 침략으로 완전히 떨어진 미카와의 사기를 끌어올리기 위한 전략이었다.

6월이 되자 야시로야마(社山) · 고다이지마(合代島) · 와타지마(渡島) 에 요새를 쌓아 후타마타 성에 대비했으며, 하마마쓰에는 오오스가 야스타카(大須賀康高) · 사카키바라 야스마사 등을 두어 성을 지키게 한 뒤 자신은 미카와의 병사들을 이끌고 스가누마 마사사다가 지키는 나가시노를 포위했다. 이에야스가 나가시노로 출동했다는 말을 듣고 카쓰요리가 움직이지 않을 리 없었다. 바바 노부하루, 오야마다 노부시게, 오야마다 노부야스(小山田信康), 아나야마 노부타다(穴山信君), 야마가 타 마사카게 등을 장수로 삼아 나가시노 성을 구원케 했다. 이에 나가시노 로 급히 달려간 노부토요, 노부하루, 노부시게 등이 호라이지와 쿠로세 (黑瀬) 등에 진을 쳤으나, 이미 때를 놓쳐서 성을 지키던 장수인 마사사다 와 무로가 노부토시(室賀信俊) 등은 미카와의 군대에 맞서지 못하고 성을 버린 채 호라이지로 달아났다가 모리사토(森郷)에 진을 쳤다. 노부 야스(타), 노부타다, 마사카게 등은 노다로 나아가 미카와의 오오스가 야스타카(타), 사카키바라 야스마사 등과 대치했는데, 이때에 이르러 사쿠테의 성주인 오쿠다이라 사다요시가 카이에게서 등을 돌려 토쿠가와 쪽과 은밀히 내통하기 시작했다.

전세는 점차 타케다 쪽에 불리해지기 시작했다. 이에야스는 이 기회를 놓치지 않고 사다요시가 카이 군에게 쫓겨 달아나는 것을 타키야마 성으로 맞아들였으며, 오오스가 야스타카(토)는 노부쓰나(信綱타) · 마사카게 등의 장수들과 호리코시(堀越)에서 싸웠다. 그러나 카이 군의 사기는 조금도 오르지 않았으며 이에야스가 올까 두려워 두 장수는 아무런 공도 세우지 못한 채 돌아가버리고 말았다. 신겐 사후의 카이(타)와 미카와(토) 간의 싸움은 이처럼 미카와 군에게 유리한 전투에 의해서 시작되었다.

오쿠다이라 사다요시가 토쿠가와 쪽에 가담하게 된 일은 이에야스에게 있어서는 참으로 예상 밖의 수확이었고, 이 때문에 입게 될 코슈의 손실은 실로 커다란 것이었다. 카쓰요리(타)의 분노가 극에 달해 9월이 되자 시나노의 병사를 보내서 사다요시가 지키는 타키야마 성을 공격하게 했으나 싸움은 전혀 뜻대로 되지 않았으며 오히려 사다요시에게 밀려 타하라자카(田原坂)까지 추격을 당했고, 원군으로 온 혼다 히로타카(本多広孝토) 부자와 합류하여 사쿠테에 진을 친 사다요시가 시마다를 불태우는 등, 싸움은 실패로 돌아갔다.

이는 카쓰요리의 분노를 한층 더 불타오르게 만들었다. 그는 열화와 같이 화를 내며 사다요시가 인질로 보낸 자를 잡아다 호라이지 금강당 앞에서 무참히도 책형에 처해버리고 말았다. 카쓰요리의 미카와 공격이 마침내 본격적으로 행해져, 11월이 되자 스스로 1만 5천의 병사들을 이끌고 하마마쓰를 공격하기 위해 출발했다. 토오토우미로 들어간 카쓰요리가 카케가와, 쿠노치(久野地)를 불태우고 텐류가와를 건너 마카고가와(馬籠川)를 넘어 카카(稼禾)를 짓밟고 스구모(須雲), 타하라까지 와서 하마마쓰의 동태를 살피던 중 우연히도 그의 진영에 말 도둑이 들었다. 이 대담한 사내를 붙들고 보니 하마마쓰에 살고 있는 이케다 키헤이지로

(池田喜平次郎)라는 자였다. 코슈 군이 기뻐하며 이케다의 입을 열게 하여 하마마쓰의 내정을 캐어보니, 만만히는 볼 수 없을 정도로 경계가 엄했다. 이래서는 도저히 승산이 없겠다고 판단한 카쓰요리는, 싸움은 훗날을 기약하기로 하고 후타마타, 이누이, 코묘지(高明寺) 성 등의 경계를 엄중히 한 뒤, 은밀히 저격하려 했던 카케가와 성의 이시카와 이에나리, 아지오카 사다유키(味岡定之) 등을 베고 스와노하라(諏訪原)에 군대를 남겨놓은 채 카이로 돌아갔다.

코슈에 대한 이에야스의 전비(戰備)도 빈틈이 없는 것이었다. 텐쇼 2년(1574)의 이른 봄에 스루가로 들어가 타나카 성 등을 둘러보고 각 성의 경비를 강화했다.

야심에 불타오르던 카쓰요리는 하마마쓰 공격이 불가능하다고 판단하자마자 갑자기 창끝을 미노지[92]로 돌려 카이, 시나노, 스루가, 토오토우미, 코우즈케 5개 쿠니의 정병 5만을 이끌고 이와무라로 나아갔으며 아케치(明智) 성을 포위했다. 성의 장수는 이이자마 노부쓰구(飯狹信次), 그의 배경은 오다 노부나가였다. 아케치 성이 위험하다는 소식을 들은 노부나가는 자신의 아들인 노부타다(信忠)와 함께 오와리와 미노의 병사들을 이끌고 급히 달려갔으나 타카노(高野)에 이르렀을 때 성이 떨어졌다는 보고를 접했기에 타카노와 토오리(遠利) 2개 성에 수축을 가하고 기후로 물러났다.

기백으로 넘치는 젊은 영웅이 이끄는 코슈 군 정병 5만은 다시 서쪽으로 전진하려 했으나 뜻밖에도 노부나가, 이에야스, 켄신의 동맹이 나타나서 이에야스가 아스케로, 켄신이 누마타(沼田)로 군대를 보내 각각 타케다에 속한 성을 공격했기에 배후에 위험을 느낀 카쓰요리는 승세를 몰아갈

---

92) 美濃路. 아쓰타에서 타루이초를 연결하는 도로.

기회도 없이 카이로 돌아가고 말았다.

같은 해 4월에 이에야스가 공격에 나섰다가 실패를 맛본 일이 있었다. 그것은 텐류가와의 지류인 이치노세가와(一瀨川) 기슭에 있는 이누이 성으로 토오토우미의 병사들을 이끌고 정벌에 나섰을 때의 일이었다. 이누이 성에는 타케다 씨의 가신인 아마노 카게쓰라가 자리를 잡고 있었다. 단번에 깨부수려 했던 이 성이 깨지기는커녕, 요충지를 이용한 적에게 산산이 무너지고 말았으며 퇴각하는 것을 추격해온 카게쓰라의 병사들이 험한 산길에 의지하여 맹렬하게 공격을 퍼부었다. 미쿠라(御倉)에서 군대를 멈춘 이에야스는 오오쿠보 타다요, 타다타메(忠為) 등으로 하여금 적을 막게 했으나 이들 역시 패하여 목숨을 잃은 자가 50여 명에 이르렀다. 어쩔 수 없이 병사를 거두어 아마가타까지 퇴각했다. 마침 장대 같은 비가 쏟아져 이치노세가와가 범람했기에 발이 묶였으며, 이처럼 궁지에 몰린 모습을 보고 성의 병사들이 뒤를 습격해올 것이라는 소문이 도는 데다 곳곳에서 도적들이 나타나 수시로 방해를 했기에 식량까지 떨어져버린 이에야스는 허둥지둥 하마마쓰로 돌아왔다.

기묘하게도 이에야스는 자신이 먼저 전투에 나서면 지는 경우가 많았다. 이누이 성 공격이 그 하나의 예다. 이에야스의 이누이 성 공격 실패는 카쓰요리의 정복욕을 불러일으키기에 충분한 것이었다. 그는 5월 12일에 토오토우미로 나아가 토쿠가와 씨의 주요한 성 가운데 하나인 타카텐진 성을 포위했다. 성의 장수인 오가사와라 나가타다는 방비를 더욱 굳건히 하는 한편, 하마마쓰에 도움을 청했다. 급보를 받은 이에야스는 원병을 보냄과 동시에 기후로 오구리 시게쓰네(小栗重常)를 급히 보내 노부나가의 원조를 구했다. 당시 쿄토에 있던 노부나가는 사자를 만나자마자 서둘러 기후로 돌아왔고 하마마쓰로 아들 노부타다와 사쿠마 노부모리를 급히 달려가게 했으며 자신은 그 뒤를 이어 오카자키로 갔다가 요시다 성으로 나아갔다. 노부나가의 원군이 온다는 소식을 접한 카쓰요리가 더욱 맹렬하게 공격을 퍼부어 타카텐진은 결국 성문을 열지 않을 수 없었다. 미카와의 상황은 더욱 급박해졌다.

타카텐진 성을 함락시킴과 동시에 코슈 군은 단번에 하마마쓰를 공격하기 위해 2만여의 대군으로 텐류가와까지 밀물처럼 밀고 들어왔다. 강 건너는 하마마쓰였다. 적이 강을 건너면 하마마쓰의 운명은 그것으로 끝이라고 할 수밖에 없었다. 이에 대해서 이에야스는 7천의 병사를 이끌고 코텐류가와에 진을 쳤으며 오오쿠보 타다요, 토리이 모토타다 이하 27명의 척후를 내어 적의 상황을 살피게 했으나, 이 사실을 바로 눈치 챈 카쓰요리는 포화로 이들을 위협했으며, 코텐류를 건너려 했다. 그러나 사카이 타다쓰구의 병사들이 기슭을 지키고 있는 것을 보고 망설였으며 후타마타 성으로 물러났다가 결국에는 카이로 돌아가고 말았다. 이에야스는 7천의 병사로 그 뒤를 추격할 만큼 어리석지는 않았다. 조용히 하마마쓰로 물러났으며 각 성의 방비에 전념했다.

×   ×   ×

아무래도 미카와의 비밀이 새어나가고 있는 것 같았다. 특히 코슈와 싸움을 시작한 뒤부터는 매우 중요한 비밀이 적에게 새어나가고 있는 듯했다. 아군 속에 틀림없이 스파이가 있는 듯했다. 적의 간첩이 어딘가에 숨어 있는 것은 아닌지. 이에야스는 조심스럽게 신경을 곤두세우고 있었다.

어느 날 우직한 성격의 콘도가 한껏 화가 나서 노신들 앞으로 와서는, "황공한 말씀이나 새로 받은 땅을 반환하고 싶습니다."라고 갑자기 말했기에 노신들은 무엇 때문에 그러는 건지 짐작을 할 수가 없었다.

"뭐, 뭐라……. 새로 받은 땅을 반환하겠다? 다시 말해서 필요 없다는 소린가?"

"말씀하신 대로입니다."

"그대는 이제 와서 왜 또 그런 억지를 부리는 건가?"

"허나 저는 단 한 푼이라도 오오가 같은 인간의 추종으로 녹봉을 얻는, 썩어빠진 짓은 하고 싶지 않습니다."

"누가 그런 소리를 하던가?"

"오오가 야시로(大賀弥四郎)가 직접 말했습니다. '자네의 새로운 땅은 내가 주군께 말씀을 잘 올렸기에 그와 같은 녹을 받게 된 걸세. 그러니 내게 한 치의 소홀함도 있어서는 안 될게야.'라고. 만약 그의 말과 같은 경위로 저의 녹이 더해진 것이라면, 그러한 녹은 단 한 푼도 받고 싶지 않습니다. 이러한 말씀을 올린 탓에 주군의 심기를 건드려 할복을 명령받는다 해도 어쩔 수 없는 일입니다. 저는 죽는 한이 있어도 무사로서 욕된 행동을 하고 싶지는 않습니다."

"그도 그렇겠지. 옳은 말씀이시오. 일단 주군께 말씀을 올릴 테니 잠시 기다려보시게."

노신은 콘도를 달랜 뒤 그러한 이야기를 이에야스에게 고했다. 이에 콘도는 이에야스 앞으로 불려갔다.

"콘도, 그대의 말 하나하나 지당한 말일세. 허나 그대의 생각과는 달리 새로 더한 녹봉은 당연히 오오가의 헌언으로 인해 내린 것이 아닐세. 설마 그대는 잊지 않았겠지? 내가 이마가와의 손에서 벗어나 오카자키로 막 돌아왔을 무렵, 매사냥을 나갔다가 돌아오는 길에 논에서 모내기를 하는 그대를 본 적이 있지 않았는가. 얼굴에 흙을 묻혀 얼른 알아보지 못하도록 한 그대를 내가 '콘도, 콘도.'하고 불렀지만 못 들은 척하여 내게 부끄러움을 느끼게 하지 않으려 한 그대의 마음을 내 얼마나 감사히 여겼는지 모르네. 거듭 불렀기에 어쩔 수 없이 얼굴을 씻고 논둑에 두었던 칼을 차고 몸에는 터진 홑옷을 걸치고 어깨끈 대신 새끼줄을 두른 모습으로 머뭇머뭇 논에서 나온 순간, 내 마음속으로 얼마나 울었는지 모르네. 그때 그대에게 말하지 않았는가. '지금 오카자키로 돌아오기는 했으나 영지가 얼마 되지 않아 그대들에게 녹봉조차 마음껏 줄 수가 없네. 그렇기에 얼마 되지 않는 급료로는 무술의 수련은커녕, 입에 풀칠을 하기조차 힘들어 이렇게 경작에 힘을 쓰는 것이겠지. 생각해보면 참으로 딱하기 그지없는 일일세. 허나 무슨 일이든 시절의 흐름에 따르는 것이 중요하니 지금은 상하 모두가 제아무리 초라하고 천한 일이라도 정진하여 세상을 살아가지 않으면 안 되네. 근심과 괴로움 속에서 태어나 안락하게 죽는다는 옛말도 있지 않은가? 오래도록 이러한 마음을 잃어서는 안 될 걸세. 서로 조금도 부끄러워할 것 없는 일일세.'라고. 어찌 오오가 같은 자의 추종에 그대의 상벌이 좌우되겠는가."

이에야스의 말에 콘도는 크게 힘을 얻어 집으로 돌아갔으나 아무리 생각해도 오오가의 태도와 말이 마음에 들지 않았다.

원래 오오가 야시로는 중간 정도의 지위에 있었으나 수학적인 재능을 가지고 있었기에 점차 두각을 드러내기 시작해서 미카와 오쿠고오리(奧郡) 20여 개 마을의 다이칸[93]이 되었고 회계·조세 등의 경제 방면에 종사했었는데 점차 출세하여 하마마쓰와 오카자키 사이를 오가며 이에야스와 노부야스가 아끼는 자가 된 인물이었다. 이에 은연중에 세력을 형성하게 되었고 늘 주군 곁에 있었기에 언제부턴가 임면, 상벌 등의 일도 오오가에게 의뢰하면 생각대로 뜻을 이룰 수 있다는 악풍을 만들어 가고 있었다.

이에 콘도는 야시로에 대해서 여러 가지로 탐색을 해보았고 그가 커다란 흠을 가지고 있다는 사실을 알게 되었기에 그 사실을 이에야스에

---

93) 代官. 다이묘를 대신하여 지방의 관리로 실무를 담당하던 자.

게 이야기했다. 그 말을 들은 이에야스가 메쓰케[94]와 카로[95]에게 명하여 조사를 해보니 더는 벗어날 수 없을 만큼 그의 죄가 명백하게 드러났기에 그를 감옥에 가두고 가택수색을 하자 거기서 뜻밖에도 좌시할 수 없는 물건이 발견되었다.

집에서 나온 한 뭉치의 서류는 놀랍게도 적인 카이와 주고받은 글이었다. 게다가 그 내용은 참으로 살이 떨려올 정도의 모계를 담은 것이었다. 즉, 야시로는 그의 친구인 코타니 진자에몬(小谷甚左衛門), 쿠라치 헤이자에몬(倉地平左衛門), 야마다 하치조(山田八蔵) 등과 함께 카쓰요리에게 미카와로 출진할 것을 권하고, '코슈 군이 시다라군 쓰쿠테까지 나와서 그 선봉을 오카자키에 두면 야시로가 이에야스인 양 가장하여 오카자키 성 문을 열게 해서 그 세력을 안으로 들인 뒤, 성주인 사부로를 살해하고 성 안에 있는 미카와와 토오토우미 2개 쿠니의 인질을 잡아두겠다. 그렇게 하면 미카와와 토오토우미의 세력들은 모두 우리의 편에 서게 될 것이다. 그렇게 되면 이에야스는 하마마쓰에 머물지 못하고 오와리나 이세로 달아날 것이다. 즉, 칼에 피를 묻히지 않고 미카와와 토오토우미를 손에 넣을 수 있으니 손자도 울고 갈 전술'이라는 것이었다. 이 간계는 카쓰요리를 매우 기쁘게 했으며, 만약 일이 성공을 거둔다면 은상(恩賞)은 원하는 대로 내주겠다는 약속까지 주고받았다.

이번 음모를 꾸몄던 4명 가운데 야마다 하치조는 다시 생각을 바꾸어, 오오가 등의 음모에 따라서 카쓰요리가 쓰키지(築地)까지 출병하려한다는 사실을 노부야스에게 보고했다. 참으로 무시무시한 음모였다. 야시로의 처자 5명도 사로잡힌 몸이 되어 넨시하라(念志原)에서 책형에 처해졌으며, 야시로는 말에 태운 채 하마마쓰 성 아랫마을을 돌게 했고

---

94) 目付. 무사의 위법을 감찰하던 직명.
95) 家老. 가신 가운데 우두머리로 집안의 일을 총괄했다.

넨시하라에서 처자가 책형에 처해지는 모습을 보게 한 뒤, 오카자키의 마을 어귀에 생매장해버렸다.

코타니 진자에몬은 재빠르게 텐류가와를 헤엄쳐 건너 후타마타 성으로 달아나 코슈로 모습을 감췄으며, 쿠라치 헤이자에몬은 칼에 맞아 목숨을 잃었고, 도중에 다시 등을 돌린 야마다 하치조는 그에 대한 상으로 1천 섬의 녹을 받았다. 이렇게 해서 위험했던 간첩사건은 나가시노 전투 직전에 큰 탈 없이 마무리 지어졌다.

8. 나가시노 전투

테쇼 3년(1575) 2월, 이에야스는 오쿠다이라 쿠하치로 노부마사(奧平九八郎信昌)를 뽑아 미카와노쿠니 미나미시다라고오리(南設樂郡) 나가시노 성의 수장으로 삼았다. 여기서 나가시노 성의 위치를 살펴보자면, 토요카와(豊川)의 상류, 오오노가와(大野川)와 타키가와(滝川)가 합류하는 곳에 그 위치를 점하고 있으며, 북쪽은 이오지야마(医王寺山)와 다이쓰지잔(大通寺山) 등의 산들이 둘러싸고 있고, 남동쪽의 널따란 벌판을 건너서는 토비가스야마(鳶ヶ巣山)와 쿠마산(久間山) 등이 늘어서 있고, 서쪽의 타키가와를 건너서는 멀리로 단조(弾正), 마쓰오(松尾), 차스리(茶磨) 등의 산들이 이어져 있다. 그야말로 천연의 성벽이라고 할 수 있으며, 카이와 시나노 사이의 요충지였기에 타케다와 토쿠가와 두 집안에서는 한시도 놓칠 수 없는 땅이었다.

오오가 야시로의 음모가 발각되어 생매장당했다는 소식을 들은 카쓰요리는 자신이 한발 늦었음을 후회하면서도 대군을 이끌고 미카와로 들어가 이오지야마에 진을 쳤으며, 타케다 노부토요와 아나야마 노부타다로 하여금 나가시노 성을 포위하게 하고, 타케다 노부자네(武田信実)에게는 배후의 토비가스야마 요새 쪽에서 공격하게 하여 반드시 성을 빼앗겠다는 의지를 내보였다.

성 안의 전군을 지휘하는 오쿠다이라 노부마사가 이에야스에게 급히 보고함과 동시에 사력을 다해서 방어전을 펼쳤기에 카쓰요리의 군도 생각처럼은 성을 공격할 수 없었다. 그러나 누가 뭐래도 헤아릴 수 없을 정도의 대군이었다. 단번에 밀고 들어가 니렌기, 우시쿠보를 침략했다. 특히 5월 13일의 야습 때는 소총부대의 필사적인 방어에도 불구하고 성의 가장 바깥쪽 성곽인 후쿠베마루(瓢丸)를 빼앗겨 산노마루96)를 지킬 수밖에 없었다. 점차 다가오는 낙성의 위기를 눈앞에 두고도 노부마사는 태연하게 눈 하나 깜빡하지 않았다.

"코슈 군의 전법은 지하도를 파서 공격하는 것인 듯합니다."

한 병사의 보고가 들어왔다.

"알겠네. 한시도 경비를 소홀히 해서는 안 되네."

"네!" 대답하고 물러나려는 부하에게,

"토리이를 불러오게."라고 명령했다.

잠시 후, 사납기 짝이 없는 모습의 토리이 스네에몬 카쓰아키(鳥居強右衛門勝商)가 투구를 쓴 씩씩한 모습으로 그 자리에 들어왔다.

"가까이 오게."

고개를 숙인 카쓰아키에게 목소리를 낮추어 노부마사가,

"카쓰아키, 우리 군이 지금 필사적으로 방어를 하고 있기는 하네만, 성 안에는 이제 식량이 얼마 남지 않았네. 다행히 올 3월에 이에야스 공께서 노부나가 공께 받은 2천 가마 중 3백 가마를 우리 성에 나누어주신 것이 아주 조금 남아 있을 뿐일세. 카이 군의 공격은 조금도 두렵지 않네만, 식량이 없어서는 어떠한 책략도 펼칠 수가 없네. 성 안의 사람들이 굶주려 죽었다고 하면 성을 맡은 우리는 대대로 치욕을 면할 길이 없을 걸세. 따라서 이러한 사실을 한시라도 빨리 오카자키에 보고하여 원군이 서둘러 출동해주기를 주군께 청해야만 하네. 그런데 자네도 알다시피 적이 성을 에워싸고 있기에 웬만한 자로는 도저히 목적을 달성할 수

---

96) 三の丸. 혼마루와 니노마루 바깥쪽에 있는 성곽.

없을 듯하네. 카쓰아키, 이 중요한 사자의 역할을 자네에게 맡기겠네."

카쓰아키는 크게 감격하여 머리를 조아렸다.

"우리 성의 운명을 좌우할 정도의 중책을 이 카쓰아키에게 명하시다니, 더없는 영광입니다. 제 목숨을 바쳐서라도 반드시 명하신 말씀을 전하도록 하겠습니다."

"그렇게 말해주니 고맙네. 상대방은 카이 군이니 우습게보아서는 안 될 걸세."

"이 카쓰아키도 무사입니다."

"그대 외에 스즈키 킨시치로(鈴木金七郎)에게도 같은 임무를 줄 것이네. 한 사람이 쓰러져도 한 사람은 반드시 목적을 달성해야 하네."

"그럼……." 카쓰아키가 몸을 앞으로 내밀며 말했다. "저희가 다행히 포위에서 벗어난다면 맞은편 칸호가미네(かんほうが嶺)에서 연기를 피워 올리겠습니다. 3일이 지나서 연기가 2번에 걸쳐 오르면 토쿠가와·오다의 원군은 없다고 생각하십시오. 연기가 3번에 걸쳐서 오르면 그때는 원군이 가까이 온 것이라 생각하시기 바랍니다."

"알겠네. 조심해서 가시도록 하게."

노부마사의 격려에 두 사람은 굳게 결심한 얼굴로 물러났다.

5월 14일의 달이 이미 떠올라 전란에 휩싸인 나가시노 성을 희미하게 비추고 있었다. 밤이 들면 낮의 소란도 잦아들어 여기가 목숨을 걸고 전투를 벌이는 곳일까 싶을 정도가 된다. 그러나 더욱 주의를 기울이면 그 정적에 잠긴 밤의 대기 속에 피비린내 나는 상극의 숨결이 충만해 있음을 분명하게 느낄 수 있다.

달빛, 건물과 나무 아래를 제외하고는 한낮이 아닐까 여겨질 정도의 달빛, 그 빛을 두려워하듯 그늘에서 그늘만을 골라 걸어가는 두 사람이 있었다. 마침내 성의 서쪽까지 오자 그림자 하나가 속삭였다.

"저 이오지야마에서 다이쓰지까지가 주력이 집중되어 있는 곳이오. 저기는 충분히 주의하지 않으면 안 되오."

"흠, 꽤나 엄중한 포위망이군. 밤에도 파수병들이 상당히 서 있어."

"이쯤에서 내려가기로 하세."

마침내 그들은 바위를 타고 나무뿌리에 매달리며 어둠에서 어둠으로 움직여 밑으로 밑으로 내려갔다. 말할 것도 없이 2개의 그림자는 토리이 카쓰아키와 스즈키 킨시치로였다. 험한 절벽을 사람들의 눈에 띄지 않게 내려간다는 것은 쉬운 일이 아니었다. 조금이라도 발이 미끄러져 작은 돌이라도 굴러 떨어지면 거기에 점점 가속도가 붙어 처음에는 가볍게 구르는 듯하지만 마침내는 맹렬한 기세로 떨어져 적에게 발각되어버리고 말기에 한 발짝도 섣불리 내딛을 수는 없었다. 한 걸음 내딛을 때마다 그만큼 목적지에 가까워지지만, 또 그만큼 위험에 다가가는 것이기도 했다. 오오노가와 타키가와의 기슭에서는 헤아릴 수도 없는 깃발들이 나부끼고 있었으며, 구름처럼 모여 있는 병사들이 개미 한 마리 빠져나갈 틈도 없이 지키고 있었다.

"생각보다 훨씬 더 엄중하군."

킨시치로가 카쓰아키를 돌아보며 말했다.

"흠." 카쓰아키가 미끄러질 뻔한 다리를 힘껏 멈추고, "방심할 수 없겠어."라고 말하며 다음 바위의 뒤편으로 몸을 숨겼다.

마침내 강의 기슭까지 내려온 두 사람이 가만히 몸을 숨긴 채 적의 동정을 살펴보니, 강의 맞은편에는 코슈 군이 밀집해 있었다. 여기저기서 사졸들의 이야기소리가 뚜렷하게 들려왔다.

"이래서는 강을 넌너기가 쉽지 않겠는데."

"함부로 발을 들여놓을 수 없겠어."

"어디 허술한 곳 없을까?"

두 사람은 몸을 숨긴 채 적의 경계가 느슨한 곳은 없을까 찾아보기 시작했다. 다행히 자신들은 달을 등지고 있었기에 발견될 염려가 적었으며, 적은 달빛을 정면으로 받고 있었기에 그 모습을 훤히 볼 수 있었다. 두 사람 모두 강에 대해서는 잘 알고 있었기에 가능한 한 얕은 곳으로 건너기 위해 숨을 죽인 채 강을 따라 내려갔다.

"지독한 놈들이로군. 사람과 말로 들어차지 않은 데가 없어."

킨시치로가 중얼거리며 문득 보니 강 위로 불쑥 솟아 있는 절벽에는 경비가 느슨했다. 험한 절벽이었기에 적도 그곳만은 경비를 소홀히 하고 있는 듯했다.

"흠, 바로 여기야." 카쓰아키가 발걸음을 멈추었다. "하지만 적의 계략일지도 몰라. 게다가 강도 아주 깊은 것 같아."

"그럼, 내가 잠깐 살펴보고 오겠네."

카쓰아키는 여전히 우왕좌왕했으나,

"괜찮아. 하늘이 도우신 거야."

"방심해서는 안 돼."

"괜찮다니까."

두 사람은 알몸이 되어 삳바에 칼을 지른 채 살금살금 발을 강물 속에 넣었다. 뽀르르 거품이 오르더니 카쓰아키의 모습이 물속으로 사라져버렸다. 그리고 잠시 후, 불쑥 떠오른 카쓰아키,

"안 되겠어. 녀석들 강 속에 밧줄을 쳐놨어."

"거의 그물 같군."

"자르세."

"하지만 아주 조심하지 않으면 방울이 바로 울릴 거야."

"신중하게 하세."

두 사람의 모습이 다시 물속으로 사라졌다. 강바닥을 기듯이 해서

나아갔으나 밧줄이 빈틈도 없이 쳐져 있었기에 아무래도 그 이상은 전진할 수가 없었다. 두 사람은 단도로 밧줄을 끊었다. 지금까지 팽팽하던 줄이 순식간에 느슨해져서 한쪽은 하류로, 한쪽은 좌우로 움직였다.

"지금이야."

두 사람은 곧 커다랗게 벌어진 빈틈으로 헤엄쳐 들어갔다. 밧줄이 끊어지자마자 거기에 매달아두었던 방울이 딸랑딸랑 울리기 시작했다.

"위험해."

몇 명인가의 파수병들이 곧 모여들었다.

"지금 울린 방울소리는 심상치가 않아."

"성 안의 병사가 강물 속으로 뛰어든 걸지도 몰라."

"호각을 불까?"

"잠깐." 하고 말리는 자가 있었다.

"달이 이렇게 밝아서 강물 전체가 대낮처럼 훤한데 아무리 둘러봐도 물결 하나 보이지 않잖아."

"그럼 조금 전의 소리는 뭐였을까? 분명히 들리기는 들렸는데."

"지금은 장마철이야. 농어가 한참 올라올 때 아닌가. 녀석들이 앞뒤 가리지 않고 힘차게 오르다 밧줄에 부딪친 거겠지."

"그렇게 된 건가?"

파수병들은 마침내 안심했다.

"이런 때는 모두가 긴장을 해서 조그만 일도 큰일이 난 것처럼 느껴지는 법이야. 옛날 사람들이 의심하기 시작하면 끝도 없다고 한 건 바로 이런 경우를 두고 한 말이야, 하하하하."

우쭐해서 웃으며 이 만물박사는 강물을 둘러보았다. 거기에는 물결 하나 보이지 않았으며 죽음과도 같은 고요함의 심연이 펼쳐져 있었다. 만물박사의 설명에 안심한 경비병들은 다시 각자의 위치로 돌아가 꾸벅

구벅 졸기 시작했다. 커다란 행운이었다. 잠시 후 강을 건넌 두 사람은 하야타키(早滝)의 시모히로세(下広瀬)로 기어올랐다.

'이걸로 첫 번째 위험구역은 간신히 넘었어.' 이런 생각이 들자 그들은 기쁨에 기운이 절로 솟는 듯했다. 졸린 모습으로 곳곳에 모여 있는 코슈 군의 눈을 피해서 두 사람은 칸호가미네 정상까지 올라갔다. 그리고 서둘러 주변의 마른 잎을 모아 불을 붙이자 마치 두 용사의 성공을 축복이라도 하듯 하얀 연기가 하늘 높이 피어올랐다.

"됐다." 두 사람은 비로소 굵은 한숨을 내쉬었다. 멀리로 희미하게 보이는 나가시노 성이 두 손을 들어 환희하고 있는 것처럼 느껴졌다. 책임의 절반은 완수한 셈이었다. 실제로 이처럼 무사히 빠져나올 수 있으리라고는 생각지 않았기에 두 사람은 봉우리 꼭대기에서 오르는 연기를 꿈결에서처럼 바라보고 있었다.

"그만 가기로 하세. 진짜는 지금부터야."

카쓰아키가 재촉하자 킨시치로는 꿈에서 깨어난 사람처럼 단번에 봉우리를 달려 내려갔다. 두 사람을 맞아들인 이에야스는 진심으로 기뻐했다.

"잘들 오셨소. 그대들의 용기와 의기 덕분에 나가시노는 살아나게 되었소. 다행히 노부나가 나리께서도 오늘 오카자키에 오착하셨소. 바로 출동하여 그대들의 노력이 충분히 보답받을 수 있도록 꾀하겠소."

이 한마디, 그것이 그들의 최종 목적이었다. 그들은 자신들이 헤쳐온 위험과 그 성공에 감격하여 말도 잘 나오지 않았다.

"그렇게 엄중한 포위를 뚫고 나오느라 상당히 지쳤을 테니 그대들은 천천히 쉬며 몸을 다스리도록 하시오."

이에야스가 다정하게 위로했다.

"아닙니다. ……."하며 카쓰아키가 머리를 들었다. "성주를 비롯한 모든 사람들이 하루를 천년처럼 느끼며 칸호가미네에서 연기가 오르기를 기다리고 있을 터입니다. 성 안의 사람들을 생각한다면 한시도 몸을 쉴 수가 없습니다."

"허나 봉우리에서 연기를 올리는 것이라면 다른 자라도 할 수 있는 일이네. 그만 물러나서 쉬도록 하게."

"아니, 그래서는 소신의 역할을 다하지 못한 셈이 됩니다. 한시라도 빨리 이 기쁜 소식을 전하고 싶습니다. 죄송합니다, 나리."

두 사람은 이에야스가 말리는 것도 듣지 않고 칸호가미네로 달려 올라갔다. 그리고 봉우리 정상에서 3번에 걸쳐 연기를 피워올렸다. 원군이 목적지간에 있다.

"이걸로……." 스즈키 킨시치로는 책임을 다한 뒤의 피로가 밀려왔는지 거기에 털썩 주저앉아버리고 말았다. "우리의 임무는 완수했네. 나는 지금부터 성주의 아버님이신 미마사카노카미 사다요시 나리께 이 소식을 전하러 가야 하네. 그대는……."

"나는……." 카쓰아키는 결연히, "성으로 들어갈 생각일세……."

킨시치로는 자신이 직접 그 포위망의 엄중함을 경험했기에 카쓰아키의 이 결심에는 놀라지 않을 수 없었다.

"성 안의 병사들이 오늘의 봉화를 얼마나 기다렸겠는가? 다행히 지금 봉화를 올려 안심했을 테니 나는 이제 볼일이 없는 몸이 되었네. 한시라도 빨리 성으로 들어가 자세한 경위를 들려주고 싶네."

킨시치로도 카쓰아키의 마음을 이해할 수 있었다.

"그런가. 하지만 들어가기는 나오기보다 더욱 어려울 걸세. 충분히 주의하도록 하게."

"고맙네. 목숨은 벌써 버린 지 오랠세."

"그럼, 살아서 다시 만나기로 하세."

서로 아쉬워하며 두 사람은 동서로 갈라져 각자 갈 길을 갔다.

킨시치로가 말한 것처럼 들어가는 것은 나오는 것보다 몇 배나 더 어려웠다. 카쓰아키는 코슈 군이 무리져 있는 사이를 어쨌든 빠져나가 마침내 갈대숲까지 왔으나 강가에는 몇 겹으로 둘러친 목책이 있었다. 게다가 그 목책과 목책 사이에는 모래를 깔아서 발자국이 남도록 하고 그곳을 지나는 자를 하나하나 확인하고 있었다. 목책을 넘어가고 싶었으나 좀처럼 그 틈이 보이지 않았다.

"기다려라." 마침내 경비를 서고 있던 자에게 발각되고 말았다. 아차 싶었으나 달아날 수도 돌아설 수도 없었다. 베어버리자, 그리고 달아날 수 있는 데까지 달아나자. 이렇게 결심한 카쓰아키는 다가오는 사무라이가 방심한 틈을 노려 "에잇."하고 두어 간쯤 너머로 집어던진 뒤 나는 새처럼 목책을 뛰어넘었다.

"적이다."

이미 늦어버리고 말았다. 사방에서 달려드는 경비병들, 카쓰아키는 강 쪽으로 달려가고 싶었으나 경비병들이 뭍 쪽으로 밀어붙였기에 결국에는 사로잡히고 말았다.

부장인 아나야마 노부타다의 손에서 타케다 카쓰요리 앞으로 끌려간 카쓰아키는 소요켄 노부쓰나(逍遥軒信綱)에게서 심문을 받게 되었다.

"너는 오쿠다이라 노부마사의 신하가 맞느냐?"

"그렇다."

오랏줄에 묶인 카쓰아키가 조금도 주눅들지 않고 말했다.

"무엇 때문에 성 밖으로 빠져나왔다가 무엇 때문에 성 안으로 들어가려 한 것이냐?"

"성 안의 상황을 오카자키에 보고하기 위해 나왔다가, 오다 · 토쿠가와 두 장군께 원군을 요청한 뒤, 이미 출발했다는 사실을 알리기 위해 다시 성으로 들어가려 했다."

명장 신겐의 아들인 청년대장 카쓰요리는 카쓰아키의 모습을 가만히 지켜보고 있었다.

"참으로 기백이 넘치는 얼굴에 두둑한 배짱이로구나. 카쓰아키라고 했느냐?"

카쓰아키는 말없이 올려다보았다.

"나와 거래를 해보지 않겠느냐? 지금부터 성 문 앞으로 가서 노부나가의 원군은 도저히 바랄 수도 없으니 당장 항복하는 것이 좋겠다고 성 안을 향해 외치도록 해라. 그럼 너의 목숨을 살려주고 커다란 상과 함께 타케다 가의 중신으로 써주겠다. 어떠냐?"

눈도 깜빡이지 않고 카쓰요리의 얼굴을 가만히 바라보던 카쓰아키가 무슨 생각을 한 것인지,

"알겠습니다."라고 분명하게 대답했다.

긴장했던 카쓰요리의 얼굴에 곧 미소가 번지기 시작했다.

"흠, 과연 미카와의 무사로구나. 말귀를 아주 잘 알아들어. 그럼 다녀오도록 해라."

일이 뜻대로 되었다고 생각한 카쓰요리가 흔쾌히 말했다.

오랏줄에 묶인 채 칼을 빼든 코슈 군에게 둘러싸여 카쓰아키는 한 걸음, 한 걸음 성 문 쪽으로 다가갔다. 올려다보니 코슈 군의 필사적인 공격에도 꿋꿋하게 맞서 굴하지 않는 나가시노 성이, 천연의 요해지이자 단결된 사람의 힘을 내보이듯 의연하게 솟아 있었다. 목숨을 걸고 방어전에 임하는 사람들. 자신이 올린 봉화 덕분인지 전에는 보이지 않던 생기가 넘쳐흐르고 있었다. 성벽 안에 서서 수군대는 사람들의 얼굴이 뚜렷하게 보이는 곳까지 다가갔다.

"이쯤이면 되겠지? 자, 있는 힘껏 외치도록 해라."

경호를 맡은 사무라이가 비아냥거리듯 말했다. 카쓰아키는 눈빛 하나 바꾸지 않고 성 안의 동료들을 바라보고 있다가 마침내 성이 떠나갈 듯 커다란 목소리로,

"모두 잘 들어라. 노부나가 공 부자가 오카자키에 도착했으며 선봉은 이치노

책형에 처해진 카쓰아키

미야에 진을 쳤다. 토쿠가와 나리도 노다로 출마하셨으니 성을 지키는 고통도 곧⋯⋯."

"이놈, 거짓이었구나."

호통과 함께 카쓰아키의 몸은 옆으로 쓰러졌으며 여전히 외쳐대고 있는 그의 입은 가로막히고 말았다. 화가 난 것은 카쓰요리였다. 한시도 지체하지 않고 꽁꽁 묶은 카쓰아키를 성 쪽으로 향하게 해서, 찔러도 찔러도 성이 풀리지 않는다는 듯 무참하게 살해해버렸다. 이제는 모든 임무를 마친 카쓰아키, 성을 향해 마지막 인사를 마친 뒤 미소를 머금은 채 조용히 죽음을 맞이했다. 그의 나이 36세였다. 카쓰아키의 희생에 성 안의 병사들은 물론 구원병들까지도 커다란 감동을 받았다. 끝까지 지켜내겠다는 성 안의 병사들, 무슨 일이 있어도 적을 무찌르겠다는 구원병들. 카쓰아키 한 사람의 더 없이 용감한 죽음에 힘을 얻어 전황은 점차 결전을 향해 치닫고 있었다.

3만의 병사를 이끌고 온 노부나가는 고쿠라쿠지에 진을 쳤으며 이에야스는 8천의 정예를 이끌고 단조야마(弾正山)에 진을 쳤는데, 사기가

그렇게 높지 않다는 사실을 직감했다. 그것은 미카타가하라 전투 이후부터 코슈 군의 기세가 얼마나 맹렬한지를 그들도 종종 경험해왔기 때문이었다. 이 사실을 안 이에야스는 어떻게 해서든 이 굳어버린 선입관을 없애야겠다고 생각했기에, 우스운 춤의 명인인 사카이 타다쓰구를 가만히 불러 그 묘기를 내보이라고 명령했다. 명령을 받은 타다쓰구가 사졸들 앞에서 그 우스꽝스러운 춤을 열심히 추었기에 돌처럼 굳어 있던 사람들도 배를 움켜쥐고 웃었으며 카이 군에 대한 공포심을 완전히 씻어내고 곧 쾌활한 기분이 되었다. 사졸들의 기분을 바꾼 이에야스는 노부나가를 찾아가 다음 날의 전략에 대해서 각 부장들과 머리를 맞대고 토의했다. 그 자리에서 이나바 잇테쓰 뉴도(稲葉一鉄入道)가,

"이번에 토쿠가와 나리의 요청에 응해서 이처럼 병사를 내기는 하였으나, 신겐은 희대의 전술가입니다. 만약 죽음을 가장했다가 불시에 공격을 해온다면 어찌해야 할지."

"아니오."라고 이에야스는 간단히 부정했다. "그렇게 의심하는 것도 당연한 일입니다만, 저는 다음의 세 가지 이유로 신겐의 죽음을 확신하고 있습니다. 첫째는 작년과 올해 2년 연속으로, 그것도 같은 달 같은 날에 대대적인 법회를 열었다는 정보가 제게 들어왔습니다. 둘째는 작년부터 코슈에서 저희 쪽으로 찾아와 일을 하겠다는 자가 늘었습니다. 셋째는 카쓰요리가 아나야마 노부타다와의 혼담을 깼습니다. 이 세 가지 사실로 봤을 때 신겐의 죽음은 틀림없다고 확신할 수 있습니다."

잇테쓰 뉴도도 이에야스의 말을 뒤집을 만한 자료는 가지고 있지 않았기에 입을 다물어버리고 말았다. 곁에 있던 노부나가가,

"너는 그 무슨 하찮은 일로 사람의 심기를 건드리는 게냐. 토쿠가와 나리를 너희와 같은 범용한 인물이라 생각하고 있는 게냐? 말을 삼가라."라고 꾸짖어 이에야스에게 미안하게 됐다는 뜻을 내비쳤다.

그러나 이에야스도 신겐이 정말 죽었는지, 아니면 전술상의 일인지에 대해서는 반신반의하고 있었다. 그랬기에 자신의 진영으로 돌아와 이이(井伊), 혼다, 사카키바라 세 사람을 불러,

"적은 헤아릴 수도 없을 만큼의 대군이나 우리는 소수요. 이래서는 나도 전사를 하게 될지 모를 일이오. 그러한 경우를 생각해서 노부야스는 오카자키로 돌려보냈으면 하니, 그대들 세 사람이서 제비뽑기를 하여 뽑힌 한 사람이 노부야스를 지켜주었으면 하오."라고 말했다. 세 사람 모두 진중에서 죽겠다며 말을 듣지 않았고, 노부야스 역시 아버지와 함께 죽겠다고 했기에 결국 이 계획은 그만두기로 했으나, 이것만 봐도 신겐의 기묘한 계략을 얼마나 두려워했는지를 알 수 있다.

연합군 쪽이 그랬던 것처럼 타케다 쪽에서도 연합군과의 결전을 어떻게 치러야 할지 토의했다. 바바, 나이토, 야마가타, 오야마다 등의 각 부장은 방비를 굳건히 한 뒤 적을 맞아 싸우자고 주장했으나, 아토베(跡部), 나가사카(長坂) 두 장수는 타키가와를 건너 시다라하라로 나가서 코슈 군의 특기인 기마전술로 싸우는 것이 상책이라고 주장했다. 그 결과 카쓰요리의 결재에 의해서 후자의 주장처럼 타키가와를 건너 결전을 치르기로 마침내 결정되었다.

이 전술을 취하기에 이른 원인에 대해서 『조잔키단[97]』의 저자인 유아사 조잔(湯浅常山)은 노부나가가 자신의 부장인 사쿠마 노부모리를 은밀하게 나가사카 초칸(長坂釣閑)에게 보내서, '자신은 평소부터 노부나가를 원망하여 늘 빈틈을 노리고 있었는데 이번 전투가 그 기회인 듯하다. 이번 기회를 놓치면 다시는 기회가 오지 않을 듯하니 타케다 군이 공격을 해오면 반드시 노부나가의 본진으로 뛰어들겠다.'고 말하게

---

97) 常山紀談. 에도 시대 중기에 완성된 일화집.

했고 이 말을 들은 초칸이 크게 기뻐하며 카쓰요리에게 공격을 권했기 때문이라고 했다.

×   ×   ×

결국 카쓰요리는 토비노스 요새와 나가시노에 병사 약간을 남겨둔 채 5월 20일 밤부터 타키가와를 건너 시다라하라 동쪽으로 이동했다. 3만의 병사를 이끈 노부나가는 카리미네야마(雁峯山)를 등지고 렌지가 와(連子川) 계류를 앞에 두었으며, 강 서쪽 기슭에 기다란 목책을 쳐서 방어선으로 삼았고, 사카이 타다쓰구로 하여금 크게 우회해서 토비노스로 급히 달려가게 했다. 이에야스는 8천의 병사를 이끌고 단조야마에 진을 쳤다. 이렇게 해서 전투에 대한 준비는 완전히 끝났다.

이튿날인 텐쇼 3년(1575) 5월 21일 새벽, 1만 5천을 넷으로 나누고 그것을 다시 14개 부대로 편성한 카쓰요리 군은 각각 좌익, 중견, 우익, 예비 부대로 배치를 마쳤다. 그리고 좌익부대인 야마가타 사부로베에가 이끄는 3천 기가 아직 어둠이 가시지 않은 전장에 울리는 북소리에 기세를 올리며 단번에 적을 짓밟을 듯한 기세로 돌진해 들어갔다. 검과 말의 기세, 커다란 함성과 함께 마침내 뭍으로 올라가 흙먼지를 피워올리며 주위를 압도했기에 오다·토쿠가와 연합군은 한시도 버티지 못하고 무너질 것 같았다. 흙먼지를 날리며 한 부대가 기다란 목책을 넘으려는 순간, 천지를 뒤흔들 정도의 커다란 소리와 함께 모락모락 피어오르는 하얀 연기, 말에 올라 선봉에 섰던 무사들이 털썩털썩 쓰러져 단 1기도 모습이 보이지 않게 되었다. 토쿠가와 군의 화승총부대 300명이 일제히 발포를 시작한 것이었다. 일단 포문이 열리자 거침없는 기세를 내보이기라도 하듯 쉴 새 없이 쏘아대는 화승총 앞에서 털썩털썩 쓰러지는 코슈 군. 그러나 역시 이름 높은 코슈의 무사들이었다. 투구를 앞으로 수그린 채 죽을힘을 다하여 돌격해 들어갔다. 화승총부대는 번갈아 장전을 해서는 지금이 승패의 갈림길이라는 듯 일제사격을 가했다. 그 기세에 3천여 기의 무사들도 아군의 시체를 밟으며 퇴각해버리고 말았다. 첫 번째 싸움은 연합군의 승리로 끝났다. 화승총부대의 위력이 코슈 군의 초반 기세를 완전히 꺾어놓은 것이었다.

두 번째로 말의 소리조차 없이 은밀하게 밀고 들어온 것은 쇼요켄 노부쓰나의 부대였다. 이 역시 이에야스 군 화승총부대의 사격에 주춤하여 오른쪽으로 방향을 틀었으나 거기서 기다리고 있던 노부나가 군의 화승총 3천 정 앞에, 밀려들 때의 조용함과 마찬가지로 소리 지르는 자조차 없이 쓰러졌으며 카쓰요리의 본진 쪽으로 달아나버리고 말았다.

세 번째로는 니시우에노(西上野)의 오바타(小幡) 군 3천여 기가 날랜 말의 머리를 나란히 하고 말 위에서 창과 대검을 휘두르며 똑바로 공격해 들어왔다. 이 모습을 본 토쿠가와 군의 선봉 대장인 오오쿠보 시치로자에 몬(大久保七郞左衛門)과 그의 동생인 지로자에몬(次郞左衛門), 나이토 산자에몬(內藤三左衛門) 등이,

"적은 말을 앞세워 들어오고 있다. 계곡 깊은 곳이나 도랑 앞에 화승총 부대를 숨겨두어라. 10간[98]이나 5간 안쪽으로 들어오기를 기다렸다가 쏘아야 한다."라고 외치며 돌아다닐 때, 적이 앞뒤 가리지 않고 함성을 지르며 돌격해 들어왔다.

"이놈들!"하며 오다 군 화승총부대의 대장인 삿사 쿠라노스케(佐々内 藏助), 마에다 마타자에몬(前田又左衛門), 후쿠토미 헤이자에몬(福富平 左衛門), 반 쿠로자에몬(塙九郞左衛門), 노노무라 산주로(野々村三十郎) 5명이 3천의 화승총부대에게 명령을 내리자, 고막이 찢어지고 천지가 어두워질 정도로 잠시의 틈도 주지 않고 번갈아가며 1천 정씩 쏘아댔기에

---

98) 거리의 단위로 1간은 약 1.8m.

나가시노 전투

겨우 10기쯤만 남아 퇴각해버리고 말았다.

네 번째는 타케다 사마노카미(武田左馬頭). 이 역시도 같은 운명을 맞아 그저 총구 앞에서 쓰러졌기에, 코슈 군의 장기인 백병전은 단 한 번도 해보지 못한 채 전군에 패색이 짙어지는 것을 느꼈다.

마지막은 가장 오른쪽에 있던 바바 미노노카미 노부후사의 부대였다. 과연 코슈 군의 명장인 만큼 그 진영의 견고함이 지금까지와는 전혀 달랐다. 서두르지도 당황하지도 않았으며 이번 싸움에 모든 것을 걸겠다는 결의가 눈에 가득했고 그것이 저절로 전군에 넘쳐나고 있었다. 이러한 태도를 본 화승총부대의 대장들은 3천 정으로 정면에서부터 일제사격을 가했다. 제아무리 명장 아래에서 제아무리 훈련을 거듭했다 할지라도 이 같은 맹렬한 사격 속에서는 아무것도 할 수 없는 법이다. 곧 오륙백 기가 쓰러졌으나 코슈 군 최고의 명장이 이끄는 부대는 결국 목책을 넘어 분전을 거듭했다. 이때 이에야스 군의 장수인 이시카와 호키노카미(石川伯耆守), 혼다 헤이하치, 토리이 히코에몬(鳥居彦右衛門), 히라이와 시치노스케(平岩七之介) 등이 각각 창을 쥐고 총격으로 인해 어지러워진 적의 한가운데로 뛰어들어 종횡무진으로 날뛰었다.

전세가 이미 기울었다고 판단한 노부나가는 전군에게 총공격 명령을 내렸다. 산야에 울려퍼지는 커다란 함성, 천지를 뒤흔들 것 같은 총성, 화살 나는 소리에 뒤섞인 외침. 완전히 무너진 코슈 군은 달아날 길을 찾지 못해 타키가와의 깊은 물에 빠지는 자의 숫자를 알 수 없었으며 야마가타 마사카게, 사나다 노부쓰나(真田信綱)와 동생인 마사테루(昌輝), 쓰치야 마사쓰구(土屋昌次) 등을 비롯하여 바바 노부하루, 나이토 마사토요 등 타케다 씨의 숙장과 노신들 전부 쓰러졌고 살아 돌아온 자는 겨우 3천 명이었다. 카쓰요리조차 간신히 몸을 빼내 달아났을 정도로 비참한 패배였다.

그야말로 대승, 지난날 미카타가하라 전투에서 당한 패배를 여기서 설욕했다고 할 수 있으리라. 승리의 원인으로는 오다·토쿠가와 군의 조화와 신병기인 화승총의 위력이 이번 싸움을 완전한 승리로 이끌었다고 할 수 있을 것이다.

9. 그 후의 코산 지방

나가시노에서의 격전으로 타케다 씨는 치명적인 손상을 입었다. 이대로 추격전이 계속된다면 멸망할 것은 불을 보듯 뻔한 일이었으나, 그 무렵 쿄토 쪽의 일이 분주했던 노부나가가 기후로 돌아갔기에 타케다 씨의 멸망은 텐쇼 10년(1582)으로 연기되었다. 그 사이에 노부나가, 이에야스 및 카쓰요리의 동정은 매우 세세하고 복잡했으나 그것이 마침내는 텐모쿠잔(天目山)에서 카쓰요리가 자결하는 비극의 원인이 되니 극히 간단하게 이야기하기로 하겠다. 그리고 작은 싸움에 대한 이해를 돕기 위해 당시 세 집안의 영지를 살펴보자면,

[타케다 씨] 카이, 시나노, 스루가의 전부.

엣추, 히다[99], 미노, 미카와, 토오토우미의 일부.

[토쿠가와 씨] 미카와, 토오토우미의 일부.

[오다 씨] 오와리, 이세, 시마, 오우미, 와카사, 야마시로, 야마토, 셋쓰[100], 카와치[101], 이즈미[102]의 전부.

히다, 미노, 키이[103]의 일부.

텐쇼 3년(1575) 5월 25일(특별히 이름이 없는 것은 이에야스의 행동).

노부나가, 기후로 개선. 이에야스 역시 기후로 가서 노고에 감사인

---

99) 飛驒. 지금의 기후 현 북부. 히슈(飛州).
100) 摂津. 지금의 오오사카 북서부와 효고 현 남동부. 셋슈(摂州).
101) 河內. 지금의 오오사카 동부. 카슈(河州).
102) 和泉. 지금의 오오사카 남부. 센슈(泉州).
103) 紀伊. 지금의 와카야마 현 대부분과 미에 현의 일부. 키슈(紀州).

사를 했다.

6월. 스루가로 침입하여 비샤몬도(毘沙門堂), 토바야마(鳥羽山), 니나하라(蜷原), 와다지마(和田島)에 각각 성을 쌓았다. 후타마타 성을 공격했다. 혼다 타다카쓰, 사카키바라 야스마사 등이 코묘지 성을 함락시켰으며, 스와하라(諏訪原) 성을 공격하고 오야마 성을 포위했다.

11월. 오다 노부타다가 이와무라 성을 떨어뜨렸다. 노부나가는 성의 장수인 토오야마 씨 일족을 도륙했다.

11월 28일. 노부나가는 집을 노부타다에게 물려주고 기후에 머물게 했다.

12월. 후타마타 성을 함락시켰다.

텐쇼 4년(1576) 3월. 카쓰요리가 식량을 타카텐진 성에 보급하려 했다.

7월. 타루야마(樽山) 성을 공격했다.

8월. 스루가 이서(以西) 지방을 침략했다.

텐쇼 5년(1577) 정월. 카쓰요리가 호조 우지마사와 손을 잡았다.

8월. 아나야마 노부타다로 하여금 야마나시(山梨)를 공격하고 스루가로 들어가게 했다.

12월 10일. 정5위에서 종4위하가 되었다.

텐쇼 6년(1578) 3월. 오오이가와에 진을 치고 타나카, 오야마를 공격했으며 모치후나(持船) 성으로 달려갔다.

5월. 타나카 성 공격.

7월. 요코스가(橫須賀)에 성을 쌓았다.

8월. 타나카 성을 공격하고 토오메(遠目)에 이르렀다.

10월. 오오스가 야스타카 등이 타카텐진 성을 공격했으며, 이를 구하기 위해 카쓰요리가 토오토우미에 들어왔다. 이에야스는 소샤산(総

社山)에 진을 치고 대치했다.

11월. 카쓰요리 퇴각.

텐쇼 7년(1579) 3월. 카쓰요리가 쿠니야스(国安)로 출진하자 이에야스도 마무시즈카(馬伏塚)에 진을 쳤다. 전투는 벌어지지 않았으며 카쓰요리가 퇴각했다.

4월. 카쓰요리가 쿠니야스로 나오자 이에야스는 후쿠이(福井)에 진을 쳤다.

5월. 타나카 성을 공격했다.

8월. 적자인 사부로와 부인 세키구치 씨를 후타마타 성에서 자결케 했다. (후에 상술)

9월. 호조 우지마사가 이에야스와 동맹을 맺고 카쓰요리를 공격하기로 약속했다. 오오스가 야스타카가 타카텐진 성을 공격했다.

텐쇼 8년(1580) 정월. 카쓰요리가 타카텐진 성을 도우려 한다는 풍문이 돌자 오다 노부타다가 키요스로 와서 독려했다.

3월. 카쓰요리와 호조 씨가 이즈의 바다에서 포격전을 펼쳤다. 이에야스는 텐노바바(天王馬場) 근처까지 가서 오오사카(大阪)와 나카무라 2개 성을 수축했다. 카쓰요리와 우지마사가 키세가와(黄瀬川)에서 대치했다.

5월. 타나카 성을 함락시켰다.

6월. 요코스가에 진을 치고 시시가하나(鹿鼻)와 요시자카(能坂)에 성을 쌓았다. 타카텐진 성 외곽에 불을 질렀다.

11월. 6군데에 성을 쌓아 타카텐진 성을 압박했으며 마무시즈카에 진을 치고 포위하여 장기전에 들어갔다.

12월. 이러한 상황을 노부나가에게 보고했다.

텐쇼 9년(1581) 2월. 타카텐진 성 안의 양식이 떨어졌다.

    3월 22일. 타카텐진 성 함락. 이때 절개를 굽히지 않았기에 8년
동안이나 성 안의 굴에 유폐되어 있던 옛 성주 오가사와라 씨의 신하
오오카와치 마사후사(大河内政房)를 구했다. 마사후사는 다리에 힘이
없어서 일어설 수 없었다. 이에야스가 그를 크게 위로했고, 이후 기운을
회복했으나 나가쿠테(長久手)에서 전사했다.

10. 후타마타 성의 비극

텐쇼 7년(1579) 8월. 엔슈의 하마마쓰 성은 비통함과 근심에 잠겼다. 쉽게 동요하지 않는 이에야스조차 입을 다문 채 한마디도 하지 않았다. 하물며 다른 신하들은 그저 가끔 한숨만 내쉴 뿐이었다. 말 한마디 없이 정적에 잠긴 자리는 숨이 막힐 정도의 침울함에 빠져 있었다. 주위에 늘어앉은 미카와의 숙장과 노신들도 누구 하나 입을 열려 하는 자가 없었으며 그저 머리만 조아리고 있을 뿐이었다. 지금 막 기후에서 돌아온 사카이 사에몬노조 타다쓰구가 모든 보고를 마치고 난 직후였다.

사건은 중대성을 띠고 있었다. 이에야스의 적자인 오카자키 사부로 노부야스가 그의 어머니인 세키구치 씨와 함께 타케다 카쓰요리와 내통하여 후타마타 성으로 코슈 군을 들이려는 음모를 꾸미고 있다고, 노부야스의 아내이자 노부나가의 딸인 토쿠히메(德姬)가 기후로 은밀히 글을 전했기에 그 진위를 파악하기 위해 토쿠가와 쪽의 중신인 사카이 타다쓰구가 불려가 노부나가의 문책을 받고 지금 막 돌아온 참이었다.

"안타깝지만 확실한 증거가 있기에 변명의 여지가 없었습니다."

타다쓰구의 말에 이에야스는 말없이 고개를 끄덕였다. 이 무슨 일이란 말인가. 그는 크게 분노하여 한동안 몸의 떨림을 느꼈다.

'이제 한 걸음, 한 걸음만 더 내딛으면 천하의 토쿠가와가 될 수 있다. 그런데 간신히 일어선 지금 코슈와 내통하여 그간의 고심을 물거품으로 만들려 하다니, 어리석은 사람들……. 망하기 시작한 카쓰요리와 내통하여 대체 뭘 어쩌겠다는 겐지. 또 그를 위해서 노부나가를 배신하고,

아비를 배신하면 어떤 이익이 있다는 겐지. 어리석은 사람들, 속은 게야. 코슈의 전술에 걸려든 게야. 너희는 그런 줄도 모르고 그저 한때의 감정에 휘둘려 적의 뜻에 동의한 거겠지. 애써 빼앗은 후타마타 성을 적에게 다시 돌려주면, 너희는 그것으로 만족한단 말이냐? 그런 부끄러운 일을 하고도 미카와의 무사라고 할 수 있겠느냐? 그게 겐지의 피를 물려받은 토쿠가와 씨의 일족이 할 짓이란 말이냐? 노부나가 나리께서 화를 내시는 것도 당연한 일이다. 나조차 가장 신뢰하고 있던 아들과 아내에게 배신당한 슬픔과 분노가 어떤 것인지 사람들은 알 리가 없다. 하지만 과오는 누구나 범하는 법이다. 그 과오가 커다란 것이 되기 전에 바로잡을 수만 있다면 그것으로 용서하지 않으면 안 된다. 그러나 노부나가 나리는 그렇게 생각지 않으실 게다. 그는 격정적인 사람이야. 만약 너희를 용서한다면 나까지도 괜한 의심을 받게 될 게야. 부자가 공모한 일이라고 할 것이 틀림없다. 그렇게 되면 지금까지 10여 년 동안 이어온 오다와 토쿠가와의 동맹관계는 완전히 깨져버리고 말게야. 그렇게 되면 이후부터는 오다 씨를 적으로 싸울 수밖에 없어. 지금 하마마쓰의 세력은 겨우 미카와와 토오토우미의 일부에만 미치고 있어. 이대로 분열하여 오다 씨를 적으로 만든다면 그야말로 커다란 역경을 맞이하게 될 게야. 게다가 오다 씨에게는 커다란 은혜도 입었어. 지난 10여 년 동안의 지기를 봐서라도 너희의 이번 행동은 용서할 수가 없어.'

이에야스는 조용히 마음을 정했다.

"알겠네. 노부야스 모자에게는 후타마타 성에서의 자결을 명하겠네."

단호한 목소리, 그러나 말끝이 떨려오는 것을 억누를 수는 없었다. 신하들이 아연실색한 가운데 이에야스의 모습은 안쪽으로 사라져버렸다. 자신도 모르게 흘러내리는 눈물을 보일 수는 없다고 생각한 것이리라.

사람들은 '설마……'하고 생각했다. 제아무리 반역이 의심된다 할지라도 장남과 정실인 두 사람의 목숨까지는 노부나가도 요구하지 않으리라. '칩거근신' 정도가 적당한 선일 것이라고 누구나 생각하고 있었기에, 단호한 이 명령에는 낯빛을 잃을 수밖에 없었다.

노부야스 모자는 이러한 때에도 평범한 사람에게 보내지는 만큼의 동정조차 얻지 못했다. 자리에 늘어앉은 노신들의 머릿속에 떠오른 것은 오만방자하고 무모한 폭군과 질투를 위해서 태어난 것이 아닐까 여겨지는 부인의 모습이었다. 너무나도 상식에서 벗어난 그들의 일상생활을 늘 보고 들어온 노신들이었기에 이에야스의 이번 엄명이 어쩌면 당연한 것일지도 모른다는 생각까지 들기도 했다. 각자의 생각에 잠긴 채 사람들은 자리에서 일어났다.

×   ×   ×

후타마타 성 역시 침통한 분위기에 잠겨 있었다. 오카자키 사부로가 자결을 하는 날이었다. 하마마쓰에서 그 임무를 띠고 오오쿠보 타다요가 와 있었다. 감시를 위해서 와타나베 한조 모리쓰나(渡辺半蔵守綱), 아마가타 야마시로노카미 미치오키(天方山城守通興)도 이미 성에 들어왔고, 시각을 기다리는 동안의 쓸쓸하고 주체할 길 없는 공허한 시간이 지나고 있었다. 마침내 시각이 되자 단도를 얹은 상과 함께 미리 마련해둔 자리에 단정하게 앉았다.

"도련님, 헤아려주시기 바랍니다."

자리의 사람들 모두 죽음 앞의 엄숙함에 잠겨 있었다.

"이 모든 게 운명일세."라고 말한 노부야스는 와타나베, 아마가타 두 사람을 가만히 바라보다,

"아버지께 잘 말씀해주시기 바라네. 그럼, 카이샤쿠104)를 부탁하네."

---

104) 介錯. 할복한 사람의 목을 쳐주는 사람.

와타나베와 아마가타 두 사람 모두 참지 못하고 눈물을 흘렸으나 이래서는 안 된다며 아마가타 미치오키가 눈물을 훔치고 칼을 내리쳤다. 가엾은 이에야스의 적자 사부로 노부야스는 22세를 일기로 후타마타 성의 이슬로 사라져버리고 말았다.

×　　　　×　　　　×

비단 보자기에 싸인 노부야스의 목은 노부나가에게로 보내졌다. 이에 야스는 피로 자신의 결백을 증명한 것이었다. 일을 마친 와타나베와 아마가타 두 사람이 하마마쓰로 돌아가 이에야스에게 이 사실을 보고했다. 슬픔에 잠긴 채 듣고 있던 이에야스의 뇌리에는 어렸을 때부터 성인이 된 뒤까지, 강인했던 아들의 모습이 떠올랐다.

'사카이 녀석, 어떻게든 변명할 수도 있었을 텐데.'

문득 타다쓰구가 노부나가에게 참언을 한 것이 아닐까 하는 의심이 들었으며, 그때 적극적으로 부정했다면 일이 여기까지는 오지 않았을지도 모르겠다는 생각이 들었다.

'오오쿠보도……, 어딘가에 숨겨두고 도주했다고 일을 꾸밀 수도 있지 않았는가. 그런데 그걸 끝내 죽게 내버려뒀어.'

이에야스는 머리가 혼란스러워져서 가신들이 취한 행동까지 원망스럽게 여겨졌다. 그러나 이러한 혼란과 의혹과 슬픔에 방황하던 이에야스는 다시 인내와 자중의 태도로 돌아와 있었다.

'아니, 이거면 됐어. 가신들에게 무슨 잘못이 있겠는가. 토쿠가 와 가가 마침내 대업을 이루기 위해서는 이 방법밖에 없었어. 사부로도 그런 토쿠가와 가의 기초를 닦기 위해서 목숨을 바친 게야.'

꿈에서 깨어난 사람처럼 이에야스가 아마가타를 바라보았다.

"자네가 쓴 칼은 누가 만든 겐가?"

"네."

아마가타는 자신이 도련님을 베었다는 사실에 가책을 느꼈고 아까부터 그 고뇌 때문에 얼굴까지 창백해져 있었다.

"센고 무라마사입니다."

"흠."

이에야스는 잠시 생각에 잠겼다.

"참, 신기한 일도 다 있구나."

그는 이미 냉정함을 되찾았다. 그리고 옛일을 추억하듯,

"예전에 비슈 모리야마에서 할아버지 키요야스 공이 아베 야시치로에게 목숨을 잃었을 때, 그 칼도 무라마사였네. 또 내가 어렸을 때 스루가의 미야가사키(宮ヶ崎)에서 작은 칼에 손을 베었을 때도 무라마사……."

이에야스는 시선을 먼 곳에 가만히 두고 있다가,

"무라마사의 칼은 우리 집안에 해가 되는 듯하구나. 앞으로 무라마사는 일절 사용하지 않도록 해야겠다."

이렇게 말한 그는 조용히 눈을 감았다.

11. 저물녘 텐모쿠잔의 폭풍

타카텐진 성이 함락된 이후, 타케다 씨의 세력은 급속도로 쇠약해지기 시작했다. 엔슈는 완전히 토쿠가와 씨의 손에 들어갔으며, 호조 씨는 등을 돌렸고, 우에스기 카게카쓰(上杉景勝)와 손을 잡기는 했으나 중부지방을 풍미하던 신겐의 위력은 어디에도 없었다. 카이의 전략적 방침이었던 적극적인 공세에서도 물러나 성을 지키는 소극적인 자세를 취하게 되었다.

카이의 이러한 현상을 본 아나야마 노부타다는 카쓰요리에게, 코후(甲府) 서쪽에 있는 니라자키(韮崎)에 성을 새로이 쌓아 양쪽의 적을 방어해야 한다고 말했다. 신겐의 방침은 늘 적극적으로 공세에 나서는 것이었기에 성다운 성을 쌓지 않았었으나, 이처럼 방어를 주체로 하게 되었으니 요해지에 견고한 성을 쌓는 것은 당연히 필요한 일이 되었다. 그러나 신겐이 말한 것처럼 강국의 첫 번째 조건은 사람들의 화합이다. 신겐은 사람들을 화합하게 하여 그 정도의 명성을 구가했으나, 카쓰요리는 성을 쌓고 사람들의 화합을 깨뜨려 마침내는 자멸의 길로 자신을 인도했다. 그야말로 사람들의 화합이 깨졌다고 해야 하리라. 신겐의 사위인 후쿠시마(福島)의 성주 키소 요시마사(木曾義昌)가 은밀히 카쓰요리에게서 멀어져 인질을 보내고 토쿠가와 군을 끌어들이려 했다. 엎친 데 덮친 격이란 이를 두고 하는 말이리라. 화를 내면서도 일이 매우 중대했기에 카쓰요리는 아들 노부카쓰(信勝)와 동생 노부토요(信豊)와 함께 2만의 군을 이끌고 가서 스와 우에노에 진을 쳤으며, 각 장수들에게 명령하여 접경지의 경계를 엄중하게 했다.

이 보고를 받은 노부나가는 드디어 수년 동안의 현안이었던 타케다씨 총공격을 개시했다. 후방의 근심을 없애기 위해 야마토, 카와치, 이즈미의 병사로 코야산(高野山)을, 이케다 노부테루로 하여금 셋쓰를, 호소카와 후지타카로 하여금 탄고105)를, 시바타 카쓰이에로 하여금 우에스기 씨를 견제하게 했다. 그리고 미카와, 사가미와 연락하여 이에야스는 스루가 쪽에서, 호조 우지마사는 칸토 쪽에서 카나모리 나가치카(金森長近)는 히다 쪽에서, 마지막으로 노부나가는 아들 노부타다와 함께 미노를 나와 시나노의 치쿠마(筑摩), 이나 2개 군으로 들어가기로 했으며, 우선은 노부타다의 선봉인 모리 나가요시, 단 카게하루(団景春), 카와오 히데타카(河尾秀隆) 등이 키소와 이나로 나뉘어 전진했다.

때는 텐쇼 10년(1582) 2월이었다. 이나와 타키자와(滝沢) 성은 싸우지도 않고 항복했으며 마쓰오의 성주인 오가사와라 노부미네(小笠原信嶺)는 투항했고, 이이다 성을 지키던 사카니시(坂西), 호시나(保科) 등 역시 성을 버리고 달아났다. 연합군이 지나는 길 위에 있는 성들은 그저 바람소리만 들려와도 항복하고 달아났다. 이마후쿠 마사히로(今福昌弘 타)가 키소 요시마사(오), 토오야마 토모마사(遠山友政)에 맞서 토리이토우게(鳥居峠)에서 싸우다 패한 것이 그나마 싸움다운 싸움이었을 정도였다. 노부타다는 이이다로 들어갔으며 오오시마(大島)의 성주를 내쫓고 마쓰오, 오오시마에 요새를 쌓았다.

이에야스는 2월 18일에 하마마쓰에서 출발했는데 오야마의 성주인 오오쿠마 나가히데(大熊長秀)는 그 소식을 들은 것만으로 카이로 달아나 버리고 말았다. 카케가와에서 타나카에 이르러 요다 노부시게(依田信繁)

---

105) 丹後. 지금의 쿄토 북부 지방.

를 항복케 하고, 슨푸로 들어가 모치무네(用宗) 성의 항복을 받아낸 뒤 성장인 아사히나 노부오키(朝比奈信興)를 쿠노(久能)로 보내 쿠노 성을 열게 했으며, 에지리(江尻) 성의 아나야마 노부타다도 항복케 하는 등, 그야말로 싸움 한 번 하지 않고 슨슈를 평정했다. 단적으로 말하자면 이에야스는 그저 군을 이끌고 행군한 것에 지나지 않았다.

호조 씨 군은 2월 28일에 진군하여 스루가로 들어갔으며 토쿠라(戶倉) 성을 공격하여 오가사와라 노리사다(小笠原範貞)를 항복케 했고, 더욱 나아가 코코쿠지 성으로 몰려갔다.

이처럼 연합군이 가는 길은 탄탄대로와도 같았다. 그저 소문을 들은 것만으로 항복했으며, 새가 나는 소리에도 달아날 정도로 기백이라고는 조금도 찾아볼 수 없는 자들뿐이었으나, 타카토오(高遠) 성의 성주인 니시나 고로 노부모리[106]만은 비장한 최후를 맞이했다.

×   ×   ×

당시 노부모리는 19세. 다른 성들이 한시도 버티지 못하고 연달아 무너지는 가운데 홀로 서서 굳건히 저항하고 있는 니시나 고로에게 노부타다가 사자로 보낸 승려가 찾아와 말하기를,

"사면초가에 둘러싸인 지금 타케다 씨의 멸망은 눈앞에 있소. 저항을 멈추고 항복하는 것이 어떻겠소?"

말이 채 끝나기도 전에 어린 소년이라고는 여겨지지 않을 만큼 커다란 목소리로 "닥치시오!"라고 노부모리가 외쳤다.

"대답은 필요 없다. 이놈의 귀와 코를 베어 내쫓도록 하라!"

참으로 대담한 명령이었다. 구름떼처럼 몰려든 적을 눈앞에 두고 내보인 대담함.

---

106) 仁科五郎信盛(1557? ~1582). 타케다 신겐의 다섯 번째 아들.

"이놈 용서하지 않겠다!"

노부타다가 단숨에 성을 떨어뜨리겠다는 듯 번갈아 새로운 부대를 투입하여 성을 공격케 했기에 쓰러지는 성 안의 병사는 그 수를 헤아릴 수 없을 정도였다. 이제 남은 자라고는 오야마다 빗추(小山田備中), 와타나베 추다유(渡辺重太夫), 카스가 카와치노카미(春日河内守), 스와 쇼에몬(諏訪壮右衛門) 이하 겨우 18명. 널따란 방 안에 모여,

"이제 운명이 다한 듯하오. 그렇다고 이대로 자결한다는 것은 안타깝기 그지없는 일이오. 다시 한 번 적 속으로 뛰어들어 칼을 휘두르다, 다행히 적장 노부타다를 만난다면 그를 베고 생을 마감하기로 합시다."

아직 어린 소년이기는 하나 신겐의 피를 물려받은 노부모리가 늠름한 목소리로 말했다. 애초부터 죽음을 각오한 용사들이었다.

"그럼 저승에서 다시 뵙겠습니다."

건물에 불을 질러 활활 타오르는 초열지옥을 뒤로하고 아수라처럼 적 속으로 뛰어들었다. 이 모습을 본 노부타다는 연노랑 금란으로 만든 호로[107]를 쓰고 담장 위로 뛰어올라 오동나무 가지를 잡은 채 커다란 목소리로 지휘를 하고 있었다. 노부타다가 가까이에 있음을 본 노부모리는 종횡무진으로 날뛰며 칼을 휘둘렀고, 한 번 휘두를 때마다 노부타다와의 거리가 좁혀졌다. 멋대로 날뛰게 내버려두지는 않겠다는 듯 노부타다의 신하들이 팔방에서 달려들었으나 허공을 가르는 노부모리의 칼끝은 날카로웠고, 그는 마침내 노부타다가 올라선 담장 밑에까지 이르렀다.

"이놈!"하고 칼을 휘둘렀으나 노부타다가 훌쩍 뛰어 오동나무가지에 매달렸기에 칼끝이 닿지 않았다. 세 번, 네 번 뛰어오르며 칼을 휘둘렀으나 거리가 있었기에 노부타다의 몸에는 칼이 미치지 못했다. 그저 오동나무

---

107) 母衣. 갑옷 뒤에 엎어 씌워 화살을 막던 포대와 같은 천.

에만 닿을 뿐. 다시 칼을 휘둘러보려 했으나 주군이 위험에 처한 모습을 보고 노부타다의 부하들이 몰려들었다. 그 가운데 한 명이 내지른 창을 피하며 옆으로 휘두른 칼이 상대의 목을 베어 1간 정도 튕겨냈다. 솟아오른 핏줄기를 온몸에 뒤집어쓴 노부모리의 모습은 그야말로 피범벅이 된 인왕 그 자체였다. 그러나 상대는 한두 명이 아니었다. 지칠 대로 지쳐버린 노부모리는 비틀거리면서도 간신히 몸을 지탱하여 조금 전 가신들과 모였던 널따란 방까지 내몰리고 말았다.

시뻘겋게 치솟은 성의 불길 속에서 훌쩍 모습을 드러낸 여자가 하나 있었다. 나이는 서른대여섯쯤, 빨간 미늘이 달린 갑옷에 하얀 머리띠를 두르고 언월도를 손에 든 채 커다란 목소리로,

"나는 스와 쇼에몬의 아내, 카이 여자의 마지막 모습이 어떤 것인지 보여주겠다."라고 말하며 적 속으로 훌쩍 뛰어들었다.

'계집 주제에.'라며 얕잡아보고 하급 무사들이 칼도 제대로 쥐지 않은 채 정면에서부터 달려들었으나 곧 손에 쥔 칼을 놓쳤으며, 여자가 쳐올린 칼에 발 아래서부터 목 부근까지 베여 비명을 지를 새도 없이 핏줄기를 내뿜으며 뒤로 나자빠지고 말았다. 붕붕 물레방아처럼 도는 칼날의 소리에 예닐곱 명의 적들이 삽시간에 쓰러졌다. 마녀처럼 종횡무진으로 달리던 여자는 적이 주춤거리는 모습을 보자 창칼의 숲 속에서 태연하게 자신의 목을 찔러 장렬한 최후를 맞이했다.

불길은 이미 성곽 전체에 번져 검은 연기가 하늘을 찔렀으며, 타오르는 불덩이 속에서 전신에 상처를 입은 자들이 마지막 꽃을 피우고 있었다. 노부모리 역시 젖은 솜처럼 무거워진 몸으로 문에 버티고 서서 달려드는 적과 싸웠는데 그 순간 굉음과 함께 날아든 탄환이 그의 다리를 꿰뚫고 지나갔다. 우당탕 나뒹굴었던 노부모리는 이것이 마지막이라고 생각했는지 마루에 일어나 앉자마자 갑옷을 벗고 스스로 배를 찌른 뒤, 피가

솟구치는 장기를 꺼내 적에게 내던지고 다시 그대로 털썩 쓰러졌다. 스러져가는 타케다 씨의 마지막 꽃, 타카토오 성은 이처럼 비장함 속에서 떨어지고 말았다.

×   ×   ×

가신들과 주변의 성들이 모두 떠나버려 3면으로 적을 맞게 된 카쓰요리는 오야마다 노부시게의 권유에 따라서 처자를 데리고 이와도노(岩殿)에 이르렀으며 코마가이(駒飼)까지 갔으나 거기서 기다리기로 한 노부시게의 모습이 보이지 않았다. 반역이라는 사실을 알았을 때는 이미 되돌릴 수 없는 상황에 이르고 말았다. 노부시게는 카쓰요리에게 인질로 보냈던 어머니를 되찾아오기 위해서 거짓말을 한 것이었다. 마지막까지 믿고 있던 오야마다에게 배신당한 카쓰요리는 하는 수 없이 텐모쿠잔으로 향했는데, 산기슭인 타노(田野)까지 왔을 때 타키가와 카즈마스(忞), 카와지리 히데타카(河尻秀隆) 군에게 다시 앞길을 가로막히고 말았다. 이제 천지에 한 치의 달아날 구멍도 없어진 카쓰요리는 밀려드는 적을 막아가며 한 농가로 들어가 입구에 불을 지른 뒤, 야트막한 언덕으로 올라가 주위를 둘러보았다. 미노 병사들의 함성이 천지를 뒤흔드는 듯했으며 거기에 지역의 무장봉기세력까지 가담해 주위는 온통 사람의 소용돌이였다.

"아아." 하늘을 올려다본 채 탄식한 카쓰요리는 큰아들인 노부카쓰에게 집안 대대로 내려오던 갑옷과 무구들을 두르게 하고 쓰치야 소조(土屋総蔵)에게 조력을 부탁한 뒤,

"카이 겐지 타케다 집안의 운명도 여기까지인 듯하구나. 너희도 각오를 하여 부끄러운 죽음은 면하도록 하라."고 말했다. 이에 체념한 눈을 감고 단정하게 앉은 부인 호조 씨의 목을 베고 자신은 아들 노부카쓰와 함께 할복했다. 액운이 든 나이라고들 하는 37세. 영걸로 전국에 이름을

떨친 신겐의 뒤를 물려받은 카쓰요리도 기울어가는 운세에는 결국 이기지 못하고 딱하게도 텐모쿠잔의 이슬로 사라져버리고 말았다.

카쓰요리의 목은 곧 노부나가에게로 보내졌다. 이치카와(市川)에서 카쓰요리의 죽음을 들은 이에야스도 그 자리에 있었는데, 카쓰요리의 목을 본 노부나가는,

"너는 자신의 실력도 모르고 오다 가에 맞선 멍청이다. 이렇게 된 것도 다 자업자득이다."라고 험담을 퍼부었다.

이때 곁에 있던 이에야스는 일부러 의자에서 일어나,

"한때는 중부에서 명망이 높았던 분이 이 같은 모습이 되신 것도 다 천명입니다."라며 정중하게 절했다. 이에야스의 이러한 태도에 카이와 시나노 사람들도 곧 그에게 마음을 주게 되었다.

지용을 겸비한 우에다(上田) 성의 사나다 마사유키(眞田昌幸) 부자도 항복을 해왔기에 노부나가는 각 장수들에 대한 논공행상을 행했다. 카와지리 히데타카에게 카이, 모리 나가요시에게 시나노의 타카이(高井)·코우치(小内)·사라시나(更科)·하니시나(埴科) 4개 군, 모리 히데요리(毛利秀賴)에게 이나 군의 일부, 단 카게하루에게 이와무라 성, 모리 나가사다(森長定)에게 카나야마(金山) 성, 그리고 이에야스에게는 스루가 1개 쿠니를 주었다.

12. 이가지의 난(혼노지의 변)

스루가 1개 쿠니를 받은 것에 대한 답례로 타케다 씨에게서 등을 돌린 아나야마 노부타다를 데리고 이에야스는 텐쇼 10년(1582) 5월 11일에 아즈치 성으로 가서 노부나가에게 직접 감사의 뜻을 표하기로 했다. 노부나가에게 있어서도 이에야스는 오랜 맹우로 미카와와 토오토우미를 잘 지켜서 동방에 대한 노부나가의 근심을 끊고 서방에 대한 뜻을 이루게 해준 은인이었기에 그에 대한 대우에 소홀함이 없도록 만전을 기했으며 탄바[108] 카메야마(亀山)의 성주인 아케치 미쓰히데(明智光秀)에게 그 접대역을 맡겼다.

14일에는 아들 노부타다가 기후에서 왔으며, 그 이튿날 이에야스 일행이 아즈치에 도착했다. 바로 그 무렵 추고쿠에서 타카마쓰(高松) 성에 수공을 가하고 있던 하시바 히데요시에게서 모리 씨의 동정에 대한 보고와 함께 원군을 보내달라는 전갈이 왔다. 노부나가는 곧 미쓰히데를 불러 접대역을 그만두게 하고 바로 병사들을 모아 추고쿠로 출발할 것을 명령했다. 환대를 위해 온갖 산해진미를 정성껏 모아 기다리고 있었는데 이런 명령이 떨어진 것이었다. 미쓰히데는 접대를 위해 정성껏 모아두었던 것들을 비와코(琵琶湖) 호수에 집어던지고 분을 삭이지 못한 채 아즈치를 떠났다.

노부나가로부터 일주일에 걸친 극진한 접대를 받은 이에야스는 그가

---

108) 丹波. 지금의 쿄토 중부와 효고 현의 중동부를 일컫던 옛 지명.

권하는 대로 오오사카, 나라(奈良), 사카이(堺)를 둘러보기 위해 여행길에 올랐으며, 노부나가는 쿄토의 혼노지(本能寺)로 들어갔다.

6월 2일. 명소와 고적을 둘러보고 사카이로 들어온 이에야스는 이튿날 마침내 쿄토로 향할 예정이었는데 차야 시로지로(茶屋四郎次郎)가 단기로 말을 급히 몰아 달려왔다.

"나리, 커다란 변고가 일어났습니다."

심상치 않은 분위기에 이에야스도 숨을 죽였다.

"지금 이이모리 산기슭 부근에서 혼다 타다카쓰 나리로부터, 어제 혼노지에서 코레토(惟任) 미쓰히데에게 우후(右府) 공(노부나가)께서 비참한 최후를 맞이하셨다는 전갈이……."

"우후 공께서……."

사람들은 깜짝 놀라 말도 나오지 않았다. 천하를 호령하던 우다이진(右大臣) 노부나가가 변사라니. 그것은 너무나도 뜻밖의 소식이었다. 사람들의 머릿속으로는 혼노지에서 분전하는 노부나가의 모습이 한순간 스치고 지나갔다.

쉽게 동요하지 않는 이에야스도 이때만은 완전히 낯빛을 잃었다. 여행을 나선 몸이었기에 병사들도 얼마 거느리고 있지 않았다. 노부나가의 원수를 갚기 위해 나서야 할지, 물러나 뒷일을 도모해야 할지. 나서자니 병사의 숫자가 너무 적었고 물러나자니 주위에 적들이 있었다. 이에야스는 완전히 진퇴양난에 빠져버리고 말았다. 그러나 노부나가는 오랜 지기였다. 물러나다 도적떼에게 목숨을 잃기보다는 차라리 얼마 되지 않는 병력으로라도 일전을 치르다 깨끗하게 죽는 것이 낫겠다 싶기도 했으나, 그 일전을 치를 만큼의 힘도 가지고 있지 않은 지금으로서는 어떻게 해야 좋을지 뾰족한 수가 없었다.

"이렇게 된 이상 달리 방법이 없다. 한시라도 빨리 쿄토로 들어가

치온인(知恩院)에서 할복하여 우후 공의 뒤를 따르기로 하자."

따르는 자들에게도 역시 주군 이상의 묘안은 없었다. 갑작스럽게 일어난 일대 변동 때문에 평소의 예지도 모습을 감춘 듯 여겨졌다. 약 5리쯤 갔을 때 날랜 말에 채찍을 가해 달려오는 혼다 타다카쓰를 만났다. 쿄토로 들어가려는 일행을 보고 깜짝 놀란 타다카쓰는 한시라도 빨리 미카와로 돌아가 책략을 세울 것을 권했다.

"황공하오나……."라며 앞으로 나선 것은 지금까지 길을 안내하던 하세가와 히데카즈(長谷川秀一)였다.

"……우후 공의 변을 듣고 여러분과 함께 목숨을 걸고 싸울 각오로 여기까지 달려왔으나, 타다카쓰 나리의 지금 말씀이 옳은 듯합니다. 다행히 카와치를 거쳐 고슈, 이가지(伊賀路)로 접어드는 길에 있는 자들은 예전에 제가 우후 공께 소개한 자들이니 아무런 장해도 없이 길을 안내할 수 있을 것입니다."

"듣던 중 반가운 말씀이오. 잘 부탁드리겠소."

길잡이를 얻은 일행은 크게 기뻐하며 모든 일을 하세가와의 처치에 맡기기로 했다. 우즈고에(宇津越)를 넘어 야마시로의 소라쿠(相楽) 군을 지나 키쓰가와(木津川)를 건너 고슈 시가라키(信楽)로 나갔다가 이가의 우에노 카부토고에(鹿伏兎越)를 넘어 이세의 시라코(白子) 포구에서 배를 타고 미카와로 들어가는 길을 취하기로 했다.

히데카즈는 야마토의 토오이치 겐바노스케(十市玄蕃允)에게 사람을 보내 안내를 청했으며, 타다카쓰가 톰보키리[109] 창을 들고 부근의 백성들에게 돈을 주거나, 혹은 으름장을 놓아 경호 및 안내를 하게 하여 그날은 야마시로의 소라쿠 군 야마다(山田) 마을에서 묵었다. 여기까지 함께 온 아나야마 바이세쓰 뉴도 노부타다가 키하타고에(木幡越)에서 고슈 타카시마(高島)를 거쳐 미노를 지나 코슈로 돌아가겠다고 했기에 일행은 둘로 갈라섰다.

밤에도 방심은 할 수 없었다. 그 부근에 자리 잡고 있는 토적들이 어중이떠중이들을 데리고 와서 몸에 지닌 물건은 물론 목숨까지 빼앗으려 노리고 있었기에 수행원들의 고충은 이만저만한 것이 아니었다. 이튿날이 되자 전날 헤어졌던 아나야마 바이세쓰가 야마시로의 쓰즈키 군에서 토적들에게 살해당했다는 보고가 들어왔다. 일행의 근심은 더욱 커질 뿐이었다. 길은 지금부터가 더욱 험난할 터였다. 토적은 굶주린 승냥이와 같았다. 금은재보의 냄새를 풍기는 이 일행을 어디까지고 집요하게 따라왔으며, 또 가는 곳마다에서 그런 무리들이 기다리고 있었다. 조금이라도 빈틈을 보이면 덥썩 물고 늘어질 것이 뻔했다.

일행이 키쓰가와까지 왔을 때 마침내 걱정하던 일이 벌어지고 말았다. 배를 2척 띄워놓고 사공인지 도적인지 알 수 없는 자들이 삼사십 명, 음흉한 눈빛으로 그들을 기다리고 있었다. 일행을 기다리게 한 뒤 혼다 타다카쓰가 성큼성큼 다가가서 무리 앞에 섰다.

"이보게들, 배가 좀 필요한데 빌려줄 수 있겠는가? 그에 대한 보답은

---

109) 蜻蛉斬. 잠자리를 베었다는 뜻으로, 잠자리가 날에 부딪쳐 둘로 갈라졌다는 일화가 있는 창이다.

듬뿍 하도록 하겠네."

이 말을 듣고 무리는 웅성이기 시작했다. 빌려줄 수 없다며 좀처럼 배를 내어주려 하지 않았다. 이는 상대의 약점을 충분히 이용하려는 것처럼 보이기도 했다.

"마음대로 하게. 저기서 기다리고 계신 분이 누군지나 알고 있는가? 카이도 최고의 무사로 천하에 이름을 떨치고 계신 토쿠가와 이에야스 공일세. 자네들이 욕심에 눈이 어두워 빌려주지 못하겠다면 이 톰보키리 창이 자네들 눈을 뜨게 해줄 것이네."

불쑥 앞으로 내민 창의 날카로움, 그것은 전장을 경험한 자만이 가진 일종의 기백이었다. 그 기세에 눌린 무리가 곧 배를 내주어 일행은 무사히 키쓰가와를 건넜다. 이것을 시작으로 무장한 토적들이 곳곳에서 일행을 습격했다. 이튿날인 4일에는 이시하라(石原) 마을에서 습격을 받았으나 요시카와 젠베에(吉川善兵衛) 부자가 쫓았으며, 우지가와를 건너 고슈 시가라키까지의 험난한 길도 별 탈없이 지나 타라 시로베에(多羅四郎兵衛)의 집에서 묵게 되었다.

이튿날은 타카미토우게(高見嶺)를 넘어 카미쓰게(上柘植)에서 30리쯤 떨어진 곳에 있는 카부토고에를 넘었고, 6일에 이세 시라코 포구에 도착했다. 그 동안의 길은 매우 위험한 지대였으나 예상했던 것 이상으로 지역의 사무라이들이 달려와 모여들었기에 커다란 위기에 빠지지 않고 일행은 무사히 목적지에 도착할 수 있었다.

거기서 지금까지 따라와주었던 야마토, 야마시로, 이가의 사무라이들에게 두텁게 예를 표하고 기회가 되면 미카와로 찾아오라고 말한 뒤 헤어졌으며, 일행은 배를 타고 미카와의 오오하마에 도착했다.

이것은 틀림없이 커다란 위기였다. 다행히도 킨키 각 지역 사무라이들의 옹호가 있었기에 이에야스는 그야말로 구사일생으로 돌아올 수 있었

던 것이다. 훗날 이 사무라이들을 불러들이고 각자에게 녹을 내려 그
노고에 보답했다.

13. 회오리바람과 하시바 히데요시

노부나가의 변사와 함께 천하에는 일대 회오리바람이 일었으며, 각 영웅들은 그 바람에 휩싸여 이리저리 흔들리는 형국이 되어버리고 말았다. 어떤 이는 탄식했으며, 어떤 이는 슬퍼했고, 어떤 이는 흔희작약하는 등 미쓰히데가 던진 돌 하나가 마침내 잠잠해지려 하고 있던 킨키 지방을 다시 일대 동란 속으로 몰고 갔다.

노부나가의 아들인 노부타다는 니조 성에서 전사했고 아즈치 성을 지키고 있던 가모우 카타히데(蒲生賢秀)는 노부나가의 부인과 이코마(生駒) 등을 데리고 난을 피해 히노(日野)로 달아났으며, 부인인 오다 씨를 데리고 쿄토로 향하던 마에다 토시나가(前田利長)는 세타(瀬田)에서 이 소식을 듣고 오다 노부오(織田信雄)와 함께 복수전을 일으키려 했으나 그럴 만한 실력을 가지고 있지 못했다. 아와(阿波)에 있던 미요시 야스나가(三好康長)는 정세를 살피겠다는 듯 카와치로 돌아갔고, 빗추110)로의 출병을 명령받았던 나가오카 타다오키(長岡忠興)는 즉각 병사들을 미야쓰 성으로 들였으며, 홋코쿠에 있던 모리 나가요시는 우에스기 카게카쓰와 전투를 벌이고 있었고, 시바타 카쓰이에 역시 우오즈(魚津) 성과 대치 중이었으며, 오다 노부타카(織田信孝)는 오오사카 성에서 미쓰히데의 사위인 오다 노부즈미(織田信澄)를 살해하기는 했으나 그 역시 세력이 미미했고, 칸토에 있던 타키가와 카즈마스는

---

110) 備中. 지금의 시즈오카 현 서부.

변이 일어났다는 소식을 듣자 장수들을 모아 그 인질들을 돌려보내고 각 장수들에게 자유로운 태도를 취하라고 한 뒤 자신의 결심을 표했기에 오히려 각 사무라이들의 동정을 얻어 호조 씨 경계를 위한 전비를 갖추었고, 오우미의 쿄고쿠 타카쓰구(京極高次)는 미쓰히데 편에 붙어 나가하마(長浜)를 공격했으며, 호라가토우게의 쓰쓰이 준케이도 마키지마(槙島) 성의 성주인 이도 요시히로(井戸義弘)와 함께 미쓰히데 편에 가담했다가 히데요시의 군이 아마가사키(尼ヶ崎)에 도착했다는 소식을 듣고는 창황히 히데요시에게 붙는 추태를 보였다.

단 한 명의 역신 미쓰히데에 대해서 군웅들은 그저 놀라고 동요하고 당황하기만 했을 뿐, 누구 하나 그에 맞서 공격하려는 자가 없었다. 그저 성으로 물러나 탄식하고 한숨을 내쉬며 정세의 변화만을 살폈다.

이러한 가운데 아무런 망설임도 없이 신속하고 기민하게 몸을 움직인 것은 하시바 히데요시였다. 타카마쓰 성에 수공을 가하던 중인 6월 3일 아침에 혼노지의 변에 대한 소식을 접한 히데요시는 성의 장수인 시미즈 무네하루(淸水宗治)를 자결케 하고 모리 씨와 화목한 뒤 6일에는 벌써 자신의 성인 히메지(姬路)로 돌아왔으며, 바로 미쓰히데 토벌군을 일으켜 11일에 셋쓰 아마가사키까지 진출했고, 13일 새벽부터 야마자키(山崎) 전투를 개시했다. 단 한 번의 싸움으로 패한 미쓰히데는 사카모토(坂本) 성으로 달아나던 중에 오구리스(小栗栖)의 숲에서 토적이 내지른 죽창에 맞아 혼노지의 변 이후 겨우 11일 만에 덧없이 최후를 맞이하고 말았다. 태풍이 지나고 천둥이 그친 후의 세상은 노부나가에서 히데요시의 손으로 넘어가고 말았다.

14. 코마키 · 나가쿠테 전투

히데요시가 중앙에서 자신의 수완을 마음껏 발휘하여 명실상부 노부나가의 후계자가 되어가고 있을 때, 이에야스는 모든 힘을 미카와 근방에 쏟아부어 오로지 실력을 양성하기에 여념이 없었다. 이는 당시 이에야스의 처지와 지위를 생각했을 때, 틀림없이 현명한 방법이었다.

즉, 요다 노부시게는 명령을 받고 코슈로 갔으며 다시 멀리로 말을 달려 시나노의 코모로(小諸) 성으로 들어갔다. 이나가키 나가시게(稻垣長茂)는 마키노 야스나리(牧野康成)를 도와 스루가의 코코쿠지 성을 지켰으며, 이에야스 자신은 미즈타니(水谷), 미나가와(皆川) 등을 이끌고 카이로 들어갔다. 그리고 혼다 시게쓰구에게 에지리와 쿠노를 지키게 한 뒤, 코슈의 신하였던 이이지마 켓소(飯島傑傁) 등을 데리고 야시로(八代) 군 샤진(精進)을 지나 카이의 후추(府中)로 들어가 타케다 씨의 신하였던 코오 스케미쓰(小尾祐光), 쓰가네 타네히사(津金胤久) 등을 가신으로 삼았다. 또한 당시 호조 씨의 공격을 받아 고전 중이던 요다 노부시게를 구원했으며, 사카이 타다쓰구에게 명하여 시나노를 관리하게 하고, 키소 요시마사를 데리고 이즈를 공략했다. 이후 오오쿠보 타다요, 토리이 모토타다, 히라이와 치카요시, 시바타 야스타다(柴田康忠) 등을 남겨 코신 지방을 진무케 했으며, 나루세 마사카즈(成瀬政一), 쿠사카베 사다요시(日下部定好) 등을 부교로 삼은 뒤, 하마마쓰로 개선했다.

이렇게 해서 이에야스의 영유지도 미카와, 토오토우미, 스루가, 카이, 시나노 5개 쿠니에 이르렀기에, 천하를 손에 넣지는 못했으나 중부 일본의 대부분을 차지하여 은근한 세력을 형성하게 되었다. 이렇게 되자 이에야스에게 서장이나 사람을 보내서 친교를 원하고 서로 손을 잡으려 하는 자가 매우 많아졌다. 호조 우지나오(北条氏直)는 이에야스의 딸을 얻어 인척관계가 되었고, 타키가와 카즈마스, 이마오(今尾)의 성주인 타카 사다히사(高貞久), 카미우지(上有知)의 성주인 사토 로쿠자에몬(佐藤六左衛門) 등을 비롯하여, 히데요시와 사이가 벌어져 쿄토를 떠난 전 다이조다이진(太政大臣) 코노에 사키히사(近衛前久)까지 이에야스를 의지하여 도움을 청했다.

야마자키 전투로 천하의 정세는 거의 정해진 듯했으나 킨키 지방에는 여전히 심상치 않은 기운이 감돌고 있었다. 애초부터 히데요시를 인정할 수 없었던 카쓰이에, 카즈마스, 노부타카 등이 연합하여 히데요시를 공격하려 했으나, 오히려 히데요시에게 져서 카즈마스는 항복했고 노부타카는 오와리 우치우미(内海)의 오오미도지(大御堂寺)에서 자결했으며, 시즈가타케(賤ヶ嶽) 전투에서 패한 카쓰이에는 에치젠 기타노쇼(北庄)에서 부인과 함께 자결하여 비장한 최후를 맞이했다. (카쓰이에의 아내는 노부나가의 딸로 처음에는 아사이 나가마사에게 시집갔으나 나가마사가 죽자 세 딸을 데리고 카쓰이에에게 시집갔으며 키타노쇼 성이 떨어지자 비장한 최후를 맞이했다. 세 딸은 사로잡혔다가 장녀는 히데요시의 첩 요도기미(淀君)가 되었고, 둘째는 쿄고쿠 다카쓰구의 아내가 되었으며, 막내는 토쿠가와 히데타다(徳川秀忠)의 부인으로 훗날 스겐인(崇源院)이 되었다.)

카쓰이에 등의 몰락으로 히데요시의 세력은 한층 더 커지게 되었으며, 이에야스는 지방에서 커다란 세력을 형성하게 되었다. 이 두 개의 신흥세력은 당연히 충돌하지 않으면 안 될 운명에 놓이게 되었다. 이러한 충돌이 노부나가의 둘째 아들인 노부오로 인해 본격적으로 표면화되기

혼다 타다카쓰와 카토 키요마사

시작했다.

시즈가타케 전투 이후 이세 나가시마의 성주가 된 노부오는 히데요시의 도움으로 동생인 노부타카를 멸망시키기는 했으나, 그 후 히데요시의 세력이 더욱 융성해짐에 따라서 오다 집안의 정통 계승자인 자신은 점차 경시되어가고 있는 듯 느껴졌다. 그것은 시대가 이미 오다 씨를 떠난 것이라고 생각하면 될 터였으나 노부나가 사후 얼마 지나지도 않은 때였으니 노부오에게 채워지지 않는 불만이 솟아오르는 것도 당연한 일이었으리라. 게다가 자신의 눈에는 범용하게 보이는 노부오가 노부나가의 핏줄을 이어받았다는 이유로 오만한 태도를 취하는 모습에 완전히 정나미가 떨어져버린 히데요시는 카로[111]를 자신의 편으로 만들어 그의 세력을 깎아내려 했다. 이 사실을 알고 크게 화가 난 노부오는 오카다 노부토요(岡田信豊) 이하 세 카로를 참살하여 히데요시와 대항하겠다는 뜻을 표면적으로 내보이고, 동시에 이에야스에게 도움을 청했다.

이에야스는 자신의 세력을 돌아보건대 조만간 히데요시와의 충돌을

---

111) 家老. 가신 중의 우두머리.

피할 수 없을 것이라 생각하고 있었기에 기꺼이 노부오에 가담함과 동시에 그 특유의 정치적, 전략적 외교술을 동원했다. 시코쿠[112]의 초소카베 모토치카(長曾我部元親)로 하여금 아와지(淡路) 방면으로 출병하도록, 키슈(紀州)의 무장봉기 세력에게는 카센(河泉) 방면에서 세력을 과시하도록, 멀리 홋코쿠에서는 엣추의 삿사 나리마사(佐々成政)에게 호응하도록 하여 세 방면에서 히데요시의 배후를 위협하게 함과 동시에 앞서 인척관계를 맺은 호조 씨에 대해서는 연맹을 한층 더 굳건히 함으로써 히데요시가 조금도 움직일 수 없도록 하겠다는 계획을 세웠다.

이러한 관계를 간파한 히데요시는 그 뜻밖의 책략에 다소 놀라기는 했으나 시코쿠 쪽에 대해서는 아와지의 센고쿠(仙石), 삿사 나리마사에 대해서는 우에스기와 마에다, 키슈 무장봉기 세력에 대해서는 나카무라 카즈우지(中村一氏), 특히 노부오의 근거지에 대해서는 타키가와 카즈마스를 기용하여 각각 대항하게 했다. 이렇게 만전을 기한 뒤, 마침내 이에야스와 일전을 치르기로 결정했다.

텐쇼 12년(1584) 3월 13일, 오와리의 키요스에 도착한 이에야스는 그곳에서 노부오와 회견하고 모든 전략을 세웠다. 21일에 히데요시도 마침내 후방의 방비를 위한 배치를 전부 마치고 오오사카 성을 출발하여 이누야마(犬山) 성을 함락시키고 거기에 진을 쳤으며, 각 장수들의 위치를 결정했다. 그 이튿날인 28일에 이에야스는 코마키야마(小牧山)에 진을 쳤다. 이에 두 영웅은 처음으로 전란 속에서 서로를 마주하게 되었다.

노부오는 이케다 노부테루도 자신의 편으로 끌어들이려 했으나 노부테루는 오히려 자신의 사위인 모리 나가요시와 함께 히데요시 편에

---

112) 四国. 일본 열도의 4대 섬 가운데 하나로 지금의 토쿠시마, 카가와, 에히메, 코치 현을 일컫는다.

붙어버렸다. 그런 노부오도 와서 합류하여 양군의 전투태세는 완전히 갖추어졌다. 발군의 전공을 세워 히데요시의 환심을 사려 한 이케다와 모리의 일군이 코마키야마 부근에 불을 질렀으나, 사카이 타다쓰구와 마쓰다이라 이에타다, 오쿠다이라 노부마사 등에게 패한 것을 시작으로 이 의미심장한 전투가 개시되었다.

이누야마 성에서 가구덴(樂田)까지 진군해온 히데요시에게로 달아난 이케다, 모리 두 사람은 코마키만을 공격하기보다는 샛길로 돌아가 미카와의 허를 찌르고 배후에서 이에야스를 견제하는 전술을 쓰자고 건의했다. 매우 기뻐한 히데요시는 노부테루를 주장으로 삼아 2만 5천의 병사를 주고 미요시 히데쓰구(三好秀次)와 모리 나가요시를 부장으로, 호리 히데마사(堀秀政)를 군칸[113]으로 임명하여 은밀히 미카와로 향하게 했다. 기뻐한 노부테루는 앞서 패배한 오명을 이번 싸움에서 회복하겠다는 듯 시노기(篠木), 카시와이(柏井)의 토호를 길잡이 삼아 이와사키 성을 함락시키고 성의 장수인 니와 우지시게(仁羽氏重)를 쓰러뜨린 뒤, 9일에 나가쿠테에 도착했다.

한편 히데요시는 노부테루를 미카와로 보내놓고 코마키에 대해서는 나가오카 타다오키에게 명하여 싸움을 걸도록 했다. 총 병력 12만이라는 대군에 대해서 겨우 2만의 병력으로 맞선 이에야스는 싸움에 앞서 우선 적의 동정을 살피게 했다. 마침내 정찰을 나갔던 사무라이가 돌아와 보고했다.

"적은 극히 소수입니다."

"뭐라? 12만의 병력이 어째서 소수란 말이냐?"

제 아무리 이에야스라도 화가 난 모양이었다.

---

113) 軍監. 군사를 감독하는 직.

"허나, 히데요시 쪽에는 군략에 뛰어난 자가 없습니다. 따라서 숫자에 있어서는 대군이라 할 수 있으나, 군략에 있어서는 대군이라고 할 수 없기에……."

이에야스도 '과연'하고 감탄하지 않을 수 없었다. 싸움 전에 이 정도의 마음가짐이 있다면 승패는 이미 결정 난 것이나 다를 바 없었다.

"그대의 관찰은 훌륭한 것일세. 틀림없이 옳은 말일세. 그러한 마음가짐으로 싸움에 임하기 바라네."

자리를 떠난 사무라이에 뒤이어 들어온 것은 적의 동정을 살피러 나갔던 병사,

"이케다 노부테루의 군 2만 남짓이 샛길로 빠져서 이와사키 성으로 향했습니다."

"흠, 주요한 장수들은?"

"미요시 히데쓰구, 모리 나가요시, 호리 히데마사."

"알겠네. 이건 방비가 허술한 미카와를 습격하겠다는 전술이군. 야스타카와 야스마사, 그대들은 수하의 병사들을 이끌고 이케다 군의 배후를 맹렬히 추격하여 오바타 성으로 향하도록 하게. 여기서 더는 지원군을 보내지 않겠네. 바로 출발하도록."

씩씩한 인사와 함께 두 장수의 모습은 이미 오바타 성으로 향하고 있었다. 오오스가 야스타카와 사카키바라 야스마사 두 장수를 출발케 한 뒤, 코마키에는 사카이 마사쓰구와 이시카와 카즈마사와 혼다 타다카쓰 등을 남겨놓고 이에야스는 스스로 대장이 되어 노부오와 함께 말을 달려 남쪽으로 향했다.

이와사키 성을 떨어뜨리고 의기양양하게 나가쿠테에 머물던 미요시 히데쓰구 군은 등 뒤에서 갑자기 들이닥친 야스타카 등의 군대에게 공격을 받아 뒤로 밀리고 있었는데 호리 히데마사의 구원을 받아 야스타

카의 군을 흩어놓았다 싶은 순간, 곧 등 뒤에서 다시 커다란 함성이 일더니 정예병사들이 삽시간에 밀고 들어왔다. 배후에서, 또 배후에서 추격해오는 적에 완전히 혼란상태에 빠진 토요토미 군은 무너지고 또 무너졌다. 노부테루와 나가요시 두 장수는 목숨을 잃었으며 히데쓰구는 달아나고 말았다. 쓰러진 적의 숫자를 헤아리기 어려울 정도로 커다란 승리였다.

소식은 곧 가쿠덴에도 전해졌다. 열화와 같이 화를 내며 히데요시 자신이 2만의 병사들을 이끌고 번개처럼 류센지(竜泉寺)로 갔으나, 이에 야스는 이미 병사들을 거두어 오바타 성으로 들어간 뒤였다. 히데요시는 전군에게 명령하여 다음 날 오바타 공격을 위한 준비를 하게 했으나 그날 밤 이에야스는 코마키야마로 돌아가 태연하게 가쿠덴의 진영을 내려다보았다. 신속하고 기민하기로 따지자면 히데요시는 아마도 천하에 적이 없었으리라. 그러나 이때의 이에야스는 그 이상으로 신속하고 기민해서 히데요시는 늘 허를 찔리기만 했다. 허를 찌르려다 오히려 허를 찔린 셈이니 이는 여우와 너구리의 지략싸움이었을지도 모르겠다. 이 경쟁에서 여우는 보기 좋게 업어치기를 당한 셈이었다.

그 이후 이에야스는 태연하게 움직이지 않았으며 히데요시 역시 자중하여 병사를 내지 않았기에 두 영웅이 서로 대치한 채 전국에는 아무런 변화도 보이지 않았다. 그러한 상태로 5월에서 11월까지 시간이 흘렀다.

두 사람이 이렇게 대치한 사이에 시코쿠의 풍운아 초소카베 모토치카가 시코쿠 전토를 평정하고 셋쓰 이즈미 방면으로 그 병사들을 낼 듯한 기세를 보였으며, 홋코쿠에서는 삿사 나리마사가 마에다 토시이에(前田利家)와 활발하게 교전을 펼쳤다. 히데요시를 둘러싼 시코쿠의 형세는 이 싸움이 길어지는 것을 용납하지 않았다. 거기에 이에야스의 실력도 알게 되었기에 히데요시는 일대 결전을 펼치는 것이 자신에게 결코 유리하지 않다고 생각하여 할 수만 있다면 화평을 원하게 되었다.

이 무렵 전장 곳곳에 팻말이 세워졌다. 그 내용은,

<아무리 그럴 듯한 말을 하는 듯해도 치쿠젠은 주군의 은혜를 잊은 원숭이 얼굴의 애송이.

텐쇼 12년(1584) 사카키바라 야스마사>

보란 듯이 자신의 이름까지 분명하게 밝힌 것이었기에 히데요시의 분노는 이만저만한 것이 아니었다.

"야스마사의 목을 가져오는 자에게 10만 섬의 녹봉을 더하겠다."라고 말했으나, 훗날 천하의 형세에 따라 노부오와 화친을 맺고 이에야스와 화목하여 두 집안 사이의 혼인에 대한 이야기가 마무리 지어졌을 때, 히데요시는 그 사자로 야스마사를 보내달라고 특별히 요청했다. 이에야스도 거절하기 어려웠기에 어쩔 수 없이 야스마사를 사자로 보냈더니 히데요시는 크게 기뻐하며,

"코마키 전투 때 나를 욕보이는 팻말을 세워 꽤나 내 부아를 끓어오르게 만들었던 괘씸한 자 아닌가. 그에 대한 벌로 이것을 내리겠네. 이에야스 나리는 좋은 신하를 두어 행복하실 게야."라고 말한 뒤, 스스로 향응을 베풀어 두텁게 대접했다고 한다.

한편 10월이 되어 이세 방면에 세력을 집중하고 있던 히데요시는 매우 급속하게 노부오와 화친을 맺고, 그 노부오를 통해서 다시 이에야스와도 강화를 맺고 싶다고 말해왔다. 이에야스도 바보는 아니었다. 자신의 입장이 분명해져서 약자를 옹호한 정의로운 사람으로 인정받게 되었으며, 싸움에서도 이긴 지금 히데요시와 강화를 맺는 것이 상책이라는 사실을 잘 알고 있었기에 노부오의 권고에 따르기로 했다.

천하 사람들이 귀를 기울이고 있던 코마키 · 나가쿠테 전투는 노부오를

중간에 놓고 시작되었다가, 노부오를 중간에 놓고 화목을 맺었으며, 두 영웅은 싸움을 통해서 서로 손을 잡게 되었다.

15. 토요토미 · 토쿠가와 두 영웅의 암투

화의체결은 전국시대의 관습에 따라 인질을 보냄으로써 성립되었다. 즉, 이에야스의 둘째 아들인 오기마루(於義丸, 당시 11세. 훗날의 유키 히데야스)를 오오사카 성으로 보내기로 하고, 12월 12일이 되자 오니사쿠 자(鬼作左)라 불리던 혼다 시게쓰구의 큰아들인 센치요(仙千代)와 함께 오오사카로 보냈다. 이틀 뒤인 14일에 하마마쓰를 찾아온 오다 노부오는 지금까지의 노고에 감사하고 이번의 화의를 축하한 뒤 떠났다.

이에야스의 화의로 엣추, 미카와 · 토오토우미, 시코쿠의 삼각동맹은 깨졌지만, 25일에 삿사 나리마사가 멀리 험한 길을 달려와서는 히데요시를 쳐야 한다고 자꾸만 권했다. 그러나 이제는 히데요시와 완전히 손을 잡은 이에야스였기에 나리마사의 말에 따르기에는 이미 늦어버리고 말았다. 게다가 칸파쿠[114]의 자리에 올라 천하를 호령하고 있는 히데요시에 맞선다는 것이 얼마나 불리한지를 알고 있는 이상, 일개 홋코쿠 성의 장수와 손을 잡고 반기를 드는 어리석은 짓은 할 수 없었다. 점잖게 거절당한 나리마사는 이에야스가 의지할 만한 인격이 아님을 처음으로 체험한 뒤 이를 갈며 홋코쿠로 돌아가버렸다.

해가 바뀌어 텐쇼 14년(1586) 정월, 히데요시가 하시바 카쓰토시(羽柴勝俊)와 토미타 토모노부(富田知信)를 보내와 자신의 여동생인 아사히(朝日)를 이에야스의 아내로 주고 싶다고 말해왔다. (아사히는 지금까지

---

114) 関白. 임금을 보좌하여 정무를 총리하던 중직.

사지 휴가(佐治日向)의 아내로 있었으나 이에야스에게 주기 위해 사지에게서 빼앗아온 것이다. 이 때문에 사지는 자살을 하고 말았다.)

이에야스는 이를 승낙하고 폐물과 함께 사카이 타다카쓰(酒井忠勝)를 오오사카로 보냈다. 이렇게 해서 양자는 평화로운 관계가 되었으나 그것은 어디까지나 표면적인 것이었고 서로 은밀하게 상대방의 속내를 읽어내기에 노력했다.

관계가 여기에까지 이르자 히데요시는 자신의 무릎 아래로 와서 신하의 예를 취하게 만들고 싶다는 생각이 들었다. 여러 가지 구실을 만들어서 오오사카로 오라고 독촉했지만, 이에야스는 끝끝내 움직이려는 기색 없이 신중한 자세를 취했다. 그럴수록 더욱 애가 타는 것은 히데요시여서 온갖 수단을 동원하여 이에야스를 불러들이려 했다. 히데요시의 이러한 태도 이면에는 은연한 일대 세력을 가지고 있는 이에야스를 한시라도 빨리 자기 편으로 만들고 싶다는 마음이 숨어 있었다. 당시 이에야스의 세력이 히데요시에게 얼마나 큰 두려움이었는지를 알 수 있는 대목이다. 기다리다 지쳐버린 히데요시는 마침내 자신의 어머니인 오오만도코로(大政所)를 하마마쓰로 보낼 테니 그 대신 이에야스가 와주었으면 한다는 말까지 해왔다. 이에야스는 지금까지의 일들로 자신의 지위가 어느 정도까지 높아졌는지를 주위 사람들이 분명히 알게 되었으며 히데요시의 이에야스에 대한 태도도 충분히 알 수 있었기에, '띄워주는 사람이 있다면, 그 바람에 올라타 일을 하자.'라고 생각하기라도 한 듯 히데요시의 말에 따라 오오사카로 가기로 했다.

텐쇼 14년(1586) 10월 4일에 산기(参議) 종3위에서 곤추나곤(権中納言)으로 승진한 이에야스는 14일이 되자 사카이 타다쓰구, 사카키바라 야스마사, 혼다 타다카쓰 등을 데리고 하마마쓰를 출발했다. 그리고 18일에는 아사히 부인을 보러 온다는 명목으로 히데요시의 어머니가 오카자키에 도착했다. 딸을 보러 온다는 것은 표면적인 이유일 뿐, 실질적으로는 인질에 지나지 않았다. 동생과 어머니를 인질로 보내면서까지 이에야스의 마음을 사로잡으려 했던 히데요시의 고충이 어떤 것이었는지 알 수 있으리라.

미카와 노신들의 가장 커다란 근심은 이번의 오오사카행이 히데요시의 책략이어서 어떤 위해를 가하려는 것 아닐까 하는 데 있었다. 그러한 근심 때문에 지금까지 일을 지연시켰던 것인데 히데요시가 어머니까지 인질로 보낸 이상 그렇게 언제까지고 의심하고 있을 수만도 없었기에 마침내 출발하게 된 것이었으나, 그래도 역시 근심을 완전히 지울 수는 없었다.

오카자키 성에는 오니사쿠자 혼다 시게쓰구를 비롯하여 오오쿠보 타다요, 이이 나오마사(井伊直政) 등을 남겨두고 20일에 출발하여 25일에 쿄토로 들어갔으며, 26일에 오오사카에 도착했다. 그날 밤은 히데요시의 동생인 하시바 히데나가(羽柴秀長)의 집에서 묵었는데, 히데요시가 은밀하게 찾아와서 먼 길을 온 노고에 두텁게 감사하고 환담을 나눈 뒤에 돌아갔다.

이튿날인 27일에 비로소 오오사카 성으로 들어갔다. 이때의 히데요시의 태도 역시 매우 정중한 것이어서 자신이 직접 정원으로 내려가 맞아들였고, 같은 시각에 성으로 들어온 노부오와 서로 양보를 하느라 발걸음을 떼지 않고 있던 이에야스의 손을 잡아 자리로 불러들였으며, 자신의 신하는 한 사람도 자리에 들이지 않는 대신 이에야스를 따라온 자들은 전부 자리를 함께 하도록 했다. 히데요시의 두둑한 뱃심을 잘 보여준 일이었다.

성의 가장 높은 곳에 올라 진귀한 물건들을 관람하고, 리큐115)가 끓인 차를 마시고, 히데요시가 베푼 향응을 받은 이후 대검과 차단지를 받은 뒤 이에야스는 성에서 물러났다.

29일에는 히데요시가 쿄토로 들어갔으며 뒤이어 11월 1일에 이에야스역시 쿄토로 들어가서 주라쿠다이(聚楽第) 건설 현장을 둘러보고 5일에는 히데요시가 조정에 주청하여 이에야스를 정3위에, 사카키바라 야스마사를 시키부타이후(式部大輔)에 임명하여 종5위하에 서위했다. 이 두영웅의 회견 모습을 보면, 히데요시가 그것을 얼마나 기뻐하고 환대에노력했는지를 알 수 있다.

이러한 대우를 받은 후 쿄토를 떠난 이에야스는 11일에 오카자키로돌아왔으며 12일에는 오오만도코로를 이이 나오마사에게 호위케 하여오오사카로 돌려보냈다. 자신은 20일에 하마마쓰로 돌아왔으며 12월4일에는 이이 나오마사가 종5위하에 서위되었다는 소식을 들으며 이마가와 씨가 예전에 머물던 슨푸 성으로 거성(居城)을 옮겼다.

이에야스의 이번 오오사카행에 임해서 자신의 아내에게,

<글을 올리겠소. 불조심하시오. 아이들을 울리지 마시오. 말을 살찌우시오>라는 편지를 준 일로 유명한 토쿠가와 씨의 귀걸(鬼傑), 오니사쿠자라 불리는 혼다 사쿠자에몬 시게쓰구에 관한 일화가 있다.

이에야스의 몸에 변이 생길 것을 두려워한 사쿠자 등은 이에야스가하루라도 빨리 무사하게 돌아오기를 바라는 마음으로 가득했다. 그랬기에 부하들에게 명령해서 오오만도코로가 묵고 있는 집 주위에 마른장작을 산더미처럼 쌓아놓게 했다. 놀란 것은 오오만도코로를 따라온여자들이었다. 이건 대체 어찌 된 일이란 말인가. 뭔가 불길한 전조가아닐까 불안한 마음이 들었기에 하루는 오카자키의 하인들을 데려다

---

115) 센리큐(千利休, 1522~1591). 초가집의 정취를 받아들인 간소한 다실을 완성했으며 조선의 사발이나 일상 잡기를 차 도구로 받아들였다. 노부나가와 히데요시를섬겼으나 훗날 히데요시의 명령에 따라 자결했다.

술과 안주를 내주어 먹게 한 뒤, 그 이유를 물어보았다. 그랬더니 하인이 대답하기를,

"저처럼 보잘것없는 하인 놈이 자세한 사정을 알 수 있을 리 없습니다만, 들은 바에 의하면 저희 나리께서 이번에 오오사카로 가셨는데 만약 칸파쿠 나리께서 저희 나리께 위해를 가하거나 오래도록 붙들어두고 돌려보내지 않으면 그곳에서 오신 분들을 남김없이 불태워버리겠다며 오니사쿠자라 불리는 분께서 명령을 내리시어 매일 사방의 숲에서 장작을 가져다 쌓아놓는 것이라고 합니다. 이 오니사쿠자라는 분은 성격이 얼마나 급하신지 나리께서 돌아오시는 것이 너무 늦다고 애간장을 태우며 오늘은 불을 지르겠다, 내일은 태워죽이겠다고 하시는 것을 오오쿠보 나리와 이이 나리께서 오늘까지 간신히 말리신 것입니다. 그러나 더는 두 분의 손으로도 말릴 수 없을 만큼 조바심을 치고 계신 모양입니다. 오오사카에서 오신 분들이 재가 되어버리는 것 아닐까 생각하면 참으로 가슴이 아파서 하인인 이놈까지도 눈물이 날 지경입니다."

여자들은 놀라지 않을 수 없었다. 너무나도 뜻밖의 사실에 슬퍼하고 한탄했으며 울음을 참을 수 없었고, 심상치 않은 일이라 생각한 오오만도코로가 히데요시에게 급히 사람을 보내 이러한 사정을 전했기에 이에야스가 돌아오게 되었고, 뒤이어 오오만도코로도 오오사카로 돌아갈 수 있었던 것이라고 전해진다.

이렇게 해서 두 영웅은 완전히 손을 잡게 되었으며 이에야스는 노부나가에게 순종적이었던 것처럼 히데요시에 대해서도 그가 세상을 떠날 때까지 객장으로서, 맹우로서 순종적인 태도를 유지했으나, 그 이면에서는 서로가 술책을 동원하여 암투를 벌이고 있었다.

특히 히데요시는, 직접적으로는 오기마루를 인질로 잡아 이에야스의 마음을 확인했을 뿐만 아니라, 간접적으로는 그의 세력의 말살을 꾀하고

있었다. 그 좋은 예가 사나다 마사유키 사건이다. 이 우에다의 성주는 자신의 영지인 코즈케의 누마타(沼田)를 호조 우지마사에게 떼어주라는 명령을 이에야스로부터 받자,

"설령 이에야스가 호조 씨와 약속을 한 일이라 할지라도, 나의 창으로 빼앗은 땅을 아무런 조건도 없이 그냥 내어줄 수는 없다."며 이에야스에게서 이탈하여 히데요시에게 속하고 싶다고 청해왔다. 히데요시는 그를 받아주었으며, 은밀히 우에스기 카게카쓰에게 원조케 하여 이에야스와 싸우도록 했다. 그 결과 이에야스가 사나다를 정벌하겠다고 나섰으나 끝내 이기지 못하고 군대를 거두는 꼴이 되었으며, 오카자키를 지키던 장수인 이시카와 카즈마사가 이에야스에게서 벗어나 히데요시 휘하로 들어가는 등 전국시대가 아니고서는 볼 수 없는 어둠 속의 책동이 곳곳에서 펼쳐지고 있었다.

그러나 시기를 읽는 이에야스의 눈은 현명했다. 히데요시와 화친한 뒤 멀리 슨푸로 물러나 히데요시에게 아무런 격의도 없음을 내보임과 동시에, 5개 쿠니를 영유한 채 자신의 실력을 키우며 조용히 때가 오기를 기다렸다.

16. 토요토미 타이코116)의 오다와라 공략

군웅을 주라쿠다이로 불러들여 조정 및 칸파쿠의 명을 받들겠다고 고요세이텐노117) 앞에서 맹세하게 한 히데요시는, 칸토 8개 주 280만 섬을 소유하고 있으며 히데요시를 오와리의 촌놈이라고 얕잡아보아 쉽게 복종하려 들지 않는 호조 씨를 토벌하기로 결심했다. 몇 번인가 히데요시가 보낸 사자가 와서 상경하라는 말을 전한 적이 있었기에 호조 씨는 히데요시의 토벌을 예상하고 전투준비를 착착 진행해나가고 있었다. 시모쓰케 방면으로 출병한 그는 히타치노쿠니와의 접경지를 제압하고 사타케 씨를 압박하여 후환을 없앴으며, 텐쇼 16년(1588)에는 농민은 물론 산속에 숨어사는 자까지 총동원하여 군무에 종사케 했다. 이즈와 사가미의 해안에 방어태세를 갖추고 시모다(下田) 성을 쌓았으며 영내 절과 신사의 범종을 징발하여 화승총 주조에 필요한 재료로 삼았고 각 성을 수축하고 식량을 곳곳에 모아두는 등, 완전히 전투준비를 갖추고 있었다.

전운이 점차 짙게 드리우고 있을 때 오다와라 정벌의 직접적 계기가 되는 사건이 일어났다. 바로 유명한 나구루미(名呉桃) 사건이다. 나구루미는 사나다 씨의 묘지가 있는 지역으로 이에야스와 항쟁을 벌인 결과 누마타 성을 호조 씨에게 할양했을 때에도 이 지역만은 마사유키에게 남겨두었던 곳이었다. 그것을 호조 우지나오가 자신의 신하인 이노마타

---

116) 太閤. 칸파쿠의 자리를 아들에게 물려준 사람.
117) 後陽成天皇(1571~1617). 1586~1611년까지 재위했던 일본의 임금.

노리나오(猪俣範直)에게 비책을 쓰게 하여 빼앗아버리고 말았다. 이에
마사유키는 이러한 사실을 히데요시에게 고했고, 히데요시는 신조 나오
요리(新庄直頼)를 슨푸로 보내서 호조 씨의 죄 5개조를 이에야스의
손을 통해 오다와라에 전달케 했다. 그리고 이에야스에게는 바로 호조
씨 정벌군에 가담하라고 말했다.

히데요시는 호조 씨에게 이렇다 할 원한을 품고 있는 것도 아니었다.
그러나 칸토 8개 주와 오우에서 버티고 있는 2대 세력, 즉 호조 씨와
다테(伊達) 씨를 따르게 하지 않는 이상 아직 전국을 평정했다고는
말할 수 없었기에 몇 번인가 항복을 권유했으나 히데요시를 얕잡아보기
만 했을 뿐 히데요시의 실력은 알지 못했던 호조 씨가 그 천연의 요해지에
의지하여 맞서려 했기에 마침내는 히데요시의 분노를 사고 만 것이었다.

히데요시가 오다와라를 정벌함에 있어서 가장 두려워한 것은 이에야
스였다. 이에야스와 호조 씨는 인척관계에 있었고, 상대방이 비록 평범한
인물이라고는 하나 칸토 8개 주의 영주였기에 두 사람이 손을 잡게
된다면 일이 번거로워질 터였다. 게다가 토호쿠 지방의 각 다이묘들이
일제히 히데요시에게 대항할지도 모를 일이었다. 그러나 이때 이에야스
는 평소의 연장자에게 보이던 신의를 배반하지 않는 태도를 보였다.
아들인 히데타다를 인질로 보냈으며 오다와라 공격의 선봉에 서겠다고
굳게 맹세했다.

이에야스의 태도를 분명히 알 수 있었기에 히데요시는 텐쇼 18년
(1590) 3월 1일에 스스로 대군을 이끌고 쿄토를 출발했다. 이는 예정된
행동이었기에 이 대군의 움직임에 아무런 지장도 없도록 텐쇼 17년에
나가쓰카 마사이에(長束正家) 등에게 쌀 20만 섬을 스루가의 에지리와
시미즈(清水) 2개 항구로 수송케 했으며, 또 황금 1만 개 분량의 말먹이와
식량을 오다와라 부근으로 수송케 했고, 수군인 초소카베 등으로 하여금

식량운반선을 호송케 했다. 그리고 도로와 교량을 대대적으로 수축케 하여 행군의 편리를 도모했으며 엄밀한 군율을 세워 대부대의 통제를 꾀하는 등 언제나처럼 그의 지휘에는 빈틈이 없었다.

정월 21일에 토카이도의 선봉이 될 것을 명령받은 이에야스는 오다와 라로의 진군에 대한 계획을 세우고 영내의 각 장수들에게 명령을 내려 2월 상순에 슨푸로 집결케 했으며, 히데요시의 명령이 도달하기 전에 혼다 마사노부(本多正信), 시게쓰구에게 토카이도 각 성의 수축과 도로 및 교량의 수리를 명하였다. 그로부터 며칠 지나지 않아 히데요시로부터 길가에 있는 각 성을 빌리고 싶다는 편지가 왔기에 기다리고 있던 이에야스는 바로 승낙했다. 히데요시는 매우 기뻐하며 2월 1일에 모리 테루모토 (毛利輝元)를 쿄토의 슈고로 삼아 그 병사들로 하여금 미노의 오오가키 (大垣) · 스노마타(墨俣) · 타케하나(竹鼻) 등을 지키게 했으며, 오와리의 키요스와 카야스가(刈安賀)에는 코바야카와 타카카게(小早川隆景), 호 시자키(星崎)에는 킷카와 히로이에(吉川広家), 미카와의 오카자키 · 나가 사와 · 요시다 각 성에는 하시바 히데나가, 스루가와 토오토우미의 각 성에는 카메이 시게노리(亀井玆矩) 이하 9명의 장수를 보내기로 결정했다.

이에야스도 그 이튿날인 2일에 마쓰다이라 키요무네(松平清宗)를 스루가의 요시하라(吉原)로, 나루세 마사카즈(成瀬正一)를 코후 성으로, 이치오카 타다요시(市岡忠吉)를 이이다 성으로, 오다기리 마사요시(小 田切昌吉)를 이와무라다(岩村田) 성으로 보냈으며, 7일에는 사카이 이에 쓰구(酒井家次), 혼다 타다카쓰, 사카키바라 야스마사, 히라이와 치카요 시, 토리이 모토타다, 오오쿠보 타다요, 이이 나오마사 등의 7장수를 선발대로 삼아 슨푸를 출발하여 에지리로 향하게 하고, 자신은 10일에 카지마(賀島)를 지나 나가쿠보(長久保)에 도착하여 진을 펼쳤다.

이렇게 되자 호조 씨는 가엾을 정도로 당황했다. 이에야스는 자신의 인척이니 반드시 자신의 편에 서줄 것이라 생각했는데, 망설임 없이 등을 돌렸을 뿐만 아니라 오다와라 정벌의 선봉이 되었으니 참으로 얄궂은 일이었다. 이 대군을 맞아 어떤 전법을 써야 할지 회의를 열었는데 우지마사의 동생인 우지쿠니(氏邦)는 후지가와 부근까지 진격하자고 주장했고, 마쓰다 노리히데(松田憲秀)는 농성하며 방어해야 한다는 설을 주장했다. 결국은 하코네의 험한 땅을 끼고 있으니, 타케다와 우에스기 씨가 이 전략 때문에 늘 애를 먹었던 것처럼 농성을 하자는 주장이 채용되었다. 이에 이즈의 시모다에 시미즈 코즈케노스케, 니라야마 성에 호조 우지노리(北条氏規), 시시하마(獅子浜) 성에 오오이시 에치고노카미, 야마나카 성에 마쓰다 야스나가(松田康長), 아시가라(足柄) 성에 요다 다이젠노스케(依田大膳亮), 나카센도118) 방면의 니시마키(西牧) 성에는 쿠메 스보노카미(久米周防守), 마쓰이다(松井田) 성에는 다이도 지 마사시게(大道寺政繁)를 배치하고 그 외 각 성의 방비도 전부 마친 뒤, 오다와라에는 총 4만의 병사를 두었으며 우지쿠니에게는 하야카와(早川)를, 마쓰다 호세이(松田鳳栖)에게는 이타바시(板橋)를, 마쓰다 노리히데에게는 미즈오(水尾)를, 오오타 우지후사(太田氏房)에게는 코슈 가도의 이사이다(井細田)를, 호조 우지테루에게는 에도를 지키게 했다.

히데요시가 3월 1일에 쿄토를 출발했다는 소식이 들려왔기에 사카키바라, 혼다 등의 중신이 이에야스에게,

"이번 히데요시 나리의 통과에 임해서 특별히 아무런 준비도 하시지 않는 것은 어째서입니까?"라고 묻자 이에야스는 그들의 말을 막으며,

"아니, 히데요시라는 사람은 자신의 지략으로 일세를 농락하지 않으면

---

118) 中仙道(中山道). 쿄토에서 중부의 산악지대를 거쳐 에도로 이어진 길.

속이 풀리지 않는 사람이니 쓸데없이 지혜를 짜내서 지모가 있는 자로 보이는 것은 오히려 훗날을 위해 좋지 않네. 그저 우직하기만 한 사람으로 보이는 것이 상책일세."라며 평범하기 짝이 없는 태세로 맞아들일 준비밖에 하지 않았다.

한편 히데요시는 6일에 키요스, 10일에 요시다, 18일에 스루가의 타나카, 19일에 슨푸에 도착했다. 나가쿠보에 있던 이에야스는 급히 그곳으로 되돌아가 성심껏 향응했는데, 오니사쿠자 혼다 시게쓰구가 그 자리로 성큼성큼 들어왔다. 섬뜩한 눈빛, 곤두선 털, 당당한 어깨, 마치 인왕의 모습처럼 버티고 서서,

"아아, 우리 주군께는 정말 기가 막혀서 말도 안 나오는군. 세상에 이보다 더 어리석은 일이 또 있을까? 그 어떤 사정이 있든 한 쿠니의 영주라는 자가 자신의 성을 완전히 비우고 그것을 다른 사람에게 빌려주다니, 이런 바보 같은 짓이 또 있을까? 그럼, 다른 사람이 아내를 빌려달라고 하면 대체 어찌하실 생각이십니까?"

이 커다란 목소리에는 자리에 있던 사람 모두가 놀랐다. 자신의 주군을 여러 사람들 앞에서 욕보이는 것이니 이만저만한 일이 아니었다. 동료들이 사쿠자를 끌어내자 이에야스가 일동을 향하여,

"추태를 보여 죄송합니다. 저 사람은 혼다 사쿠자에몬 시게쓰구라는 자로, 성실한 사람이기는 하나 오니사쿠자라고 불릴 만큼 워낙 고집스러워서 한번 말을 내뱉으면 한 걸음도 뒤로 물러나지 않으며, 가끔 저처럼 저를 야단치는 경우가 있습니다. 이 모두 충성심에서 나온 일이라고는 하나 참으로 부끄럽기 짝이 없습니다."라고 말하자 히데요시는,

"그렇다면 저 사람이 오니사쿠자라고 쿄토에까지 이름이 알려진 그 인걸입니까? 아아, 이에야스 나리는 좋은 가신을 여럿 두어 흡족하시겠습니다."라고 대답하며 시게쓰구의 충성심에 감탄했다.

히데요시 군이 누마즈에 도착했을 때 이에야스는 노부오와 함께 우키시마가하라(浮島ヶ原)까지 마중을 나갔다. 그러자 무슨 생각을 한 것인지 말에서 훌쩍 뛰어내린 히데요시가 대검의 손잡이로 손을 가져가며 이에야스와 노부오를 한껏 노려보더니,

"노부오, 이에야스! 역심을 품고 호조와 밀통했겠다. 일어나서 나와 승부를 가리자!"라고 커다란 목소리로 말했다. 신하들은 단번에 낯빛을 잃고 말았다. 설마, 설마 싶던 이에야스가 정말 호조와 밀통을 한 것일까?

노부오는 얼굴빛이 바뀌더니 벌써부터 달아나려 엉거주춤 일어섰으나, 이에야스는 태연하게도 빙그레 웃으며,

"싸움 전에 그와 같은 기세, 이 이에야스 진심으로 축하드립니다."라고 슬쩍 받아넘겼다.

"훌륭하신 뱃심이시오."

히데요시 역시 한바탕 웃음과 함께 칼을 거두어 이 연극은 탈 없이 끝났으며 전군은 다시 대진군을 시작했다. (물론 이는 후세에 만들어진 이야기이리라.)

처음 의심한 대로 히데요시는 이에야스의 태도에 시종일관 관심을 갖고 주의를 기울였다. 슨푸 입성에 대해서 이시다 미쓰나리(石田三成) 등이 이에야스의 마음을 헤아릴 수 없으니 위험하다며 극력 말렸으나 듣지 않고 성에 들어간 것도, 앞서 이야기한 연극을 펼쳐보인 것도 전부 이에야스의 마음을 확인하기 위한 히데요시의 기교였으리라.

나가쿠보 성으로 들어간 히데요시는 각 장수들을 모아놓고 토의한 결과 니라야마 성은 오다 노부오가, 야마나카 성은 하시바 히데쓰구(羽柴 秀次)가 공격하기로 하고, 이에야스는 야마나카의 샛길을 통해서 오다와라로 선봉이 되어 가기로 결정했다. 육군의 방비에 대해서 해상에서는 와키자카 야스하루(脇阪安治), 쿠키 요시타카(九鬼嘉隆), 카토 요시아키

(加藤嘉明), 초소카베 모토치카 등이 병선을 이끌고 가서 시모다 성을, 토쿠가와 씨의 수군인 무카이 마사쓰나(向井正綱)가 타코(田子) 요새를 공격했다. 이 가운데 야마나카 성은 함락되었으며, 니라야마 성에는 약간의 감시병을 둔 채 전군은 하코네를 넘어 오다와라에 도착하여 에도 방면에는 이에야스, 이사이다 방면에는 노부오, 미즈노오에는 우키타 히데이에(宇喜多秀家), 코오 방면에는 호리 히데마사, 해상에는 초소카베와 카토의 병선, 그야말로 오다와라는 완전히 포위당하고 말았다. 그 군의 숫자는 10여만, 호조 쪽의 병사는 4만. 이렇게 해서 참으로 한가로운 싸움이 개시되었다.

사방의 둘레가 50리라 일컬어지는 견고하기로 이름 높은 성, 히데요시의 호언장담과는 달리 단번에 떨어지기는커녕 그 일곽조차 취하기 어려웠다. 그러는 사이에 농성을 주장했던 마쓰다 노리히데가 히데요시에게 은밀히 밀사를 보내서 내응할 테니 총지휘의 진지를 카사카케야마(笠懸山)로 옮기라고 가르쳐주었다. 이에 히데요시가 실제로 가서 지세를 살펴보니 과연 오다와라 성을 한눈에 굽어볼 수 있는 곳이었다. 본진을 설치하기 더없이 좋은 땅이었기에 그는 바로 앞쪽의 삼나무 숲을 베게 하고 하얀 종이로 울타리와 망루를 세우게 하여 하룻밤 사이에 가짜 성을 급히 만들었다. 이것이 유명한 이시가키야마(石垣山)의 일야성[119]이다. 이튿날 아침, 오다와라 군이 문득 성 위쪽을 보니 하룻밤 사이에 쌓아올린 하얀 벽의 성이 거기에 당당히 서 있지 않겠는가.

"히데요시는 귀신이란 말인가?"라고 놀라는 것도 당연한 일이었다. 이 모습을 본 히데요시는,

<울기 시작했구나, 호조 산의 두견이.>라며 태연한 표정을 지었다고

---

119) 一夜城. 하룻밤 사이에 세운 성이라는 뜻.

하는데, 바람이라도 불었다면 그렇게 태연하지는 못했으리라.

그러나 공격은 그렇게 뜻대로 되지 않았기에 점차 장기전으로 접어들기 시작했다. 장기전으로 접어들면 가장 중요한 것은 사기의 이완이라고 할 수 있다. 이에 히데요시는 코바야카와 타카카게의 진언을 받아들여 동서남북으로 작은 길을 내고 커다란 서원과 다실을 세우고 화초를 심었으며, 마을사람들은 오두막을 지어 명물을 팔았고, 각 장수들은 자신의 고향에서 처첩을 불러들였으며, 히데요시 역시 요도기미를 불러다 이에야스와 노부오를 초대하여 차를 마시기도 하고 주연과 가무에 취하기도 했다. 한편 오다와라도 이에 지지 않고 바둑, 장기, 주사위놀이에서부터 주연, 가무, 시가를 즐겼으며, 시 모임을 열었고, 피리와 북을 연주하는 등 쌍방이 전례를 찾아보기 힘들 만큼 한가로운 싸움으로 변해버리고 말았다.

이렇게 되면 자연스레 무료해지기에 여러 가지 유언이 난무하는 것은 어쩔 수 없는 일이다. 그 가운데서도 노부오와 이에야스가 호조와 내통하여 각 진영에 불을 지르고 성의 병사들이 밀려나오면 그들을 안내할 것이라는 소문이 그럴 듯하게 퍼졌다. 이에 공격군의 사기가 떨어질 것을 염려한 히데요시는 평상복 차림에 단도 하나만을 차고 대검은 따르는 자에게 들린 채, 노부오와 타카카게에게도 단도만을 차게 해서 이에야스의 진영으로 찾아가 주연을 벌였다. 밤새 잡담을 나누며 커다란 소리로 웃고 떠들었으며, 이에야스 역시 히데요시의 본진으로 찾아가 같은 모습으로 주연을 벌였기에 유언은 곧 잦아들었다.

하루는 히데요시가 겨우 열네다섯 명만 데리고 나와 그의 주위에 사람이 얼마 없는 것을 본 이이 나오마사가 이에야스의 귀에 대고 가만히,

"지금이야말로 히데요시를 칠 때입니다."라고 권하자,

"히데요시는 지금 나를 믿고 온 것일세. 그런 그를 새장 속의 새를

죽이듯 비겁한 방법으로 죽일 수는 없네. 천하를 쥐는 것은 필시 운명에 달린 것이지, 사람의 힘으로 어찌할 수 있는 일이 아닐세."라고 나무라듯 말했기에 나오마사는 얼굴이 새빨갛게 달아올랐다고 한다.

한번은 쌀의 가격이 폭등하여 진중의 병사들이 어려움을 겪은 적이 있었다. 이 말을 들은 이에야스가,

"가격에 상관없이 전부 사들이겠네."라는 말을 상인들에게 했기에 사방팔방에서 앞 다투어 쌀을 가지고 왔고, 결국은 상품과잉이 되어 곧 쌀의 가격이 급속도로 떨어졌다고 한다.

그러는 사이에 마쓰다 노리히데가 첩자 역할을 했다는 사실이 발각되어 부자가 함께 구금되었다는 소식이 들려오자 히데요시는, 성 안에서 내응한 자들이 보내온 정보를 일부러 성 안에 흘렸다. 그러자 성 안은 온통 불신에 휩싸여 형은 동생을, 아버지는 아들을 의심하게 되어버리고 말았다. 오우의 다테 마사무네(伊達正宗)도 와서 히데요시에게 항복했으며, 주위의 각 성들도 속속 떨어졌기에 더는 버틸 수 없게 된 우지나오는 동생 우지후사와 함께 성에서 나와 이에야스에게 의지하여 항복하고 말았다. 이것으로 연극을 보는 것 같았던 한가로운 전쟁은 끝이 났고 100일 동안의 농성으로 소운 이후 5대 90년이라는 오랜 기간 칸토 8개 주에 이름을 떨쳤던 호조 씨는 멸망했으며, 뒤이어 노부오의 4만 병사를 맞아서도 굴하지 않았던 니라야마 성의 우지노리도 이에야스의 권고에 따라 성 문을 열었다.

이번 전투의 결과로 우지마사와 우지테루는 참수를 당했으며, 우지나오와 우지노리는 죽음은 면했으나 코야산으로 들어가게 되었다. 이는 이에야스의 사위라는 점을 고려하여 히데요시가 특별취급한 것이리라.

히데요시는 오다와라 씨의 옛 영지를 몰수하여 그것을 이에야스에게 전부 주고 그 대신 이에야스의 영지였던 미카와, 토오토우미, 스루가,

카이, 시나노를 거두어 그것을 오다 노부오에게 주려 했으나, 노부오가 그것을 흔쾌히 여기지 않고 옛 영지였던 오와리와 이세를 요구했기에 히데요시의 화를 사서 시모쓰케의 나스(那須)로 쫓겨났으며 녹봉도 겨우 2만 섬이라는 가엾은 처지에 빠져버리고 말았다.

이에야스가 칸토 지방을 받은 것에 관해서는 이전부터 히데요시와 묵계가 있었던 것으로 알려져 있다. 즉, 오다오라가 성 문을 열기 전날, 이시가키야마에서 오다와라 성을 굽어보던 히데요시가 이에야스에게,

"좀 보십시오. 호조 씨의 멸망이 목첩지간에 있습니다. 참으로 기분 좋은 일 아니겠습니까? 그렇게 되면 칸토 8개 주는 귀하께 드리겠습니다."

라고 말하며 성 쪽을 향해 함께 소변을 보았다고 한다. 이것이 훗날 칸토 지방의 나란히 서서 함께 소변을 보는 풍습의 기원이 되었다고…….

17. 칸토 이봉

텐쇼 18년(1590) 7월 13일, 오다와라 함락과 함께 칸토 8개 주와 거기에 더해 오우미, 이세의 11만 섬을 받은 이에야스는 8월 1일에 벌써 에도로 거성을 옮겨버렸다. 히데요시가 호조 씨의 옛 영토를 그대로 이에야스에게 준 것은 그를 중앙에서 멀리 떨어진 곳으로 보내 중앙진출의 기회를 지리적으로 멀어지게 하려는 의도와, 중부의 옛 영지를 거두어들임으로 해서 토쿠가와 씨가 대대로 경영해오던 땅을 떠나게 하고, 새로운 영토를 주어 그 경영을 위해 커다란 노력을 기울이게 하여 히데요시로 향할지도 모를 예봉을 꺾어놓겠다는 의도가 깔려 있는 것임은 분명한 사실이었다. 이에 미카와의 신하들은 이번 일을 이에야스의 좌천이라며 크게 분노하고 한탄했다. 그러나 이에야스는,

"그렇게 마음 쓸 것 없다. 내 비록 옛 영토를 떠나 외진 땅에 있다고는 하나 250만 섬의 영지만 가지고 있다면 중앙으로 들어가는 일은 그리 대수로울 것도 없는 일이다."라며 태연자약, 바로 슨푸를 넘겨주어,

"토쿠가와 나리의 행동은 평범한 사람이 헤아릴 수 없는 곳에 있다."고 히데요시를 놀라게 했다. 성을 옮긴 후 겨우 보름 만인 15일에 8개 쿠니의 땅을 갈라 각 신하들에게 나누어주었다.

· 이이 나오마사 — 코즈케의 미노와 성(12만 섬)
· 사카키바라 야스마사 — 코즈케의 타케바야시 성(10만 섬)
· 혼다 타다카쓰 — 카즈사의 오오타키 성(10만 섬)
· 오오쿠보 타다요 — 사가미의 오다와라 성(4만 섬)

- 토리이 모토타다 — 시모우사의 야사쿠 성(4만 섬)
- 히라이 치카요시 — 코즈케의 우마야바시 성(3만 섬)
- 마쓰다이라 야스사다 — 코즈케의 후지오카 성(3만 섬)
- 사카이 이에쓰구 — 코즈케의 우스이 성(3만 섬)
- 오오스가 야스타카 — 카즈사의 쿠루리 성(3만 섬)
- 오쿠다이라 노부마사 — 코즈케의 오바타 성(2만 섬)
- 이시카와 야스미치 — 코즈케의 나루토 성(2만 섬)
- 혼다 야스시게 — 코즈케의 시라이 성(2만 섬)
- 마키노 야스나리 — 코즈케의 타이코 성(2만 섬)
- 스가누마 사다토시 — 코즈케의 요시노 성(2만 섬)
- 오가사와라 히데마사 — 시모우사의 코가 성(2만 섬)
- 마쓰다이라 야스모토 — 시모우사의 세키야도 성(2만 섬)
- 나이토 이에나가 — 카즈사의 사누키 성(2만 섬)
- 마쓰다이라 야스시게 — 무사시의 키사이 성(2만 섬)
- 코리키 키요나가 — 무사시의 이야쓰키 성(2만 섬)

에도의 마치도시요리[120]로는 나라야 이치에몬(奈良屋市右衛門), 타루야 토자에몬(樽屋藤左衛門), 키타무라 야헤에(喜多村弥兵衛)를 뽑았다. 또한 구획을 정하고 각 인사들에게 저택을 주고 교량을 가설 및 보수하고 무뢰한들을 단속했으며, 인민보호·기강확립 등을 위해 마치부교[121]를 설치하여 영원한 낙토건설을 위한 준비에 여념이 없었다. 먼 옛날 오오타 도칸[122]이 성을 쌓은 이후 몇 번인가 변천을 겪은 에도 성은 이에야스를 맞아들임으로 해서 비로소 대도시로서의 첫 걸음을

---

120) 町年寄. 마치부교에 속해 에도의 행정업무를 담당하던 관리 가운데 하나. 나라야, 타루야, 키타무라 세 집안에서 세습했다.
121) 町奉行. 막부에 속해 에도의 행정·사법을 관장했다.
122) 太田道灌(1432~1486). 무로마치 시대의 무장. 1457년에 에도 성을 세웠다.

떼게 되었다. 전국 제일의 평야를 옆에 두고 있으며 그 중앙으로 몇 줄기의 강이 흐르고 있고, 동쪽은 태평양에, 북서쪽은 산악지대에 둘러싸인 칸토 평야는 틀림없이 현대의 토쿄가 될 만한 좋은 조건을 구비하고 있었다. 바로 그렇기 때문에 이에야스는 히데요시의 속내를 간파했으면서도 기꺼이 그의 명령에 따라 열흘 만에 이사를 해버리는 놀라운 민첩성을 보인 것이었다. 늘 먼 곳을 내다보는 이에야스의 안광(眼光)이 여기서도 날카롭게 빛을 발한 것이었다.

18. 조선침략 전후

토요토미 히데요시의 조선침략 전후의 이에야스는 특별히 기록할 만한 정도의 일은 하지 않았다. 나고야에 있는 히데요시의 본진에 참가하여 마에다 토시이에와 함께 원로로서, 그리고 참모로서 자신의 역할을 수행했다.

제1군인 고니시(小西), 제2군인 카토(加藤) 군이 조선팔도를 유린했으며 그 소식이 속속 날아들자 히데요시는 더 이상 가만히 있지 못하고 분로쿠(文禄) 원년(1592) 6월 무렵에 자신이 조선으로 출진하겠다고 말했다. 그러한 소문이 세상에 퍼져서 '타이코가 내일은 바다를 건너신대.', '아니야, 내일모레야'라고 사람들의 입에 오르내리게 되었다. 그리고 마침내 군신을 모아놓고 회의를 하게 되었다.

"내 스스로 대군을 이끌고 토시이에, 우지사토(氏鄉)를 좌우의 대장으로 삼아 조선으로 건너가 중국 전토를 짓밟도록 하겠네. 일본에는 토쿠가와 나리를 남겨두면 어떠한 위험도 없을 테니……."

대단한 기세였다. 히데요시 입장에서 보자면 물론 흔쾌한 일이기도 했으나, 한편으로는 더없이 위험한 일이기도 했다. 무엇보다 이에야스가 어떤 마음을 품고 있었는지는 알 수 없으나, 이때 이에야스는 단호하게 거절하고 함께 조선 팔도로 건너가고 싶다고 말했다.

히데요시는 크게 화를 내며,

"일본 내에 히데요시의 명령을 듣지 않는 자가 없는데 토쿠가와 나리께서는 어째서 나의 명령을 거부하시는 것이오."

"허나, 다른 일과는 달리 군사에 관한 일이니, 이번만은 명령에 따를 수 없습니다. 이번에 나리께서 바다를 건너시는데 저 혼자만 남는다면 오래도록 무가의 치욕으로 남을 것입니다. 무슨 일이 있어도 선두에 서서 나리를 안내하고 싶습니다."

단호하게 거절했기에 분위기가 싸늘하게 식어버리고 말았다.

"저도……"하며 입을 연 것은 아사노 나가마사(浅野長政)였다.

"토쿠가와 나리의 말씀이 옳다고 여겨집니다. 추고쿠 · 사이코쿠[123]의 젊은이들이 바다를 건너간 이때에, 나리께서 다시 홋코쿠 · 오우 지방의 병사들을 이끌고 바다를 건너신다면 나라 안에는 그야말로 사람이 얼마 남지 않게 됩니다. 그러한 틈을 노려 외국에서 밀려오거나, 혹은 국내에서 민란이라도 일어난다면 제아무리 토쿠가와 나리라 할지라도 수비의 책임을 다하실 수 없을 듯하기에 사퇴를 하시는 것이라 여겨집니다. 저 역시도 같은 생각입니다. 요즘 나리의 모습을 보면, 여우에 홀린 것이 아닐까 여겨집니다. ……."

"뭐라, 내가 여우에 홀렸다!"

"그렇습니다. 오닌 이후의 난세가 완전히 가라앉았다고는 아직 말할 수 없습니다. 덧없이 외국으로 출병했다가 국내가 다시 소란스러워지면 어떻게 하시겠습니까? 나리의 밝은 지혜로 이를 헤아리지 못하실 리가 없는데 그와 같은 말씀을 하시니 여우에 홀렸다고밖에 달리 할 말이 없습니다."

"이놈, 주군을 향해서 무엄하게……."

히데요시는 열화와 같이 화를 내며 허리에 차고 있던 칼의 손잡이로 손을 가져가 두 쪽을 내버릴 듯한 기세였으나, 나가마사는 태연자약,

---

123) 西国. 킨키 지방의 서쪽, 특히 큐슈 지방을 말한다.

"저는 이미 나이 들어 아까울 것도 없는 목숨입니다. 나리께서 죽여주신다면 저도 행복할 것입니다."라며 꿈쩍도 하지 않았다. 그러한 그를 이에야스가 억지로 끌어냈기에 별다른 탈 없이 일은 마무리 지어졌으나, 이로 인해서 바다를 건너겠다는 히데요시의 계획은 점점 미루어졌고 그러는 사이에 고요세이텐노로부터 출병을 그만두라는 글이 왔기에 히데요시는 마침내 생각을 접게 되었다.

그러던 중에 히데요시의 생모인 오오만도코로의 병이 깊다는 전갈이 왔기에 효심 깊은 히데요시는 모든 일을 이에야스에게 맡기고 쿄토로 출발했으나 히데요시가 도착했을 때는 이미 저세상 사람이 되어 있었다.

이듬해인 분로쿠 2년(1593)에 조선에서 화목을 청해왔기에 히데요시는 오오사카로 돌아갔으며, 이에야스 역시 쿄토로 들어갔다가 12월에에도 성으로 오랜만에 돌아갔고, 유학자인 후지와라 세이카(藤原惺窩)를 불러 『정관정요124)』를 강의하게 했다.

×   ×   ×

분로쿠 4년(1595)에는 두 가지 사건이 있었다.

하나는 히데요시의 주선으로 이에야스의 딸을 이케다 테루마사(池田輝政)에게 시집보낸 일.

두 번째는 살생 칸파쿠(殺生関白) 사건이다.

당시 칸파쿠였던 히데쓰구는 히데요시의 누나의 아들로 시즈가타케 전투, 큐슈와 오다와라 정벌에서 공을 세웠기에 히데요시는 그를 양자로 삼고 칸파쿠의 자리를 물려주었으며, 조선침략 중에는 주라쿠다이에 머물며 칸파쿠의 직무를 수행하게 했다. 그런데 그 무렵부터 조심스럽지 못한 행동이 많아져, 혹은 죄 없는 자를 사살하기도 하고, 혹은 죄인의

---

124) 貞觀政要. 중국의 당태종과 신하들이 정치에 관해 나눈 토론집.

목을 스스로 베고 기뻐하기도 했다. 특히 분로쿠 2년 정월에는 오오기마 치텐노(正親町天皇)가 세상을 떠난 지 얼마 되지 않았는데 사람들이 말리는 것도 듣지 않고 히에이잔(比叡山)에 올라 사냥을 했다.

<상왕에게 바치기 위한 사냥이라니, 이를 살생 칸파쿠라고 불렀다.>

이런 낙서가 등장했기에 이후 사람들은 히데쓰구를 살생 칸파쿠라고 부르며 비난하게 되었다. 이러한 난행을 본 이에야스는 에도로 돌아가기에 앞서 아들 히데타다와 오오쿠보 타다치카(大久保忠隣)에게,

"내가 내려간 후, 틀림없이 타이코 부자 사이에서 다툼이 벌어질 것이다. 그때 너희들은 반드시 타이코 편에 서야만 한다."라고 말하여 조금이라도 히데요시의 심기를 건드리는 일이 없도록 훈계를 했다.

요도기미의 아들인 히데요리(秀頼)가 태어난 이후부터 히데쓰구의 난행은 더욱 심해졌고, 거기에 이시다 미쓰나리 등의 모략도 있었기에 그는 히데요시의 화를 사서 코야산으로 쫓겨났을 뿐만 아니라 자결을 해버리고 말았다.

그 후, 이에야스가 쿄토로 들어가 히데요시를 만난 자리에서,

"나리의 이번 처분은 결코 적절한 것이라 말씀드릴 수 없습니다. 만약 칸파쿠에게 어리석음이 있었다면 어딘가로 유배를 보내고 상응하는 감시를 했으면 충분했을 터인데, 끝끝내 돌이킬 수 없는 처분을 내리셨으니, 참으로 안타까운 일입니다. 나리께서는 이미 나이를 드셨고 아드님이신 히데요리 도련님은 아직 어리시니 이러한 때에 혹여 변고가 일어난다 할지라도 칸파쿠가 계셨다면 세상이 크게 어지러워지는 일은 없었을 터입니다."라며 안타까워하자,

"앞으로의 일들은 모두 토쿠가와 나리에게 맡기도록 하겠네."라고 히데요시가 슬퍼하며 대답했다고 한다.

사람들은 이에야스의 이 말을 여러 가지로 해석하지만, 그도 역시

예전에 후타마타 성에서 큰아들인 노부야스를 자결케 한 적이 있었다. 참된 친애의 정에서 히데요시에게 이번 일에 대한 간언을 한 것이 아닐까 여겨지기도 한다.

×   ×   ×

이 무렵의 이야기 가운데 히데요시 및 그의 측근자들이 이에야스를 어떻게 보았는지 알 수 있는 일화가 있다.

주라쿠다이에서 사루가쿠[125]가 열렸을 때, 히데요시를 비롯하여 자리에 있던 사람들이 각자 장기를 뽐내며 여흥을 즐긴 적이 있었다. 그때 오다 조신[126]이 '타쓰타(竜田)'라는 춤을 멋들어지게 추고 난 직후, 이에야스가 '후나벤케이[127]'를 추게 되어 요시쓰네(義経)로 분장했는데 그 요시쓰네를 보니 비만한 몸에 무용이 가진 섬세함에는 조금도 주의를 기울이지 않았기에 각기에 걸린 요시쓰네 같아서 도무지 진지하게는 봐줄 수가 없었다. 더구나 조신이 멋들어지게 춤을 추고 난 직후였기에 이 끔찍할 정도로 추한 요시쓰네에 일동은 자신도 모르게 웃음을 터뜨려 버리고 말았다. 이후 히데요시는,

"조신처럼 가면극 때문에 쿠니를 잃는다면 제아무리 가면극에 능하다 할지라도 아무런 도움도 되지 않네. 토쿠가와 나리는 그런 하찮은 잡기에 마음을 빼앗기지 않았기에 군사에 있어서는 그를 따를 자가 없는 것일세. 무릇 영웅이라는 자가 사소한 일에 마음을 기울여 큰일에 어두워진다면 그야말로 더없는 바보라 할 수 있을 것이네."라며 근신들을 나무랐다고 한다. 그런데 이 말에서부터 이에야스에 대한 이야기가 시작되어,

"허나 이에야스 나리처럼 우스운 분도 없습니다. 아랫배가 이상할

---

125) 猿楽. 익살스러운 동작과 곡예를 주로 한 연극.
126) 織田常真. 조신은 오다 노부오의 법명.
127) 船弁慶. 배에 타이라 토모모리의 망령이 나타났으나 벤케이라는 승려가 물리쳤다는 내용.

정도로 나왔기에 혼자서는 속옷의 끈도 매지 못해 시녀들에게 묶게 한다고 합니다. 이런 일들이 아주 많아서 헤아려보자면, 아무래도 너무 느긋하고 태평한 다이묘 같습니다."라며 이번에도 역시 우스운 사람이 되어버릴 듯했다.

"그렇다면……."하고 히데요시가, "그대들이 생각하는 현명한 인물이란 어떤 사람인가?"

"역시 무술에 뛰어나고 넓은 영지를 소유하고 있으며, 금은도 풍부한 자가 아니겠습니까."

"토쿠가와 나리는 어떤가? 무엇보다 무략에 있어서 비할 자가 없으며, 칸토 8개 주를 소유하고 있고 금은도 나보다 많은 듯하던데. 그런 사람이 현명한 사람 아닌가? 필경 토쿠가와 나리는 그대들의 눈이 아직 보지 못한 깊은 것을 가지고 계실 걸세."라고 말했기에 모두가 입을 다물어버리고 말았다.

×   ×   ×

어느 날 익살꾼인 소로리 신자에몬(曾呂利新左衛門)이 히데요시 앞에서 자꾸만 머리를 긁적였다.

"무슨 일이냐, 소로리."

타이코가 아끼는 소로리, 참으로 면목 없다는 듯,

"나리, 이 소로리 놈이 일생일대의 실수를 저지르고 말았습니다."

"무슨 실수를 저질렀다는 게냐?"

"소로리보다 한 수 위일 줄이야, 그분은 정말 대단하신 분이십니다."

"그게 대체 무슨 소리냐."

"아아, 참. 그 일을 아직 말씀드리지 않았었군."

"한심한 놈!"

히데요시는 빙그레 웃고 있었다.

"그럼 차근차근 이야기하도록 하겠습니다. 실은 일전에 토쿠가와 나리 댁에 가서 여러 가지 산해진미를 대접받았는데, 그 산해진미라는 것이……."

"그 얘기는 됐어."

"네, 그 결과로 말입니다. 뭔가 이야기를 하나 들려달라고 하시기에 다이코쿠텐[128] 님에 대한 이야기를 시작했습니다. 그러니까 그 다이코쿠 텐이라는 신은 늘 쌀가마를 밟고 계신데 이는 인간 하루라도 먹을 것이 없으면 살아갈 수 없으니 먹을 것이 으뜸이라는 뜻으로 발아래에 둔 것이다, 그런데 먹을 것이 있어도 돈이라는 놈이 없으면 여러 가지로 불편하기에 커다란 자루를 가지고 있으며 쓸데없는 곳에 낭비하지 않도 록 그 아가리를 왼손으로 꼭 쥐고 있는 것이다, 이 점이 꽤나 재미있다, 근검절약이라고 해야 할지 그……."

"그건 됐으니 다음으로 넘어가게."

"그리고 비상시에 자루 속의 돈만으로는 부족해서 더 많은 돈이 필요할 때는 오른손에 들고 있는 작은 망치를 쨍그랑쨍그랑 내리치면 좌르르 금화가 쏟아진다, 게다가 여름이고 겨울이고 두건을 깊이 두르고 있는 것은 자신의 분수를 잊고 터무니없는 꿈을 꾸지 않겠다는 의미다, 사람도 이러한 마음가짐을 잘 지킨다면 오래도록 복록을 유지할 수 있다는 뜻으로 복의 신이라고 하는 것이다, 라고 말씀드렸더니 토쿠가와 나리께 서, '그대는 꽤나 재미있는 이야기를 하는군. 하지만 다이코쿠의 참뜻을 그대는 모르는 듯하네.'라고 말씀하시기에, 과연 저도 생각해보았습니다 만 아직 다이코쿠의 참뜻을 들은 적이 없는 듯했기에 모쪼록 들려달라고 했더니 토쿠가와 나리께서 '그처럼 늘 두건을 쓰고 있지만 지금이 두건을

---

128) 大黑天. 힌두교 시바신의 다른 이름이다. 일본에서는 칠복신 가운데 하나.

벗을 때라고 생각하면 과감히 벗어던진다네. 상하좌우로 시선을 돌려서 조금이라도 방해가 되는 자가 없도록 하기 위해서 늘 쓰고 있는 걸세. 이것이 다이코쿠의 참뜻일세.'라고 말씀하셨습니다. 저는 퍼뜩 깨달았습니다. '아하, 이것이 눈이로구나.' 저는 몸통과 손발을 만들기는 했으나 정작 중요한 눈은 잊고 있었습니다. 거기에 토쿠가와 나리께서 '눈'을 더하셨습니다. 그런데 저는 잘난 척 이야기를 했습니다. 일생일대의 체면을 구긴 셈입니다."

"아하하하, 그거 재미있군. '다이코쿠의 참뜻'이라. 토쿠가와 나리다운 말씀을 하셨어. 아하하하."

"나리, 웃을 일이 아닙니다."

"자네는 체면을 구겼다고 했는데, 여기서도 다시 한 번 체면을 구기지 않으면 안 될 듯하네."

"무슨 그런 농담을. 그렇게 자주 구겨서는 저도 당해내지 못할 것입니다."

"아니 구길 걸세. 자네는 '살아 있는 다이코쿠'를 알고 있는가?"

"살아 있는 다이코쿠? 나리께서는 또 무슨 말씀을 하시려는 것입니까?"

소로리는 머리를 좌우로 갸웃거리며 생각했다. 그러다 "모르겠습니다."라고 마침내 포기하고 말았다.

"아하하하, 모르겠는가? '살아 있는 다이코쿠'란 토쿠가와 나리를 말하는 걸세."

비록 소로리는 아니라 할지라도 이 말을 들으면 금방 이해할 수 있으리라. 이해하지 못하겠다면 이에야스의 초상화를 보시기 바란다.

×   ×   ×

케이초(慶長) 원년(1596) 5월 11일에 종2위 곤다이나곤(権大納言)에서 정2위 나이다이진(內大臣)으로 승급했다.

9월에 조선과의 화의가 깨져 케이초 2년 정월에 조선을 다시 침략했다.

19. 히데요시의 죽음과 이에야스의 비약

케이초 3년 여름쯤부터 히데요시의 심기가 불편해졌고 식사도 제대로 하지 못하게 되었다. 명의를 부르고 요양에 전념했으나 병세는 더욱 깊어지기만 할 뿐, 6월 2일부터는 허리도 펼 수 없게 되었다. 몸이 쇠약해짐에 따라서 히데요시의 마음은 여러 가지 번민으로 어지러워지기 시작했다. 대외적으로는 조선을 다시 침략했으나 싸움이 이전만큼 순조롭지 못했으며, 침략군의 위기상황이 종종 들려오곤 했다. 그러나 그보다도 사랑하는 아들인 히데요리를 생각하면 히데요시는 견딜 수 없는 초조함에 몸부림 치곤 했다. 올해로 겨우 6세인 히데요리, 자신의 목숨이 이제 시간문제가 되어버린 지금, 자신이 세상을 뜨고 나면 그 어린 아이가 어떤 운명을 맞이하게 될지. 하다못해 관례식이라도 치를 나이쯤이 되었다면 그렇게 걱정할 필요도 없을 테지만, 앞뒤도 분간하지 못하는 지금의 히데요리, 누구를 의지하여 앞길을 헤쳐나갈 수 있을지…….

그는 사랑하는 아들과 자신이 세상을 떠난 후의 토요토미 집안을 생각하면 죽어도 눈을 감을 수 있을 것 같지 않았다. 오닌의 난 이후의 대동란을 마침내 평정하고 일본을 통일한 개세의 영웅 히데요시도 아들의 앞길을 생각할 때는 역시 한 사람의 아버지인 인간 히데요시에 지나지 않았다. 이에 7월 15일에 이에야스, 토이시에, 히데이에, 테루모토, 카게카쓰 등 고타이로[129] 이하 각 장수들을 마에다 토시이에의 집으로 불러들여,

---

129) 五大老. 5명의 타이로라는 뜻으로 타이로는 정무를 총할하던 최고의 집정관.

(1) 히데요리를 히데요시와 마찬가지로 섬길 것.

(2) 토요토미 집안의 법도를 지킬 것.

(3) 사심을 담아서 도당(徒党)을 만들지 말 것.

(4) 투쟁하지 말 것.

(5) 허가 없이 자신의 쿠니로 가지 말 것.

위의 5개 조항에 서명하고 혈판을 찍게 했으나 그래도 마음이 놓이지 않았다. 누가 뭐래도 자신이 세상을 떠난 뒤의 적은 이에야스일 것이라고 생각한 히데요시는 이 커다란 적을 어떻게 해야 히데요리 편으로 만들 수 있을까 고심에 고심을 거듭한 끝에 이에야스와 토시이에를 은밀히 머리맡으로 불러,

"내 목숨도 얼마 남지 않은 듯하네. 하다못해 히데요리가 열대여섯 살이 되는 날까지는 살아남고 싶었네만 그 소망도 아마 이루지 못할 듯하네. 하여 내가 세상을 떠난 뒤의 모든 일은 나이후(이에야스)께 맡길 테니 크고 작은 일 모두를 잘 좀 처리해주시기 바라네."

이는 참으로 괴로운 말이었다. 그리고 무엇 때문에 히데요시가 이런 말을 하는지 이에야스는 너무나도 잘 알고 있었다.

"아니, 그럴 수 없습니다. 천하의 칸파쿠께서 이 정도의 병에 그런 나약한 말씀을 하시다니 이게 어찌된 일입니까? 조금 더 마음을 굳게 잡수시어 하루라도 빨리 털고 일어나실 수 있도록 힘쓰시기 바랍니다."라고 분명하게 거절했다. 이에 히데요시는 마음이 놓인 것인지,

"그렇다면 다이나곤(토시이에)과 함께 히데요리를 잘 좀 부탁하겠네."라고 말했다. 이에 이에야스는 히데요시가 마음 놓을 수 있도록 히데요리를 잘 보살피겠다는 맹세를 토시이에와 함께 글로 써서 남겼다.

8월 8일이 되자 병이 나을 가망이 없다고 생각한 히데요시는 병실로 이에야스와 토시이에 두 사람을 불러들여,

(1) 이에야스는 후시미(伏見)에 머물며 정치를 총괄할 것.

(2) 토시이에는 오오사카에 머물며 히데요리의 보좌역을 맡을 것.

(3) 히데요리가 성장한 후에는 히데타다(이에야스의 아들)의 딸 센히메(千姬)를 아내로 삼을 것.

(4) 조선에 있는 각 장수들을 불러들일 것.

이 외에도 히데요리에 관한 세세한 일들을 부탁하고 거기에 혈판을 찍게 했는데, 10일쯤부터 병세가 일변하여 위독해졌고, 18일에 마침내 63세를 일기로, 사후 일본에 대한 커다란 근심을 품은 채 일세의 영웅은 후시미 성 안에서 돌연 눈을 감았다.

<이슬로 왔다가 이슬로 사라지는 나의 몸,

오오사카 성 안에서의 일은 꿈속의 다시 꿈이로구나.>

히데요시의 이 마지막 노래처럼 영웅의 가슴속은 아쉬움으로 가득했다.

유언에 따라서 조선에 있던 군은 철수했고, 지금은 그저 히데요시를 추억할 뿐이었다. 조의를 표하는 각 장수들의 가슴에 그려진 것은 무엇이었을까? 그것은 히데요시를 대신할 차세대 영웅이었다. 그리고 매우 당연한 귀결처럼 누구의 뇌리에나 '살아 있는 다이코쿠'의 모습이 떠올랐다. 세상은 토요토미 씨에게서 토쿠가와 씨에게로, 오오사카에서 에도로 옮겨갔으며, 지혜에서 인종으로 전개되어가고 있었다.

실력!! 그것은 마지막 결정권이다. 실력 양성을 늘 그 밑바탕에 두고 있었던 이에야스는 인종의 세월 30여 년, 겨우 미카와 오카자키의 작은 제후에서 시작하여 이제는 정2위 나이다이진, 천하의 위망(威望)을 한 몸에 얻어 히데요시 사후의 일본에 우뚝 서게 되었다.

나이는 57세, 비약에 비약을 거듭하며 길러온 실력으로 전 일본에 우뚝 서게 되었을 때는 이미 대적할 만한 자가 아무도 없었다.

제3편 완성기

1. 세키가하라 전투

히데요시 사후 천하의 실권이 어느 틈엔가 이에야스의 손에 쥐어진 것은 역시 실력을 가지고 있었기 때문이었다. 이전까지 이에야스는 히데요시에 대해서 의리가 두터운 사람이자 믿음직한 사람이라 여겨져 왔다. 그러나 이에야스의 본성은 일반인들이 간파할 수 없을 정도로 깊은 곳에 숨어 숨을 죽이고 있었다. 죽음에 직면한 히데요시가 의심스러워하면서도 간절히 부탁했던 히데요리의 일 따위, 물론 이에야스에게는 일고의 가치조차 없는 것이었다. 그는 40년 동안 남의 밑에서 은밀히 길러온 실력을 이제는 발휘할 때라는 것 외에 다른 것은 마음에 두지 않았다.

'천하를 나의 이 손에.' 이 커다란 야심은 이에야스의 마음에서 한시도 떠난 적이 없었던 최후의 목적이었다. 하지만 오다 씨에게 선수를 빼앗겼고 히데요시가 기치를 올렸기에 커다란 야심을 가지고 있었으면서도 지금까지 참아온 것이었다. 그런데 천하 누구도 이에야스 위에 선 사람이 없는 지금이야말로 그 오랜 포부를 실현할 절호의 기회였다. 이러한 이에야스의 야심을 누구보다 먼저 간파하여 이에야스를 멸망시켜야겠다고 계획했으나, 오히려 이에야스에게 천하를 손에 넣을 매우 좋은 구실을 만들어준 것이 바로 일개 차 시중을 들던 자에서 출세하여 오우미 사와야마의 성주가 된 이시다 지부쇼유(治部少輔) 미쓰나리였다.

토쿠가와를 칭찬하는 사람들은 이시다 미쓰나리에 대해서 역신이라 말하고, 모반자라고 말해 완전히 폄하해버리며, 미쓰나리에게 동정을 품은 사람들은 히데요리에 대한 충성을 지킨 사람이라고 말해, 서로가 완전히 상반되는 평을 내리지만, 이는 어느 쪽도 옳지 않은 비평이다. 그저 미쓰나리도 야심가, 이에야스는 그보다 더한 야심가였던 것이다.

단지 미쓰나리는 그 실력이 부족하고 뱃심이 작아서 여러 가지 자잘한 공작을 펼쳤지만, 이에야스는 그 실력으로 묵직한 연기를 펼친 것뿐이었다. 이러한 점에서 미쓰나리를 여우에, 이에야스를 너구리에 비하는 것도 의미 없는 일은 아니다. 요컨대 세키가하라 전투는 조만간 이에야스가 실력으로 거두어들일 천하의 각 세력이 이시다 미쓰나리가 행한 연극으로 인해서 적극적으로 토쿠가와에게로 수렴되어 막부 건설을 한 걸음 앞당기고, 토요토미 씨의 세력을 결정적으로 몰락시키는 계기가 되어버리고 만 것이다.

세키가하라 전투의 전초전은 이에야스와 미쓰나리의 지혜대결, 아니 속임수에서부터 시작되었다. 서로가 상대방의 마음을 넌지시 떠보고 속내를 살피기에 전력을 기울였으며, 표면과 이면이 정반대되는 행동을 하는 등, 아마도 이처럼 위험하고 섬뜩한 일도 없었을 것이다.

히데요시의 총애를 얻어 고부교130) 가운데 한 사람이 된 미쓰나리에게는 매우 오만한 구석이 있었다. 호코지(方広寺)의 대불을 조영할 때 이에야스와 함께 구경을 간 미쓰나리가 손에 들고 있던 지팡이를 떨어뜨린 일이 있었다. 그러자 그것을 이에야스가 주워 주었는데 미쓰나리는 말없이 그것을 받더니 감사의 인사도 하지 않고 자리를 떠나버렸다. 나이로 보나 지위로 보나 아직 젊은이였다. 그런 애송이가 이런 태도를 취했으니 이에야스의 감정이 평온할 리 없었다.

한번은 혼다 사도노카미 마사노부에게,

---

130) 五奉行. 타이로 아래에서 중요한 정무를 처리하던 5명의 부교. 아사노 나가마사, 마에다 겐이, 마시타 나가모리, 나가쓰카 마사이에와 이시다 미쓰나리.

"무릇 세상에 이시다만큼 약삭빠른 자도 없을 것이오. 타이코 앞에 있으면 호랑이의 위세를 등에 업은 여우처럼 늘 설쳐대니."라고 매우 얄밉다는 듯 말했더니,

"그건 좋은 일입니다. 그러한 자가 있기에 나리(이에야스)께서 천하를 잡게 될 것입니다. 그를 너무 미워하지 마십시오."라고 마사노부가 대답 했다고 한다. 지혜라는 면에서 마사노부가 미쓰나리보다 한 수 위였던 셈이다.

'이에야스가 유일한 위험인물이다.'라며 히데요시를 최후까지 고민하 게 만들고, 이에야스에게 여러 가지 서약서를 쓰게 한 것도 미쓰나리였다. 그런 미쓰나리가, 조선에 있는 장병들이 귀국할 때까지 히데요시의 죽음은 비밀에 부쳐야 한다고 고부교끼리 서약서를 써놓고도 누구보다 먼저 이에야스에게 그 사실을 알렸다. 그런가 하면 히데요리 모자가 오오사카 성으로 옮겼을 때, 성 안에서 이에야스가 지나가는데도 두건을 쓴 채로 서 있다가 결국은 아사노 나가마사에게 두건을 빼앗겨 불 속에 던져지게 한 무례한 자도 미쓰나리였다. 이러한 점에서 보자면 다면적인 그의 성격이 느껴지며, 매우 섬세한 감정과 고집스러움이 미쓰나리를 지배하고 있었던 듯하다.

×   ×   ×

지금 당시의 정세를 관찰해보자면 히데요시의 죽음으로 인해서 천하 의 각 다이묘가 혼돈에 빠지고 어수선한 모습을 보여 그 귀추를 알 수 없는 상황이었으나, 그것은 자연스레 서로 상반되는 2대 파벌로 나뉘어갔다. 즉, 토요토미 가 자체가 키타만도코로131)파와 요도기미132)

---

131) 셋쇼(섭정)나 칸파쿠의 아내를 높여 부르던 말. 여기서는 히데요시의 정실을 말 하는데 히데요시와의 사이에 자녀는 없었다.
132) 오다 노부나가 여동생의 딸로 히데요시의 측실이 되어 히데요리를 낳았다.

파 2개로 분열되었으니 토요토미 씨의 와해는 막을 수 없는 근본적인 원인을 내포하고 있었던 셈이다. 세상에서 말하는 본처와 첩의 다툼이 여기서도 예외 없이 벌어진 것이었다. 그런데 카토 키요마사(加藤清正) · 후쿠시마 마사노리(福島正則) · 아사노 유키나가(浅野幸長) · 이케다 테루마사 · 쿠로다 나가마사(黒田長政) 등의 이른바 무장파는 키타만도코로를 편들었으며, 이시다 미쓰나리 · 마시타 나가모리(増田長盛) · 나가쓰카 마사이에 등의 문치파(文治派)는 요도키미를 편들었고, 여기에 오오타니 요시쓰구(大谷吉継) · 코니시 유키나가(小西行長) 등이 은밀하게 이시다파를 원조했다. 이러한 이시다파와 대립한 것이 토쿠가와 이에야스였기에 필연적으로 키타만도코로파 사람들이 이에야스당이 되어 간 것은 당연한 일이었으며, 결국은 토쿠가와파와 이시다파 2대 세력이 맞서게 되었다.

미쓰나리는 당시의 영웅, 즉 전장을 달리던 무장들에게는 커다란 미움의 대상이었다. 그것은 그 자신이 무인으로서의 수완보다는 정치 · 정략가로서의 수완을 더 많이 가지고 있었고 그 덕분에 히데요시의 총애를 얻었기에 '주군의 위세를 등에 업은 간사한 놈.'이라며 무장파 사람들이 하나같이 싫어했기 때문으로, 그 가운데서도 카토 키요마사 같은 자는 미쓰나리를 혐오했을 정도였다. 그러나 그도 일개 차 시중을 들던 자에서 사와야마의 성주가 되었고 고부교 가운데 한 사람이 되었으며, 히데요시 생전에는 그야말로 나는 새도 떨어뜨릴 정도의 인물이었다. 무장파와 연을 끊고 그의 편에 선 자도 꽤 많았던 것을 보면 그도 상당한 인물이었음을 알 수 있다.

이러한 정세에 있어서 당연히 생각해야 할 것은 아직 전국시대가 끝난 지 얼마 되지 않았다는 점이다. 전란이 가라앉았다고는 하나 그것은 바로 어제의 일이었다. 히데요시라는 묵직한 돌이 있었기에 머리를 짓눌려 있기는 했으나, 이제는 그 묵직한 돌도 사라지고 말았다. 마침내 머리를 들어 푸른 하늘을 바라보고, 누구 하나 짓누르는 자 없는 세상을 둘러본 순간, 천하를 잡겠다는 자유분방한 생각이 콸콸 솟아오른 것 또한 당연한 일이었으리라. 따라서 이시다파고 토쿠가와파고 할 것 없이 참으로 그 인물을 존경하여 편을 든 자는 극히 드물었으며 대부분은 자신의 욕망에 지배당한 것이라고 말해도 과언은 아닐 것이다. 다른 누구보다 미쓰나리와 이에야스부터가 그랬다. 그 외의 사람들은 이 2대 모략가에게 조종당한 꼴이 되어버리고 말았다.

'뭔가 과오라도 저지르면.'하고 서로 그 빈틈을 노리고 있던 차에 이에야스가 서약을 파기해버리고 말았다. 서약파기란 히데요시의 명령에 따라서 제출한 서약서의 '함부로 혼인하지 말 것.'이라는 조항을 무시하고 다테 마사무네의 딸을 여섯째 아들인 타다테루(忠輝)와 결혼시키고, 후쿠시마 마사노리의 아들 타다카쓰(忠勝)와 동생 히사마쓰 야스유키(久松康之)의 딸을, 그리고 하치스카 이에마사(蜂須賀家政)의 아들 노리시게(至鎭)와 양녀로 삼은 오가사와라 히데마사(小笠原秀政)의 딸을 결혼시키기 위해 사카이의 다인인 이마이 소쿤(今井宗薰)에게 그 처리를 맡긴 일이었다. 자신이 서약해놓고 자신이 깼으니 어처구니없는 일이었다. 이를 미쓰나리가 놓칠 리 없었다. 케이초 4년(1599) 정월에 타이로부교의 사자로 승려인 조타이(承兌)와 이코마(生駒)·나카무라·호리오(堀尾) 세 추로[133]가 갑자기 후시미 성으로 이에야스를 힐문하기 위해 찾아왔다. 그런데 이에야스의 대답은 당당한 것이었다.

"내 행동이 좋지 않다니 괘씸한 말이로군. 내게는 아무런 허물도 없을 터. 혼인, 혼인 하는데 그건 사카이 사람이 한 일이지 나와는 관계없는

133) 中老. 무가에서 카로에 버금가는 직책.

일일세. 게다가 미쓰나리 등이 고타이로인 나를 제명하겠다니, 그건 또 무슨 소린지? 그대들은 서약서에 의한 것이라고들 말하는데, 돌아가신 타이코의 유언에 뭐라 되어 있소? '무슨 일이든 나이후(이에야스), 다이나곤(토시이에)에게 의견을 구한 뒤 잘 상의하여 처리할 것.' 이 내용을 대체 어떻게 해석하고 계신 거요?"라고 역습을 가했다. 사자들은 허둥지둥 오오사카로 돌아갔으나, 토시이에 등의 분노는 이만저만한 것이 아니어서 완력을 써서라도 죄를 묻겠다며 오오사카로 병사들을 모았다. 이에 이에야스도 뜻이 그렇다면, 하고 쿄토로 병사들을 모아 한바탕 싸움이 벌어질 듯했지만, 그 직전에 추로 등이 토이시에를 잘 달랬기에 싸움은 벌어지지 않았다. 그러나 이에야스의 속내가 마침내 드러나기 시작한 셈이었다.

×　　　　　×　　　　　×

토요토미 집안을 혼자서 짊어지고 있던 충신 마에다 토시이에가 병에 걸린 것은 히데요시의 장의가 끝난 케이초 4년(1599) 2월 29일 무렵이었다. 이에야스는 신하들이 위험하다며 말리는 것도 듣지 않고 3월 1일에 오오사카로 문병을 갔다. 토시이에는 매우 기뻐하며 자신 사후의 토요토미 가를 부탁하고 온갖 정성을 다하여 향응한 뒤, 자신의 아들인 토시나가의 일까지 의뢰했다. 이에야스가 돌아간 후, 토시이에는 큰아들인 토시나가를 불러 방석 아래에서 단도를 꺼내더니,

"오늘 나이후가 온 것을 기회로 만약 토요토미 가에 대해서 악의를 품은 말을 흘리면 그를 찌르고 나도 죽을 각오였다. 내가 세상을 떠나고 나면 천하의 실권은 틀림없이 이에야스에게로 돌아갈 것이다. 너희는 반드시 마음을 합하여 토요토미 가를 위해 전력을 다해야 한다."라는 유언을 남기고 곧 숨을 거두었다. 그러나 이 토시이에의 유언도 훗날 토시나가가 이에야스 편에 섬으로 해서 안타깝게도 물거품이 되어버리

고 만다.

한때는 이에야스가 오오사카로 온 것을 기회로 자신의 신하인 시마 사콘(島左近)과 그를 암살하기로 상의까지 했던 미쓰나리였으나, 토시이에의 죽음으로 그 세력에 갑작스러운 변화가 찾아왔다. 지금까지는 토시이에 뒤에 숨어서 그의 위력으로 자신의 날개를 펼쳐왔으나, 토시이에가 세상을 떠남과 동시에 무장파들이 말을 듣지 않게 된 것이었다.

"커다란 고생을 해가며 조선에서 싸움을 하고 온 우리에게 아무런 은상도 없는 것은 어찌된 일이란 말이오? 결국은 그대가 멋대로 잔꾀를 부렸기 때문 아니오?"라고 따져물었다. 그런데 미쓰나리로부터,

"그건 돌아가신 타이코께 물으시오."라는 대답이 돌아왔기에 화가 난 무장파 사람들이 '미쓰나리의 가느다란 목을 뽑아주겠다.'며 밀고 들어갔다. 이도 꽤나 억지스러운 일이었으나 당시 무장파 사람들은 감정적으로 이미 미쓰나리가 미워서 견딜 수가 없었던 것이리라.

어쨌든 그들에게 잡혀서는 미쓰나리도 당해내지 못할 터였다. 더구나 귀신도 곡하게 만들 정도의 사람들이 전부 모여 밀고 들었으니 더더욱 버텨낼 수가 없었다. 이에 하는 수 없이 도망을 쳐버린 미쓰나리는 하필이면 이에야스의 집으로 가서 도움을 청했다. 여기에는 카토 키요마사 등의 일곱 장수들도 놀랐으나, 이에야스도 역시 놀랐다. 이에야스도 미쓰나리가 무장파에게 쫓기고 있다는 사실은 너무나도 잘 알고 있었으나 참으로 궁금하기 짝이 없다는 얼굴로,

"지부 나리, 대체 어찌 된 일입니까?"라고 시치미를 뗐다.

"사실은 나이후 나리께 여쭙고 싶은 것이 있어서 찾아왔습니다. 카토 나리 이하 7명의 장수들이 저에게 근거도 없는 생트집을 잡아 미쓰나리의 목을 노리고 있습니다. 이건 대체 어찌 된 일인지, 나이후 나리께서는 어떻게 생각하십니까?"

'이놈 뻔뻔스러운 놈이로구나.'하고 이에야스의 눈은 힐끗 미쓰나리의 속내를 꿰뚫어보았다. 듣던 것보다 더 재기가 있는 자라고 생각한 이에야스는,

"과연, 나리의 말씀이 옳습니다. 돌아가신 타이코의 유언에도 있는 것처럼 사사로운 원한으로 싸움을 일으키는 것은 금지된 일입니다. 저를 잘 찾아오셨습니다. 안심하십시오. 제가 칼을 잡아서라도 원조해드리겠습니다."

잠시 후, 일곱 장수들이 속속 밀고 들어와 미쓰나리를 넘겨달라고 담판을 벌였으나 이에야스는,

"일단 이에야스를 믿고 몸을 의지하러 온 자를 일의 앞뒤도 따져보지 않고 그냥 넘겨줄 수는 없소. 만약 나리들께서 무슨 일이 있어도 넘겨달라고 하신다면 나도 어쩔 수 없소. 무기를 들고 맞설 수밖에 없을 것이오."

이에야스와 다투어봐야 좋을 게 하나도 없었다. 일곱 장수들은 하는 수 없이, 그렇다면 후시미에서 사와야마로 돌아가기를 기다렸다가 도중에 그의 목을 칠 수밖에 없겠다며 버티고 있었으나, 이에야스가 자신의 아들인 유키 히데야스(結城秀康)에게 병사를 주어 지키게 했기에 달리 손을 쓸 수 없었고, 이번 일은 결국 그렇게 끝나버리고 말았다. 이때 이에야스의 신하들도 미쓰나리를 죽여버리자고 간언했으나 이에야스는 받아들이지 않았다. 이 일로 인해서 이에야스의 성망은 더욱 높아졌다. 그토록 이에야스를 노리던 미쓰나리조차도 청을 하면 구해주니, 이에야스야말로 참된 명장이라는 생각을 각 장수들에게 심어준 것이었다. 그러나 여기에는 이에야스의 깊은 생각이 숨겨져 있었던 것이리라.

"무장들의 마음이 가라앉을 때까지……."라는 평계로 미쓰나리를 사와야마 성으로 호위까지 붙여서 보낸 이에야스의 예상대로 미쓰나리의 은밀한 공작이 행해져 아이즈(会津) 120만 섬을 소유하고 있는 우에스

기 카게카쓰와의 묵계가 성립되었고, 이에야스 토벌 계획이 착착 진행되어가고 있었다.

이러한 사실을 아는지 모르는지, 이에야스는 마에다 겐이(前田玄以), 나가쓰카 마사이에 등이 지키고 있던 후시미, 모모야마 성을 자신의 손에 넣었으며, 9월에는 오오사카 성으로 들어가서 조금도 움직일 기색을 보이지 않았다. 이듬해인 케이초 5년(1600) 정월에는 히데요리와 동등한 예를 취하게 하여 각 다이묘들의 인사를 받았다. 이제 그의 안중에는 더 이상 아무도 없는 듯했다.

이에야스는 각 제후들에게 서서히 손길을 뻗기 시작했는데, 호쿠리쿠 도134)에서는 카가에서 커다란 세력을 이루고 있던 마에다 토시나가를 향해 그 손길을 뻗었다. 케이초 4년(1599) 9월에 이에야스가 중양절을 축하하기 위해 오오사카로 들어갔더니 토시나가가 자신의 영지인 카가에서 아사노 나가마사 · 오오노 하루나가(大野治長) 등과 은밀히 논의하여 이에야스를 암살하려는 음모를 꾸미고 있다는 사실을 마시타 나가모리가 보고했다. 남몰래 기뻐한 것은 이에야스였다. 나가마사 · 하루나가 등을 벌한 뒤, 카가 정벌군을 일으키겠다는 명목으로 호쿠리쿠 출병 준비를 시작했다. 이 소식을 듣고 놀란 것은 토시나가와 인척관계에 있던 호소카와 타다오키(細川忠興)였다. 서둘러 토시나가를 찾아가 이에야스에게 사죄의 뜻을 표하는 것이 좋겠다고 충고했다. 토시나가는 전혀 아는 바 없는 일이었기에 한때는 크게 화를 냈으나 지금 이에야스와 싸워서는 도저히 승산이 없다고 생각했기에 카로인 요코야마 나가토모(橫山長知)를 오오사카로 보내 일을 설명하게 했다. 그러자 이에야스는,

"토시나가 나리께 음모의 마음이 전혀 없으시다면, 노모를 오오사카로

---

134) 北陸道. 일본의 옛 행정구역단위였던 5기 7도 가운데 하나. 와카사 · 에치젠 · 카가 · 노토 · 엣추 · 에치고 · 사도 등의 7개 쿠니로 이루어진 지방.

보내시기 바라오."라며 인질을 보내라고 요구했다. 이는 타이코가 금지한 일이기도 했기에 토시나가를 비롯하여 부교들이 화를 내며 여러 가지로 절충을 시도했으나 이에야스는 완고하게 들어주지 않았다. 토시나가는 하는 수 없이 그의 요구대로 어머니 호순인(芳春院)을 오오사카로 보냈다. 그랬더니 이에야스는 그를 에도로 보내버리고 말았다.

이에 앞서 조선에서 돌아온 장수들과 함께 아이즈로 돌아간 우에스기 카게카쓰는 각 성을 수리하고 무기를 사들이고 식량을 비축하고 무사들을 모으는 등, 영내 개선정책을 대대적으로 행했다. 이를 감지한 이에야스가 카게카쓰에게 따져묻는 듯한 글을 보냈다.

"새로운 길을 닦고 새로운 성을 축조한다는 것은 반역의 뜻이 있기 때문인 듯하오. 만약 그렇지 않다면 바로 서약서를 보내고, 서둘러 오오사카로 오시오."

그런데 이에 대해서 우에스기의 신하이기는 하나 30만 섬을 받고 있는 일세의 지략가 나오에 카네쓰구(直江兼継)가 한 대답은 참으로 당당한 것이었다.

"……도로와 교량을 수리하는 것은 쿠니를 소유한 자의 임무입니다. 굳이 다른 자의 간섭을 받을 필요가 없는 일입니다. 머물고 있는 성이 너무 협소하여 새로운 성을 쌓은 것일 뿐, 저희는 어린 주군(히데요리)께 아무런 원한도 가지고 있지 않습니다. 3년 동안 쿠니에서 머물며 각종 임무를 면제받기로 한 것은 영지를 옮기기로 한 날 타이코께서 허락하신 일입니다. 작년에 쿠니로 온 뒤 아직 1년도 지나지 않았습니다. 지금 만약 오오사카로 들어간다면 쿠니 내의 정치가 어지러워질 텐데 이를 어찌하겠습니까? 그리고 서약서, 서약서라고 말씀하시는데 작년 이후, 타이코께 바친 서약서가 전부 휴지조각이 되어버린 지금에 와서 무슨 서약서가 필요하다는 말씀이십니까? 무기를 모으는 것은, 중앙의 무사들은 지금 다완, 부젓가락, 호리병 등 사람의 마음을 미혹하는 도구들을 가지고 있으나, 시골의 무사는 창과 총과 화살 등을 지니는 것이 일반적인 일로, 이는 각 지방의 풍속에 따라 다른 줄로 알고 있습니다. 천만 마디 말 모두 필요 없습니다. 카게카쓰에게는 터럭만큼의 역심도 없으며, 또 상경에 관해서는 나리께서 상경을 하기 어렵게 만들어놓으셨으니, 이 역시도 불가능한 일입니다. ……."

얼마간 비아냥거리는 듯한 대답이었다. 그러나 이 정도의 일로 얼굴을 붉힐 만큼의 정직함을 가지고 있는 이에야스가 아니었다. 이렇게 나오기를 기다리고 있었기에 참을 수 없이 기뻤다. 곧 아이즈 정벌군을 일으켜 후시미 성에는 노신인 토리이 모토타다를 남겨두고 6월 16일에 이이 · 혼다 · 사카이 · 사카키바라 등의 사천왕 이하 각 장졸 3천여와 아사노 유키나가 · 후쿠시마 마사노리 · 쿠로다 나가마사 · 카토 요시아키 · 쿄고쿠 다카토모(京極高知) · 토도 타카토라(藤堂高虎) · 야마노우치 카스토요(山內一豊) 이하 5만 5천여를 이끌고 오오사카를 출발, 18일에 이시베(石部)에 머물 생각이었으나, 그곳은 미쓰나리의 친구인 나가쓰카 마사이에가 머물고 있는 성과 가까웠기에 위험하다고 생각하여 서둘러 다시 출발, 19일에는 세키(関)의 지조(地蔵)에서 묵었고, 20일에는 이세 의 욧카이치(四日市)에서, 그리고 23일에 하마마쓰로 들어갔으며, 7월 2일에 에도 성으로 들어갔다.

진군 중에 각지의 명소와 유적지를 둘러보며 유유히 행군하는 모습은, 정벌군이라기보다는 오히려 한가로이 관광유람에 나선 다이묘의 행렬 같았는데, 이는 이에야스의 가슴에 무엇인가가 있었기 때문이었다. 그는 자신이 아이즈로 향하는 것을 기회로 미쓰나리 일파가 반드시 군대를 일으킬 것이라 믿고 있었기에 그 소식이 들려오기를 기다리며 천천히 행군을 계속한 것이었다.

그러나 에도에 도착한 이후에도 아무런 보고가 들어오지 않았기에 마침내 7월 21일에 에도 성을 출발하여 24일에는 시모쓰케의 오야마(小山)에 도착했으며, 별동군인 히데타다 군이 우쓰노미야(宇都宮)에 도착하여 이제 막 아이즈로 밀고 들어가려던 순간 오야마로 급보가 날아들어 미쓰나리 등의 군이 후시미 성에 접근했다는 소식을 전했다. 이는 이에야스가 처음부터 예상하고 있던 일이었다.

미쓰나리는 이에야스가 동쪽으로 향하자마자 그 소식을 우에스기 카게카쓰에게 바로 알리고, 오오타니 요시쓰구를 자신의 편으로 만들었으며, 마에다 겐이・마시타 나가모리・나가쓰카 마사이에와 논의했고, 안코쿠지 이케이(安国寺恵瓊)에게는 모리 테루모토를 설득케 했다. 그리고 마침내 '나이후 과오의 각 조'라는 이에야스의 죄목 13개를 들어 이를 제후들에게 보내서 그들을 권유했고, 이에야스에게도 보내서 도전했다. 그 결과 미쓰나리 편에 선 자들은 우키타 히데이에, 킷카와 히로이에, 시마즈 요시히로(島津義弘), 코바야카와 히데아키(小早川秀秋), 나베시마 카쓰시게(鍋島勝茂), 초소카베 모리치카(長曾我部盛親), 코니시 유키나가 등으로 그 병사는 약 9만 4천. 테루모토와 나가모리는 오오사카에 머물며 히데요리를 지키기로 했고, 히데이에・미쓰나리・마사이에 등은 미노 오와리로 진출했으며, 탄바와 타지마[35]의 각 장수들은 탄고의 타베(田辺) 성에 있는 호소카와 유사이(細川幽斎)를 포위했다. 우키타, 코바야카와, 시마쓰 등은 후시미 성으로 가서 토리이 히코에몬 모토타다를 공격했는데, 모토타다 등의 장렬한 전사에도 불구하고 마침내 성이 떨어져 세키가하라 전투가 개시되었다.

이러한 급보들이 속속 오야마로 날아들었다. 이에야스는 각 장수들을

---

135) 但馬. 지금의 효고 현 북부.

모아놓고 그들의 마음을 떠보기로 했다. 아무래도 각 장수들의 처자가 오오사카에 있기에 그들이 인질로 잡힌다면 어떤 태도를 취할지 거의 알 수 없는 일이기 때문이었다. 이에 이이 나오마사에게,

"중앙에서의 이번 소동은 예전부터 나이후께서 말씀하신 대로이나, 거기에 다시 후시미를 공격하고 있으며 이시다 미쓰나리, 오오타니 요시쓰구 등이 모리, 우에스기, 우키타와 세 타이로들을 설득하여 이에야스에게 협공을 가할 뜻을 품은 모양이오. 그대들은 처자가 모두 오오사카에 있기에 생각이 여러 가지로 어지러울 것이오. 따라서 이 자리에서 벗어나 서쪽으로 향해도 상관없소. 어떤 행동을 취하시든 이에야스는 조금도 원망하지 않을 것이오, 라고 나리께서 말씀하셨소"라고 전하게 했다. 자리를 가득 메운 각 장수들이 입을 다물어 조용한 가운데 후쿠시마 마사노리가 앞으로 나서며,

"다른 분들은 어떻게 생각하실지 모르겠으나, 만약 나이후께서 어린 주군(히데요리)을 보살피시는 것이 타이코의 유언이었음에 틀림없다면, 이 마사노리는 나이후를 위해 선봉에 서서 미쓰나리 등의 흉도와 맞설 생각이오. 처자 따위를 돌아볼 때가 아니오."라고 의기롭게 말했기에 일동은 이견 없이 여기에 동의했고, 이에야스도 가슴을 쓸어내릴 수 있었다. 만약 '나이후의 뜻이 그러하시다면'하고 토요토미에게 은혜를 입었던 장수들이 각자 이에야스를 버리고 그곳을 떠났다면 세키가하라 전투가 서군(미쓰나리파)의 승리로 끝나 천하가 이에야스의 손에 들어오지는 않았을지도 모른다.

유키 히데야스, 가모우 히데유키(蒲生秀行), 오가사와라 히데마사 등을 우쓰노미야에 남겨 카게카쓰를 견제케 했으며, 다테 마사무네로 다시 그 후방을 감시하게 했다. 그리고 히데타다로 하여금 1만의 병사들을 이끌고 나카센도를 따라 서쪽으로 향하게 했으며, 후쿠시마와 이케다

등의 각 장수를 선발대로 뽑아 토카이도를 따라서 서쪽으로 달려가게 했다. 이에야스는 8월 5일에 에도로 돌아왔다. 동군(이에야스파)의 본대는 서서히 진군하여 오와리의 키요스에서 전략을 짠 뒤, 23일에 미노로 들어가 기후 성을 포위, 오다 히데노부를 항복케 했으며, 다시 아카사카, 오오가키로 진군했다.

이에야스는 자신의 영토가 걱정스러웠던 것인지 좀처럼 쉽게 움직이려 하지 않다가, 기후 성이 함락되었다는 소식을 접하자 9월 1일에 드디어 에도를 출발하여 11일에 걸쳐서 키요스에 도착했다. 이는 물론 이에야스의 인내심과 자중하려는 마음, 그리고 만전을 기하겠다는 생각에서 온 것으로 오야마에서 각 장수들이 그토록 굳게 맹세했음에도 실제로는 어떻게 할지 본심을 명확하게 알기 전에는 함부로 나설 수 없었기 때문이었다. 그랬기에 각 장수들의 태도가 더는 오오사카로 향할 염려가 없으리라 여겨질 무렵이 되어서야 천천히 출발한 것인데, 그래도 여전히 상당한 날짜를 들여 행군한 것은 역시 의심이 완전히 풀리지 않았기 때문이리라.

키요스에 도착한 이에야스는 여기서도 다시 병을 핑계로 체류했으며, 30일이 되어서야 기후로 나아갔고, 그곳의 어떤 승려가 커다란 감을 내밀자,

"오오가키(커다란 감)는 곧 나의 손에 들어올 것일세. 이 감은 따르는 자들에게 주도록 하게."라며 곁에 있던 사람에게 주었다고 한다.

이제 슬슬 올 때가 되었다고 생각했으나 히데타다는 좀처럼 오지 않았다. 이는 신슈 우에다의 성주인 사나다 마사유키, 유키무라(幸村) 부자에게 길이 막혀버리고 말았기 때문이었다. 이 때문에 히데타다는 세키가하라 전투에 늦어버리고 말았다.

동군(이에야스)이 키요스에 도착함과 동시에 미쓰나리는 오오사카에

있는 테루모토의 출진을 독촉했으나 그러는 동안 14일에 이에야스의 군이 아카사카까지 진군했다. 이에 서군(미쓰나리)은 회의를 한 뒤 오오가키에서 나와 미노노쿠니 후와 군의 세키가하라로 물러났으며, 미쓰나리는 시마 사콘 등과 홋코쿠 가도136)의 북쪽에 진을 쳤고, 시마즈 요시히로 · 코니시 유키나가 · 우키타 히데이에 · 오오타니 요시타카(大谷吉隆) 등은 텐만야마(天満山) 기슭에, 코바야카와 히데아키는 마쓰오에, 킷카와 히로이에 · 나가쓰카 마사이에 등의 군은 난구(南宮) 산속에 진지를 펼쳤다. 서군의 숫자는 대략 8만.

여기에 대해서 동군 7만 5천의 병사는 날이 밝기도 전부터 세키가하라를 향해 전진했으며, 후쿠시마 마사노리가 텐만야마 방면, 쿠로다 나가마사가 홋코쿠 가도 방면과 대진하여 마침내 천하 갈림길의 전쟁이 펼쳐지기 직전에 이르렀다.

케이초 5년(1600) 9월 15일 오전 8시. 전날 밤부터 내리던 가랑비가 이슬이 되어 산야를 뒤덮었기에 전선이 흐릿해서 그 전체를 관찰하기에 애를 먹었다. 적이고 아군이고 할 것 없이 전선을 판별하기에 애를 먹었으나 마침내 후쿠시마 마사노리(토)의 부대와 우키타 히데이에의 부대가 충돌하여 이 대전투의 서막이 열리게 되었다. 화승총 부대의 충돌이 도화선이 되었고, 토도 · 쿄고쿠(토) 2개 부대가 돌진하여 오오타니의 부대와 부딪쳤으며, 오다 우라쿠(織田有楽토) 이하 7장수는 코니시 부대를 공격했고, 타나카 · 나가오카 · 카토 · 카나모리(토) 등의 각 부대는 이시다의 부대와 맞섰다. 시마즈 요시히로(미)가 코니시 유키나가와 함께 분전했으며 거기에 우키타 히데이에(미)가 원조를 왔기에 후쿠시마(토) 군은 상당한 고전을 면치 못했으나 이 모습을 본 쿠로다 나가마사(토)가

---

136) 北国街道. 나가노 현의 동부에서 니가타 현의 조에쓰를 연결하는 도로.

세키가하라 전투

구원을 왔기에 양군이 필사의 의지로 분전한 결과 이시다 쪽의 참모인 시마 사콘이 전사하기에 이르렀다. 한편 오오타니(미) 군과 맞선 토도 타카토라·야마우치 카스토요 등도 일진일퇴, 쉽게 승부가 나지 않았으며 싸움은 그야말로 절정으로 치닫고 있었다. 함성이 산야를 흔들었으며 대군이 밀물과 썰물처럼 일진일퇴, 탄환과 화살이 나는 소리, 그야말로 양군 모두 필사의 각오로 고투에 고투를 거듭했다.

그런데 마쓰오야마의 코바야카와 히데아키와 난구야마의 모리 히데모토 양군은 아군이 이처럼 악전고투하는 모습을 가만히 내려다보기만 한 채 아무런 손도 쓰려하지 않았다. 이에 화가 난 미쓰나리가 텐만야마에서 봉화를 올려 한시라도 빨리 병사를 움직이라고 재촉했으나, 고요함에 잠긴 산 위에서는 인마의 소리조차 들려오지 않았다. 이러한 모습을 보고 아까부터 애를 태운 것은 미쓰나리 한 사람만이 아니었다. 동군을 지휘하며 모모쿠바리야마(桃配山)의 정상에서 바라보고 있던 이에야스도 그 가운데 한 사람이었다.

"반드시 내응하겠습니다."라고 말해왔으면서 아직 아무런 기미도 보이지 않는 것은 아무래도 이상했다. 바로 그때 척후로 나갔던 자 하나가 돌아와서 코바야카와 군의 태도가 아무래도 이상하다, 이대로라면 서군에 붙을지도 모르겠다, 지금 결단을 내리지 않으면 나중에 싸움의 방해가 될지도 모르겠다고 말했기에,

"알겠네, 킨고(코바야카와)의 진영에 사격을 가하게."라고 명령했다. 이에 화승총 부대가 마쓰오야마를 향해서 일제히 사격을 개시했다. '서쪽에 붙을지, 동쪽에 붙을지 마음을 정하고 답하라.'라는 의미에서 화승총으로 재촉을 한 것이었다. 일이 이렇게 되자 히데아키도 언제까지고 형세만 살피고 있을 수 없었기에 커다란 함성을 올리며 바로 옆에 있던 서군의 오오타니 교부 군을 향해 돌진했다. 그러나 오오타니 교부도 히데아키의 반응을 이미 꿰뚫어보고 있었기에 조금도 서두르지 않고 분투를 거듭했다. 하지만 여기에 응해서 동군의 기세가 더욱 올라 접전에 접전을 거듭한 결과 오오타니 교부는 자결, 우키타 히데이에는 무너졌으며, 코니시 유키나가는 달아났고, 이시다 미쓰나리의 병사들이 용감하게 대항했으나, 오후에 이르자 마침내 대패하여 어지러워졌고, 시마즈 요시히로의 부대는 적에게 겹겹이 에워싸인 속에서 악전고투를 펼치다 요시히로만 간신히 혈로를 뚫어 마키타(牧田) 쪽으로 해서 이세로 달아났다. 난구야마에서 이 모습을 지켜보던 서군은 단 한 번의 싸움도 하지 않고 도망쳐서 싸움은 동군의 대승으로 끝나고 말았다. 시간은 오후 3시, 서군의 사상자 4만, 동군의 사상자는 4천이라 전해진다.

이에야스는 바로 히데아키를 불러 배신을 해준 것에 대한 노고를 치하하고 이이 나오마사 등과 함께 오우미의 사와야마 성을 공격케 했다. 사와야마는 미쓰나리의 아버지와 형이 지키고 있었는데 동군이 공격을 시작하자 혈족 모두 자결하였으며 성은 9월 18일에 떨어졌다.

9월 20일이 되어서야 나카센도를 따라서 히데타다 군이 마침내 달려왔

으나 이에야스의 커다란 분노를 사서 면회를 허락받지 못한 히데타다는 체면을 완전히 구겨버리고 말았다.

쿠사쓰(草津)에 머물고 있던 이에야스는 사람을 오오사카로 보내서, "미쓰나리 등이 토요토미 가를 위해서라며 군대를 일으켜, 이 모두가 히데요리 공의 명령이라 말했으나, 히데요리 공은 나이 어리시고 요도기미는 여자의 몸, 애초부터 관계했을 리가 없습니다. 이에야스는 두 분에 대해서 그 어떤 적의도 품고 있지 않습니다."라고 말하게 했다. 요도기미 등은 매우 기뻐하며 사람을 보내서 감사의 말을 전하게 했다. 24일에 모리 테루모토가 항복했으며, 이에야스는 후시미 성의 수축공사를 시작하게 한 뒤, 27일에 오오사카 성으로 들어가 대대적으로 상벌을 내렸다.

나가쓰카 마사이에는 자결, 미쓰나리 · 유키나가는 참수당했으며 요시히로는 그대로 내버려두었고 시마즈 가에 숨어 있던 히데이에는 하치조지마(八丈島)로 유배당했으며, 영지의 증봉, 감봉, 몰수가 대대적으로 행해졌다.

토요토미 히데요리는 셋쓰 · 카와치 · 이즈미 65만 섬을 받아 일개 다이묘의 지위로까지 떨어지게 되었으며 그 모두를 카타기리 카쓰모토(片桐且元)가 관리하게 되었다. 이렇게 해서 이에야스는 더 이상 누구하나 꺼릴 것 없이 천하를 자신의 손에 넣게 되었다.

2. 에도 막부

세키가하라 전투를 통해 결정적으로 천하의 실권을 쥐게 된 이에야스는 그 논공행상에 있어서 매우 의미 깊은 일을 행했다. 즉, 이 상벌 이후 제후들은 토요토미 씨의 손에서 완전히 벗어나 토쿠가와 씨의 지배를 받게 되었는데, 지금까지 토요토미 씨를 섬기던 자들은 토자마다이묘(外樣大名), 토쿠가와 씨 일족으로 다이묘가 된 자는 신반(親藩), 원래부터 토쿠가와 씨를 섬기던 가신은 후다이(譜代), 이렇게 세 무리로 갈렸고 이러한 다이묘들의 배치가 참으로 교묘하기 짝이 없는 것이었다.

우선 토자마인 시마즈 · 카토 · 마에다 · 다테 · 모리 · 아키타 들은 녹봉은 많았으나 중앙에서 먼 변경으로 쫓아냈으며, 같은 토자마라도 녹봉이 적어서 세력이 없는 자들은 비교적 중앙에 가까운 곳에, 그리고 전국의 주요한 지역, 즉 히다치의 미토(水戶) · 시모쓰케의 우쓰노미야 · 시나노의 우에다 · 오와리의 키요스 · 카이의 후추 · 토오토우미의 하마마쓰 · 오우미의 히코네(彦根) 등에는 후다이다이묘를 배치하여 토자마를 견제하게 하는 한편, 후다이는 일반적으로 녹봉은 적으나 직책은 높은 자리에, 그리고 토자마와 후다이보다 더욱 중요한 지점인 미토 · 오와리 · 키이 등에는 각각 신반을 배치했다. 이들 세력의 균형과 억제는 이에야스가 아니면 생각해낼 수 없는 것이었으리라.

케이초 8년(1603) 2월 12일, 이에야스는 우다이진 세이이타이쇼군(右大臣征夷大将軍)에 임명되어 소달구지와 지팡이를 하사받았으며, 준와쇼가쿠료인벳토[137] 겐지의 장자가 되었고 이에 토쿠가와 막부가 정식으로 성립되었다. 실질적으로는 케이초 5년에 있었던 세키가하라 전투 종료와 함께 쇼군이 된 것이나 다를 바 없었으나, 언제나 '명분보다는 실리'를 추구했던 이에야스는 실력을 더욱 키우기에 힘썼다. 세키가하라 전투에서 승기를 잡을 수 있었던 것도 토쿠가와 씨의 부하에 의한 부분은 극히 적었으며 그 대부분은 토요토미의 보살핌을 받던 자들에 의한 부분이 컸는데, 그 사람들이 오야마 회의에서 후쿠시마 마사노리의 말처럼 '히데요리를 잘 보살핀다면'이라는 조건으로 이에야스 편에 선 것이었기에 이겼다고 해서 바로 세이이타이쇼군이 된다는 것은 너무 속이 들여다보이는 일이었다. 그래서는 마치 아케치 미쓰히데처럼 각 장수들의 반감을 살 것이 자명했기에 그 사이에 2년이라는 세월을 둔 것이리라. 동시에 정식으로 쇼군의 직을 받기까지에는 매우 까다로운 관습이 있었기에 그것들을 연구하기 위해서 시일을 보냈던 것도 사실이었다.

한편 이에야스의 이와 같은 준비는 극비리에 진행되었기에 이에야스가 세이이타이쇼군에 임명되었다는 소식을 접한 순간 토요토미 쪽 사람들의 놀라움은 이만저만한 것이 아니었다. 히데요리의 성장을 보살피다 성인이 된 뒤에는 히데요시의 유언대로 칸파쿠의 자리에 앉혀줄 것이라 생각했던 이에야스가 스스로 쇼군이 되어버렸으니 놀라는 것도 당연한 일이었다. 그와 함께 이에야스에 대한 원성이 가득했으며, 오오노 하루나가 등도 지지 않고 조정에 주청해서 히데요리를 나이다이진(内大臣)에 임명케 했다.

---

137) 淳和奬学両院別当. 준와인(淳和院, 원래는 왕의 별궁이었으나 이후 절이 되었다)과 쇼가쿠인(왕족 자제들의 교육기관)의 장관(벳토). 원래는 두 원에 각각 벳토가 있어서 겐지의 공경 가운데 상위자가 임명되었으나, 무로마치 시대 3대 쇼군인 아시카가 요시미쓰(足利義満)가 겐지의 장자로 양 원의 벳토가 된 이후부터는 아시카가 씨 및 토쿠가와 씨의 쇼군이 이 자리를 이었다.

이러한 모습을 본 이에야스는 갑자기 태도를 바꾸어 오오사카와 친밀한 모습을 보였으며, 히데요시가 살아 있을 때 약속했던 대로 손녀인 치히메(千姬)를 히데요리에게 시집보내기로 했다. 그러나 당시 히데요리는 11세, 치히메는 7세였다. 이것만 봐도 이 혼인이 무엇 때문에 행해졌는지 알 수 있다.

막부의 소재지를 에도로 정한 이에야스는, 백년지계 수립을 위한 가장 적합한 땅을 고른 셈이었다. 오다와라 정벌 이후 자신의 영지로 다스려온 유일한 지반이었으며, 8개 주의 평야는 명성에 걸맞게 무진장한 산물을 자랑했고, 토호쿠에서부터 서쪽에 걸쳐 아부쿠마(阿武隈), 미쿠니(三国), 후지(富士) 등의 산악이 겹겹으로 둘러싸여 있어 천연의 성벽을 이루고 있는 데다, 대평야를 관통하는 오오토네(大利根)를 비롯하여 몇 줄기의 맑은 강이 흐르고 있었고, 또 그 강물을 한꺼번에 받아들이는 태평양. 칸사이의 오오사카와 칸토의 에도를 놓고 생각하던 이에야스는 조정에 대해 삼가는 마음도 있었기에 칸토를 선정한 것이리라.

그러나 지금의 토쿄도 이에야스가 막부를 열었을 당시에는 결코 그렇게 번화한 대도시가 아니었다. 헤이안 시대 말기, 무사시에 살던 타이라 씨의 후손인 치치부(秩父) 씨의 서자 가운데 시로 시게쓰구(四郎重継)라는 사람이 처음 에도에 정착하여 에도칸스(江戸関首)가 되었고 칸토의 호족 가운데 한 사람이 되었다. 이 무렵부터 비로소 에도라는 이름이 세상에 알려지게 되었고, 이후 초로쿠 원년(1457)에 오오타 모치스케 뉴도 도칸(太田持資入道道灌)이 에도 성을 쌓았다. 그러나 그 성도 미미한 것이어서 도저히 쇼군 이에야스가 들어갈 수 있을 정도는 되지 못했기에 칸토로의 이봉 이후 수축, 증축, 개축, 신축을 거듭해온 이에야스는, 드디어 근본적으로 에도 만들기에 손을 대기 시작했다.

이에 앞서 세키가하라 전투가 끝남과 동시에 이에야스는 후시미 성, 니조 성, 오오쓰(大津) 성, 제제(膳所) 성의 수축공사를 일으켰으며 이를 각 다이묘에게 돕게 했다. 100섬당 10명 정도의 비율로 인부를 내게 하였으니 커다란 숫자였다. 1만 섬이면 1천 명, 5만 섬이면 5천 명, 키요마사 등은 52만 섬이니 5만 2천 명의 인부를 내야했던 셈이다.

쇼군직에 오른 케이초 8년(1603)이 되자 이이 나오마사에게 주었던 히코네 성, 오우미의 나가하마 성, 탄바의 카메야마 성을 수축케 했고, 이 공사가 끝나자 쇼군직을 히데타다에게 물려주고 자신은 슨푸에서 은거했는데 그 성을 다시 수축케 했으며, 1년여 만에 공사가 끝나 에도 성에 텐슈카쿠¹³⁸⁾를 짓기로 하고 이번에도 역시 다이묘들에게 그것을 돕게 했다. 이러한 인부들의 비용을 대부분 토자마다이묘들에게 부담케 한 점이 재미있다. 그리고 이들 각 다이묘가 누구보다 열심히 일을 해서 쇼군의 칭찬을 듣기 위해 땀 흘려 노력했다고 하니 당시 이에야스의 세력이 얼마나 컸는지를 알 수 있다.

그리고 이에야스는 인질로 제후들의 처자를 에도에 머물게 하기 위해 각자에게 부지를 나누어주었는데,

"가능하다면 쿄토나 오오사카처럼 하고 싶네."라는 이에야스의 한마디를 듣고 제후들은 앞 다투어 화려한 저택을 짓기 위해 노력했다. 그중에서도 카토 키요마사는 사쿠라다(桜田)의 대문 위에 금으로 호랑이를 장식했기에 매일 아침 해가 오르면 그 빛이 사방으로 반사되어 올려다 볼 수 없을 정도로 눈이 부셨으며 멀리 바다에서도 그 빛을 볼 수 있었기에 시나가와(品川)에 물고기가 줄었다고까지 떠들어댔을 정도였다.

이처럼 토자마다이묘가 장려하고 널따란 저택을 지은 데 반해서 후다이다이묘에게는 엄격한 제한을 두어 제아무리 지위가 높고 재산이

---

138) 天守閣. 성의 중심부에 가장 높게 만든 망루.

많아도 토자마만큼의 화려함은 허용되지 않았다.

그러나 영지가 넓고 녹봉이 많은 데 비해서 토자마다이묘들은 내정에 관해서는 거의 말을 하지 못했다. 이에야스의 아들인 요시나오(義直)를 오와리에 봉함에 있어서 그 성으로 나고야 성을 축성하라는 명령을 받았을 때는 토자마들도 참으로 난처했던 듯, 후쿠시마 마사노리 · 카토 키요마사 · 이케다 테루마사가 모인 자리에서 마사노리가 테루마사에게,

"귀하께나 우리에게나, 이처럼 매해 공사를 돕는 것은 참으로 견디기 어려운 일 아니겠소 물론 에도, 후시미, 스루가는 오오고쇼(이에야스)와 쇼군(히데타다)이 머무는 성이니 어쩔 수 없었다 하더라도, 그 외의 잡다한 성에까지 불려가 도와야 한다는 것은 고통스럽기 짝이 없는 일이오. 귀하는 다행히 오오고쇼(大御所)의 사위(이에야스의 둘째 딸이 테루마사에게 시집갔다)이시니 기회가 되시면 이러한 사실을 한번 말씀 드려주시기 바라오."라고 말했더니 옆에 있던 키요마사가,

"타이후(大夫, 마사노리)의 말씀 참으로 옳으십니다만, 그것은 앞을 가늠할 수 없는 일이라 할 수 있습니다. 지금 공사를 돕기 싫다면 얼른 영지로 돌아가서 농성하다 정벌당하기를 기다릴 수밖에 없을 것입니다. 만약 그럴 수 없다면 어떤 어려운 일을 맡긴다 할지라도 받아들일 수밖에 없습니다."라고 말했다. 성격이 급하기로 유명했던 마사노리조차 한마디 말도 못한 채 입을 다물어버릴 수밖에 없었다. 키요마사가 말한 것처럼 공사가 싫다면 이에야스의 검은 손길이 미칠 것을 각오하지 않을 수 없었으며, 그게 싫다면 일국의 영웅이라 불리던 무사들이 작업복에 짚신 차림으로 흙을 나르고 돌을 옮기고 수레를 밀지 않으면 안 되었으니 참으로 딱하고 가엾다고밖에 달리 말할 길이 없다.

이제 천하의 각 다이묘들은 이에야스의 일거수일투족에 따라서 그

행동이 좌지우지되었으며, 슨푸로 물러난 이에야스는 편안하게 자신의 목적 실현을 위해서 매진할 수 있게 되었다. 그 무렵 누군가가 지은 노래,

<오다가 찧고 하시바(토요토미)가 반죽한 천하의 떡, 아무런 수고도 없이 먹는 것은 토쿠가와>

3. 막부의 정책 (1)

히데요시가 세상을 떠나기 전까지 이에야스의 행동과 인격은 전국시대의 영웅으로서 누구도 부인할 수 없을 만큼의 관록과 그로 인한 위대함을 내보이고 있었으나, 히데요시가 세상을 떠난 이후부터는 성격이 갑자기 일변하여 오로지 자신의 집안만을 생각하는 이욕 외에는 아무것도 없었기에 이전의 위대함이 오히려 씻을 수 없는 상처가 되어버리고 말았다. 그 가운데서도 가장 치명적이었던 것은 황실에 대해 취한 그의 정략이었다. 즉, 케이초 14년(1609) 7월에 있었던 고요세이텐노 양위에 관한 일과, 후에 언급하겠지만 쿄토쇼시다이139) 및 쿠게쇼핫토140)로 표면적으로는 조정의 수호를 표방했으나, 이면에서는 그 세력을 억누르는 음험한 방법을 쓴 일이 그것이었다.

두 번째는 토요토미 씨를 멸망시키기 위해서 온갖 억지스러운 일을 강요하여 마침내는 오오사카 쪽 사람들을 그림자조차 남기지 않았던 일이다. 이 두 가지 사실은 어떠한 방법으로도 가릴 수 없는 이에야스의 2대 결점이다.

그렇다면 어떻게 해서 오오사카 쪽을 함락시켰을까? 케이초 12년(1607) 7월에 쇼군 직을 히데타다에게 물려주고 슨푸에서 은거를 시작한 이에야스는, 물론 커다란 속내가 있었기에 그렇게 한 것이었다.

---

139) 京都所司代. 쿄토의 경비와 정무를 담당하던 자.
140) 公家諸法度. 에도 막부가 천황 및 조정의 신하들을 통제하기 위해 제정한 법령. 정식 명칭은 킨추나라비쿠게쇼핫토(禁中並公家諸法度).

당시 오오사카 쪽의 사정을 살펴보자면, 겨우 셋쓰 · 카와치 · 이즈미 3개 쿠니의 다이묘에 지나지 않는 영지이기는 했으나 타이코의 음덕이 아직 남아 있었기에 토쿠가와 씨를 동쪽의 오랑캐라 폄훼하는 자까지 있었을 정도로 키나이[141]에서는 은근한 세력을 유지하고 있었기에 토요토미 씨를 급속하게 멸망시킬 수는 없었다. 그렇다고 해서 자신의 나이도 벌써 64세였기에 이대로 토요토미 씨를 멸망시키지 못하고 세상을 떠난다면, 히데요리가 건재한 이상 그 이후 세상이 어떻게 될지는 알 수 없는 일이었다. 자신이 살아 있는 동안에 무슨 수를 써서라도 토요토미 씨를 완전히 멸망시켜야겠다고 생각했을 것이다. 히데타다가 쇼군에 오르기 직전에 히데요리를 우다이진으로 승급시켰으며, 히데타다가 쇼군이 되자 축하를 위해서 히데요리 자신이 직접 상경했으면 한다고 히데요시의 아내인 키타만도코로를 통해서 말해왔다. 이는 물론 히데요리가 와서 신하의 예를 취하라는 뜻이었으며, 한편으로는 오오사카가 어느 정도의 반발력을 가지고 있는지 시험해본 것이었으리라. 그러자 오오사카의 사람들 모두 깜짝 놀랐으며, 요도기미는 끝까지 그렇게 할 것을 고집한다면 히데요리를 죽이고 자신도 자결하겠다고까지 강경하게 반대했다. 게다가 토요토미 가를 편드는 다이묘들 또한 격하게 흥분했기에 이래서는 안 되겠다 싶었는지 이에야스가, 자신 및 히데타다의 대리로 여덟째 아들인 카즈사노스케 타다테루(上総介忠輝) 등을 오오사카로 보내 히데요리 등을 백방으로 위로케 했기에 이 소동도 마침내 가라앉았다. 이에야스는 이 무렵 조선과의 화목을 추진하던 중이었는데 오오사카 쪽이 시끄러워지기 시작하면 화목이 깨질 위험도 있었기에 이런 조치를 취한 것이었다.

---

141) 畿内. 쿄토에 가까운 5개 지방을 일컫는 말. 야마시로 · 야마토 · 이즈미 · 카와치 · 셋쓰.

이에야스가 토요토미 씨의 멸망을 꾀하고 있다는 사실을 일찌감치 꿰뚫어보고 자기 집안의 안전을 위해 은밀하게 토쿠가와 씨에게 아첨하는 자도 나타나기 시작했다. 카가 추나곤인(加賀中納言)인 마에다 토시나가가 그런 사람 가운데 한 명이었으며, 사쓰마(薩摩)의 시마즈(島津) 씨도 마찬가지였다.

토시나가는 케이초 10년(1605)에 그의 동생인 사루치요(猿千代)를 데리고 상경하여 이에야스 부자를 만난 자리에서,

"저는 요즘 다병하여 도저히 군정을 살필 수가 없으며, 또 자식도 없기에 동생인 사루치요에게 모든 것을 물려주고 편안히 병을 치료하고 싶습니다."라고 말했다. 여기에는 이에야스도 틀림없이 기뻐했을 것이다. 카가 120만 섬은 토시이에 이후의 강대한 다이묘였다. 그가 어느 편에 서느냐에 따라서 토쿠가와 씨에게는 커다란 타격이 될 수도 있었는데 120만 섬을 그대로 잘 부탁드리겠다고 말한 것이나 다름없으니 토요토미 씨의 세력을 절반쯤 깎아낸 것이나 다를 바 없었다. 40세 남짓의 장년에 자리를 물려준 토시나가 자신은 노토(能登) 20만 섬으로 편안하게 은거 생활을 보내기로 했다.

시마즈 씨에 대해서 이에야스는 처음부터 관대한 처분을 내렸었다. 세키가하라 전투 이후 아무런 죄도 묻지 않았으며, 그가 숨겨주었던 우키다 히데이에(浮田秀家)의 목숨을 살려달라는 청도 들어주었고, 각 다이묘들에게 가혹하다 싶을 정도로 성의 공사를 돕게 했으나 시마즈 씨에게만은 그러한 명령을 내리지 않았었다. 이러한 특별대우에 느낀 바가 있었던 것인지 토시나가가 은퇴한 것을 보자마자 자신도 이에야스의 이름 가운데 한 글자를 받아 하시바 무쓰노카미 타다쓰네(羽柴陸奥守 忠恒)에서 마쓰다이라 무쓰노카미 이에히사(家久)라고 이름을 바꾸는 등 토쿠가와 씨에게 순종적인 태도를 보이기에 노력했다.

이렇게 해서 토요토미 쪽의 커다란 세력을 자신의 수중에 넣은 이에야스는 조정에 무가의 관위는 막부의 추천이 없는 한 누구에게도 서임할 수 없게 해달라고 주청하여 허락을 얻어냈다. 이로 인해서 히데요리는 절대로 칸파쿠 자리에 오를 수 없게 되어버리고 말았다.

그런 다음 케이초 16년(1611)에 다시 히데요리를 니조 성으로 보내달라고 요청했다. 3월 6일에 슨푸에서 쿄토로 들어간 이에야스는,

"히데요리 나리는 관위도 올랐고 나이도 벌써 19세로 성인이 되셨는데, 아직 한 번도 조정에 든 적이 없으며, 토쿠가와 집안과 식구가 된 지도 벌써 9년이 지났는데 그 이후 아직 한 번도 뵙지 못한 것은 참으로 유감천만한 일입니다. 그러하오니 이번 기회에 조정에도 드시고, 이에야스와도 대면하시어 두 집안의 친목을 더욱 공고히 할 수 있도록 간곡히 청합니다."라고 사람을 보내 말했다.

그러나 요도기미는, 이는 적당한 구실로 히데요리를 불러들여서 암살하려는 이에야스의 책략일지도 모른다는 의심을 지울 수 없었기에 쉽게 승낙하려 들지 않았다. 이에 이에야스가 카토 키요마사, 아사노 유키나가를 불러 그러한 걱정은 결코 필요 없으니 그대들 두 사람이 상경하도록 진력해달라고 말했기에 두 사람은 오오사카로 가서 요도기미에게 그 뜻을 전하고,

"지금 토쿠가와 나리의 기세는 실로 떠오르는 해와 같으니 이러한 때에 이에야스 공의 말씀을 거절하시는 것은 토요토미 가에 오히려 좋지 않은 결과를 불러올 뿐입니다. 이러한 일로 날을 지체하면 근심만 더욱 늘 터이니 조정에 드시는 일은 뒤로 미룬다 할지라도, 토요쿠니다이묘진142)을 참배하러 온 김에 대면하러 온 것이라는 정도의 구실을 만들어

---

142) 豊国大明神. 쿄토의 토요쿠니 신사에서 모시는 신. 토요토미 히데요시에게 신위와 함께 이러한 이름을 부여했다.

히데요리 공의 상경 요청은 받아들이는 것이 좋을 듯합니다."라고 온갖 말로 요도기미의 승낙을 얻기 위해 노력했다.

"그대들께서는 그렇게 말씀하시지만, 만약 히데요리의 몸에 변고라도 생긴다면 그때는 어떻게 하실 생각이신지?"

요도기미는 언제까지고 그 점이 걱정되어 견딜 수가 없었다.

"그렇다면 히데요리 나리를 저희 두 사람이 수행하여 목숨을 걸고서라도 무사히 돌아오실 수 있도록 하겠습니다."

키요마사가 결연하게 대답했다.

"그렇다면 그대들에게 맡기도록 하겠습니다. 끝까지 지금의 마음을 잊지 마시길."

"무사로서의 명예를 걸고……."

이렇게 해서 간신히 요도기미의 승낙을 얻어냈기에 27일에 오오사카를 출발, 배에 오른 히데요리를 키요마사와 유키나가가 따랐으며 강의 양쪽 기슭을 두 집안의 무사들이 경호하는 가운데 요도가와(淀川)를 거슬러 올라 후시미에 도착했고 이튿날인 28일에 니조 성으로 들어가기로 했다. 이때 카토 등과 수행하기로 했던 후쿠시마 마사노리는 무슨 생각을 한 것인지 병을 칭하며 오오사카에 그대로 머물렀다. 이는 훗날 토요토미와 토쿠가와 두 집안 모두에게서 의심을 받는 원인이 되었다.

키요마사는 히데요리 공이 이렇게까지 성장했다는 사실을 사람들에게 보이기 위해서 히데요리가 탄 가마 좌우의 문을 열고 유키나가 등과 함께 도보로 수행했다.

'히데요리 나리께서 상경하셨다.'는 소식을 듣고 쿄토의 남녀가 그 성대한 행렬을 구경하기 위해 연도를 가득 메웠으나 겨우 100명쯤의 수행원에 몇 자루의 창만 보일 뿐, 평범한 다이묘보다 더 쓸쓸한 모습을 목격하고는, 히데요시가 살아 있을 당시의 호화롭기 짝이 없었던 모습과 비교하여, 시간이 흐르면 변해버리고 마는 세상사에 자신도 모르게 흐르는 눈물을 감출 수 없었다고 한다.

쿄토에 도착한 히데요리는 카타기리 카쓰모토의 집에서 옷을 갈아입고 니조 성으로 향했으며, 토쿠가와·토요토미 두 집안의 무사들이 경호하고 있는 성문을 지나 현관에 이르렀다. 이에야스가 그곳까지 나와 맞아들였고 키요마사 한 사람만 따른 채 저택으로 들어가 거기서 두 사람의 회견이 이루어졌다. 표면적으로 말하자면 히데요리는 이에야스의 손녀사위고, 이에야스는 히데요리 아내의 외할아버지였으나 서로 마음속에 이런저런 일들을 품고 있었으니 이 회견이 결코 기쁘지만은 않았으리라. 기쁘기는커녕 히데요리도 키요야스도 목숨을 건 회견이었다. 히데요리의 선물이 있었고 여러 가지 향응 뒤에 이에야스가 보내는 선물을 받아 어쨌든 표면적으로는 무탈하게 회견이 마무리 지어지려 할 무렵 키요마사가,

"히데요리 나리께서는 처음으로 멀리까지 나오신 것이라 요도기미께서 돌아오시기를 기다리고 계실 테니 그만 가보도록 하겠습니다."라고 말해 자리에서 일어났고, 이에야스의 배웅을 받아 성에서 나와 공사 중인 호코지에 들렀다가 토요쿠니 신사에 참배한 뒤 후시미에서 요도가와를 따라 내려와 오오사카로 돌아왔다.

임무를 마친 키요마사는 집으로 돌아오자 품속에서 단도를 꺼내고 아타고(愛宕) 신사로 가서 참배한 뒤,

"오늘에서야 돌아가신 타이코의 은혜에 보답할 수 있었다."고 말했다고 한다. 키요마사가 얼마나 마음고생을 했었는지 짐작하고도 남음이 있다. 물론 이에야스에게도 히데요리를 암살할 정도로 비겁한 마음은 없었을 테지만, 당시의 형세로 봐서 일반적으로 그렇게 생각하는 것은 오히려 당연한 일이었다.

이 회견이 끝난 뒤 이에야스는,

"세상 사람들은 히데요리에 대해서 범용한 인물이라 말하고들 있지만 결코 그런 인물이 아니다. 그 용모와 태도 모두 당당한 것이어서 다른 사람의 명령에 따를 것 같지 않다. 타이코의 뜻을 이을 자로서 결코 부족함이 없다."라고 혼다 마사노부에게 말했다. 이는 곧, 히데요리의 인물이 당당하여 마음에 걸린다는 뜻이었으리라. 어쨌든 이에야스는 상경에 대한 답례로 4월 2일에 자신의 아들인 요시나오와 요리노부(頼宣)를 수많은 선물과 함께 오오사카로 보낸 뒤 슨푸로 돌아왔다.

당시 토요토미 씨는 몰락의 조짐이 뚜렷했는데 거기에 더해서 오오사카 성의 유일한 지주라 할 수 있었던 키요마사마저 세상을 떠나고 유키나가와 테루마사도 연달아 세상을 떠났기에 한층 더 쓸쓸한 기운이 오오사카 성에 드리워졌다. 그렇다고는 해도 히데요시가 일세의 힘을 기울여 만들어낸 성이었던 만큼 그 견고함과 무한한 재보는 역시 오오사카 성의 커다란 강점이었기에 이에야스는 이 금은을 소비시키기라도 하겠다는 듯, 히데요시의 명복과 히데요리의 무운장구를 빌어야 한다는 구실로 사원의 수리를 활발하게 권했다. 쿄토의 토지(東寺), 난젠지(南禅寺), 소코쿠지(相国寺), 키타노텐진(北野天神), 셋쓰의 시텐노지(四天王寺), 오우미의 이시야마데라(石山寺), 오와리의 아쓰타진구(熱田神宮), 이즈모(出雲)의 타이샤(大社)를 비롯하여 키나이 부근의 주요한 절과 신사 거의 전부에 이르렀다고 해도 좋을 정도였다.

그 가운데서도 가장 힘을 기울인 곳은 히가시야마(東山) 호코지 대불전(大仏殿)의 재흥이었다. 호코지는 텐쇼 14년(1586)에 히데요시가 창건한 절로 높이 6장143)의 목조대불을 안치했었는데 케이초 원년(1596)

---

143) 丈. 길이의 단위로 1장(길)은 약 3m.

호코지 종의 명문

7월 12일의 대지진으로 파괴되어버리고 말았다. 히데요시는 물론 이것을
재건할 생각이었으나 끝내는 그 뜻을 이루지 못하고 세상을 떠났다.
이에 이에야스가 요도기미 등에게 재건을 극력 권했고 케이초 7년(1602)
12월에 공사가 거의 끝나 불상의 몸통에 머리를 이으려던 순간 어떻게
된 일인지 불이 몸통을 지지하고 있던 나무에 옮겨붙어 커다란 화재가
일어났기에 몸통은 녹고 불당도 타버리고 말았다. 이 화재조차 의심스러
운 부분이 있다 여겨지고 있다. 이때 오오사카 쪽에서 쓴 비용은 오오
반144) 5만 개, 은화 35만 관145)이라고 알려져 있다. 그리고 케이초
13년 12월에 다시 호코지 대불의 재건을 명령했다. 그러나 그 막대한
비용은 그리 만만한 것이 아니었기에 카타기리 카쓰모토가 이에야스에
게 보조를 부탁하자,

　"호코지의 대불은 히데요시가 나서서 건립한 것이니 히데요리가 이를

---

144) 大判. 아즈치모모야마, 에도 시대에 통용되던 금화.
145) 貫. 무게의 단위로 1관은 약 3.75㎏.

재건하는 것은 아버지의 뜻을 잇는 일이오. 그러니 그 비용은 당연히 히데요리가 지출해야 할 것이오, 쇼군은 그런 일에 관여할 수 없소"라고 거절했기에 카쓰모토는 하는 수 없이 히데요시가 만일을 위해서 군자금으로 저축해두었던 '타케나가시킨146)'을 녹여서 그 비용으로 삼아 케이초 15년(1610) 6월에 기공했다. (타케나가시킨 1개는 오오반 1천 개에 상당한다고 한다.)

이후 5천 명의 인부와 타케나가시킨 20개, 5년이라는 세월을 들여 케이초 19년(1614)에 불상 및 높이 1장 8척147), 구경 9척 1촌148), 두께 9촌, 무게 1만 7천 관이나 되는 커다란 종이 멋지게 완성되어 마침내 낙성식을 거행할 일만 남았는데 이것이 오오사카 멸망의 직접적인 원인이 될 줄은 요도기미도, 히데요리도 꿈에서조차 생각하지 못했다.

---

146) 竹流金. 무로마치 시대 말기부터 전국시대에 걸쳐서 만들어졌던 금화.
147) 尺. 길이의 단위로 1척(자)은 약 30㎝.
148) 寸. 길이의 단위로 1촌(치)은 약 3㎝.

4. 오오사카 성의 비극

(1) 겨울전투

높이 15장, 동서 16장, 남북 17장이나 되는 커다란 불전 속에 안치된 대불의 높이는 6장 3척. 무게 1만 7천 관짜리 거대한 종과 함께 완성되었기에 이에야스와 상의한 뒤 케이초 19년 8월 3일을 대불개안공양일로 정하고 그 준비에 들어갔다. 그런데 건축관계자의 이름과 연월일 등을 써서 마룻대에 박아넣는 패에 토쿠가와 가에서 보낸 공사감독자 5명의 이름을 적어넣지 않았기에 이를 유감스럽게 생각한 5명의 사람들이,

"호코지 마룻대의 패에 저희 5명의 공사감독자 이름을 넣지 않은 것은 토쿠가와 가문의 멸망을 기원하기 위해서인 듯합니다."라고 이에야스에게 말했다. 빙그레 웃은 이에야스는 어용학자인 하야시 도슌(林道春)과 승려인 콘치인 스덴(金地院崇伝), 난코보 텐카이(南光坊天海) 등에게 패와 그 외의 것들을 조사하게 했다. 그리고 개안식 전날인 8월 2일에 갑자기,

"마룻대의 패와 종의 명문에 의심스러운 부분이 있어서 오오고쇼께서 크게 노하셨으니 내일의 식은 취소했으면 한다."고 쿄토쇼시다이인 이타쿠라 카쓰시게(板倉勝重)를 통해서 명령했다. 놀란 것은 카쓰모토였다.

"마룻대의 패와 종의 명문은 모두 세이칸(清韓) 스님께서 쓰신 것으로 히데요리 모자와는 관계가 없는 일입니다. 저는 학식이 없어서 그 좋고 나쁨은 알 수도 없으나 만일 실수가 있었다면 배를 갈라 사죄하겠습니다

만, 아시는 것처럼 초대에 응해 모인 승려가 1천이 넘고, 부근에서 온 참례객도 1만이나 됩니다. 모든 잘못은 훗날 전부 해명할 터이니 내일의 낙성식만은 치를 수 있게 해주십시오."라고 부탁했으나,

"저는 단지 쇼시다이로서 오오고쇼의 명령을 전달하러 온 것일 뿐입니다. 그 외의 일은 오오고쇼의 뜻을 받은 뒤가 아니면 아무것도 할 수 없습니다."라며 상대도 해주지 않았기에 카쓰모토는 하는 수 없이 식의 중지를 알리고 오오사카로 돌아가서 그 사실을 보고했다. 요도기미를 비롯하여 오오사카 쪽 일동은 이 말도 안 되는 일에 화가 나기는 했으나,

"어쨌든 해명을 할 필요가 있다."고 뜻이 모아졌기에 카쓰모토가 승려 세이칸과 함께 슨푸로 내려갔다. 그러나 이에야스는 그들을 만나주지 않았으며 대신 혼다 마사즈미(本多正純)가 그들을 문책했다. 그 요점은 종의 명문 가운데,

(1) 이에야스를 우복야[49] 미나모토 아손 이에야스(源朝臣家康)라고 쓴 것은, '우는 나(히데요리)를 뜻하며, 미나모토 아손 이에야스를 쏘리라.[150]'라는 뜻이다.

(2) 군신풍락, 국가안강[151]이라고 쓴 것은 토요토미(豊臣)를 주군으로 삼아 즐긴다는 의미로 토요토미 씨의 영화를 축하한 것이며, 그 아래에 이에야스(家康) 2글자를 따로따로 떼어놓아 쓴 것은 바로 이에야스의 목과 몸통을 둘로 가르겠다는 뜻이다.

(3) 우승상(右丞相, 우다이진이라는 뜻) 토요토미 아손 히데요리라고 쓴 것은 '우는 속히 재상(칸파쿠)이 될 토요토미 히데요리'라는 의미로 자신들을 축복하는 뜻이다.

---

149) 右僕射. 우다이진의 중국식 명칭. 장관이라는 뜻.
150) '右'는, 이때 히데요리는 우다이진(右大臣)이었다. '僕'은 나라는 뜻. '射'는 쏜다는 뜻.
151) 君臣豊樂, 國家安康.

첫 번째는 하야시 도슌, 두 번째는 소덴과 텐카이의 해석이었다. 만약 진심으로 위처럼 해석했다면 하야시 라잔(林羅山, 도슌), 소덴, 텐카이 등의 학문은 초등학교 1학년생에게도 미치지 못하는 것이었다고 할 수 있으리라.

이에 대해서 세이칸은 하나하나 해명을 했다.

"만약 '국가안강'에 오오고쇼를 저주하는 의미가 담겨 있다고 본다면, '군신풍락'은 토요토미 가를 멸망시키겠다는 의미가 될 것입니다. 왜냐하면 토요토미라는 이름의 순서가 거꾸로 되어 있지 않습니까? 오오고쇼를 저주할 마음이 조금이라도 있었다면 그와 같은 문구는 쓰지 않았을 것입니다."라고 말했으나 마사즈미 등은,

"군신풍락, 자손은창(子孫殷昌)은 토요토미 씨를 주군으로 삼아 자손의 번창을 즐기겠다는 뜻으로 쓴 것임에 틀림없다."라며 세이칸의 말을 인정해주지 않았다. 그러는 사이에 쿄토의 명승 7명에게 명하여 조사케 했던 것에 대한 의견서가 슨푸에 도착했다. 그 가운데 묘신지(妙心寺)의 카이잔(海山) 스님만이 '세이칸 화상은 문장의 대가로, 저희 따위가 그 좋고 나쁨을 결정한다는 것은 생각할 수도 없는 일입니다. 굳이 말하자면 악의가 있었다고 말할 수도 있겠지만, 스님이 고의로 악의를 담은 명문을 지었다고는 여겨지지 않습니다. 천하의 태평을 기원하고 부처님의 공덕을 나타내기 위해서 경사스러운 글을 쓴 것이라 여겨집니다.'라고 의견을 개진했을 뿐, 다른 6명은 입을 모아 토쿠가와 씨를 저주하는 글이라고 자신들의 박학다식을 바탕으로 기가 막힌 해석을 한 의견서를 제출했기에 이에야스의 분노는 더욱 커졌다. 이에 세이칸은 '쿄토로 돌아가 칩거하라.'는 명령을 받게 되었다.

슨푸에서의 일이 용이하지 않다는 사실을 보고받은 오오사카는 커다란 근심에 빠졌으며, 요도기미는 오오노 하루나가의 어머니인 오오쿠라

쓰보네(大蔵局)와 쇼에이(正栄)라는 비구니를 슨푸로 내려가게 했다. 그러자 바로 그들을 만난 이에야스는 히데요리 모자가 건강하다는 말을 듣고는 만족스럽게,

"토쿠가와 토요토미 두 집안은 끊으려야 끊을 수 없는 인척관계, 히데요리 모자에게 야심이 있을 리 없소. 단, 가신들 가운데 분별없는 자들이 있어서 로닌[152]을 모으고 전쟁을 준비하는 이가 있다는 소문이 들리오. 이번 기회에 그 좋지 않은 자들을 물리쳐 친목의 뜻을 보여줬으면 좋겠다고 전해주도록 하시오. 자세한 얘기는 카쓰모토에게 할 테니 안심하고 에도라도 둘러보신 뒤 돌아가시도록 하시오."라고 대수로울 것도 없는 일이라는 듯 말했기에 두 사람은 크게 기뻐하며 에도로 내려가 히데타다 부부를 문안했다.

한편 카쓰모토는 매우 엄격한 문책을 받았다.

"종의 명문이 온당치 않은 것은 용서를 한다 치더라도, 요즘 오오사카에서 로닌을 부지런히 모아 온건치 못한 기운이 감돈다는 말이 들리고 있소. 오오고쇼께서 살아계실 때조차 이러하니 훗날이 더욱 걱정이오. 한시라도 빨리 두 집안의 화친을 실제로 내보여 토요토미 가의 안전을 꾀하도록 하시오."라고 말했다.

"두 집안의 화친을 실제로 내보이려면 어찌해야 하겠습니까? 오오고쇼의 소망을 들은 뒤, 잘 처분하도록 진력하겠습니다."라고 말하자 마사즈미는,

"그건 귀하의 가슴 속에 있는 일입니다."라고 말해 상대를 하려들지 않았다. 카쓰모토는 하는 수 없이 여러 가지 고심 끝에 3가지 안을 짜내서 마사즈미에게 보여주었다.

---

152) 浪人. 특별히 섬기는 주군 없이 떠돌던 무사.

(1) 요도기미를 에도에서 살게 하거나,

(2) 히데요리 부부를 에도에서 살게 하거나,

(3) 히데요리가 오오사카 성을 떠나 다른 곳에서 주거하거나.

그러자 마사즈미가,

"이 가운데 어떤 하나를 실행에 옮기면 오오고쇼의 노여움도 풀릴 듯합니다."라고 말했기에, 에도에서 돌아온 오오쿠라쓰보네와 함께 이에야스로부터,

"두 집안의 친목을 실제로 내보이도록 잘 처리해주셨으면 하오."라는 말을 거듭 듣고 선물을 받은 뒤 출발할 예정이었으나, 카쓰모토는 병 때문에 오오쿠라쓰보네 들보다 이삼일 늦어지게 되었다.

한편 한발 앞서 오오사카에 도착한 오오쿠라쓰보네 들이 그간의 일들을 보고하자 요도기미는 크게 기뻐했으며, 성 안에는 봄바람이 부는 듯한 분위기가 감돌았다. 뒤늦게 돌아온 카쓰모토는 너무나도 낙관적인 분위기를 이상히 여기며 성으로 들어가 시치테구미[153]를 불러 모았다. 그리고 그 자리에서 두 집안의 화친을 위한 3개 안을 설명한 뒤, 이렇게 된 이상 첫 번째 안에 따라서 요도기미가 에도로 가는 수밖에 없을 듯하다고 말했다. 전혀 생각지도 못했던 카쓰모토의 보고에 일동은 너무 놀라서 한동안은 말도 하지 못했다. 두 사자의 말이 너무나도 달랐기에 이를 이상히 여긴 히데요리가 오오쿠라쓰보네를 불러 물어보았으나 사실은 사실이었기에 달리 방법이 없었다. 그런데 거기서 참으로 엉뚱한 억측이 생겨나고 말았다.

"당시 오오고쇼는 저희를 매우 친절하게 대해주셨으나 혼다 나리(마사즈미)는 뜻밖에도 냉담한 태도를 보이셨는데, 카쓰모토 나리와는

---

153) 七手組. 히데요시의 본진에 있던 자들 중에서 뽑은 7명의 조장.

그 숙소를 서로 오가며 친밀한 모습을 보이셨으니 어쩌면……."

카쓰모토가 마사즈미와 결탁하여 요도기미를 인질로 보낼 음모를 꾸민 것이라고 생각하게 되었다. 크게 화가 난 요도기미와 히데요리가,

"히데요시 공의 은혜를 잊고 이에야스에게 아첨하는 불충한 자를 그냥 살려둘 수는 없다."라며 이튿날 카쓰모토를 불러들여 살해하자고 상의한 뒤, 그를 부르기 위해 사람을 보냈다. 그러나 그 계획을 미리 알려준 자가 있었기에 카쓰모토는 병을 핑계로 성에 들어가기를 거부했으며, 결국에는 위험을 피해 영지인 셋쓰의 이바라키(茨木)로 물러나버리고 말았다. 그리고 이러한 사정을 이타쿠라 카쓰시게에게 전달했고, 카쓰시게는 곧 슨푸로 사람을 보냈다.

"이렇게 된 이상 어쩔 수 없군. 이에야스 자신이 출마하여 젊은이들의 방자함을 다스리는 수밖에."라며 오오사카로의 출병을 포고하자 앞다투어 몰려드는 천하의 크고 작은 제후들. 이에 이에야스는 다음과 같은 서약서를 각 제후들에게 쓰게 했다.

(1) 두 고쇼 나리(이에야스 부자)를 받들어 결코 이심을 품지 않겠다.

(2) 나리의 뜻에 따르지 않는 무리(히데요리 및 오오사카)와는 어떠한 교제도 하지 않겠다.

(3) 말씀하신 법도(규칙)를 결코 어기지 않겠다.

위의 각 조를 위반하는 자는 범천제석(梵天帝釈) 이하 8백만 신들의 신벌을 곧 받게 될 자이다.

케이초 19년(1614) 9월 7일.

각 다이묘 서명, 수결혈판

혼다 사도노카미 나리(마사노부)

사카이 우타노카미 나리(타타요)

그래도 여전히 마음을 놓을 수 없었던 이에야스는 토요토미 계열에

있던 다이묘들은 극력 경계하여 후쿠시마 마사노리에게는 에도를 지키게 했으며, 카토 타다히로(加藤忠広, 키요마사의 아들)에게는 큐슈를 지키게 했고, 시마즈 이에히사(島津家久)에게는 류큐(琉球) 정벌의 공이 있으니 출병할 필요 없다며 교묘하게 경원했다.

오오사카는 이에야스가 공격해온다는 말을 듣고 토요토미 가의 은혜를 입었던 시마즈, 모리, 쿠로다, 이케다, 아사노, 카토, 후쿠시마, 하치스카, 이코마, 다테, 호소카와 등의 각 다이묘에게 예를 다한 서한과 함께 명검 한 자루씩을 더해 응원을 부탁했으나 한 사람도 거기에 응한 자가 없었다. 그 가운데서도 시마즈 씨는 서한도 명검도 받지 않았으며, 심지어 다테 가에서는 사자를 묶어 이에야스에게 바치기까지 했다.

이렇게 되자 오오사카에서 마지막으로 의지할 곳이라고는 천하에 넘쳐나는 로닌밖에 없었다. 지금까지 오오사카는 특별구역이 되어 있었기에 토쿠가와 씨에게 쫓겨나 반감을 품고 있던 자들이 속속 모여들고 있었다. 그 가운데는 사나다 유키무라 부자, 초소카베 모리치카, 아카시 카몬(明石掃部), 고토 모토쓰구(後藤基次), 반 나오유키(塙直之), 스스키다 카네스케(薄田兼相) 등 쟁쟁한 자들도 있었다. 쇼시다이인 이타쿠라 카쓰시게는 이러한 상황을 보고 은밀하게 코슈의 로닌인 오바타 칸베에 카게노리(小畑勘兵衛景憲)를 간첩으로 오오사카에 들어가게 하였다.

이에야스의 눈치만 살피는 겁쟁이 다이묘들 가운데서 군계일학이라고 할 만한 자는 히라노 토오토우미노카미 나가모토(平野遠江守長元)와 와키자카 나카쓰카사노쇼유 야스하루 두 사람이 있었다. 이 두 사람은 각 다이묘들이 혈판을 찍을 때,

"아시는 것처럼 저희는 타이코에게 쓰였던 자들이기에 할 수만 있다면 히데요리 공과 죽음을 함께 하기 위해 오오사카로 달려가고 싶으나, 상대가 청하지도 않았는데 굳이 가는 것은 어떨까 싶기도 합니다. 그렇다

고 해서 오오사카 성을 향해서 활을 쏜다는 것은 더더욱 할 수 없는 일이니 이번에는 여기에 남아 성을 지키게 해주십시오."라고 말해서 에도에 남았다.

이들보다 더 눈에 띄는 것은 다인 리큐의 수제자로 오리베류[154]의 일파를 개척한 후루타 오리베노쇼 시게카쓰였다. 그는 히데요시에게 등용되어 2만 섬을 받는 다이묘였는데 이와 같은 소수로는 제 아무리 오오사카 성에 의지한다 할지라도 도저히 승산이 없다고 생각했기에, 차라리 성 밖에서 토쿠가와 군을 괴롭히는 편이 낫겠다 판단하여 스스로 수하들을 이끌고 쿄토로 들어가 가신들을 곳곳에 분산시킨 뒤 쇼군가의 상경을 기다렸다. 이에야스 부자가 상경하면 은밀하게 니조와 후시미에 불을 지르고 그 혼란한 틈을 이용해서 이에야스 부자의 본진까지 돌격해 들어가겠다는 계획을 세우고, 오오사카와도 연락을 취해 쿄토와 후시미에서 불길이 치솟으면 성에서 나와 공세를 취하라고 작전을 짜두었다. 그러나 안타깝게도 적의 간첩인 오바타 칸베에가 그 냄새를 맡았고 쇼시다이의 손길이 곳곳으로 뻗쳤기에 후루타의 가신들 모두 사로잡혔고, 후루타 자신도 속임수에 속아 포박당해 마침내는 참수형에 처해지고 말았다. 그러나 의를 중히 여긴 그의 행동은 이에야스의 눈치만을 살피던 다른 다이묘들의 마음을 부끄럽게 만들기에 충분한 것이었다.

10월 11일에 슨푸를 출발한 이에야스는 23일에 니조 성으로 들어가 히데타다를 기다렸으며, 11월 11일에 상경한 히데타다는 이에야스를 만나 회의를 거쳐 15일을 출진의 날로 정하고 후시미 성으로 들어갔다.

오오사카 쪽의 전략을 보면, 처음에는 이바라키에 있는 카쓰모토를

---

154) 織部流. 다도의 유파 가운데 하나. 후루타 오리베(古田織部)에게서 시작되었으며 힘에 넘치는 예법으로 무인들에게 사랑받았다. 이름을 시게카쓰(重勝)와 혼동한 경우도 있으나 원래 이름은 시게나리(重然).

공격하려 했으나 쇼시다이의 원군이 그곳으로 향했다는 사실을 알고는 이를 중지했다. 이후 유키무라 및 모토쓰구는 동군(東軍)이 쿄토로 들어오기 전에 쿄토와 후시미를 점령하고 우지(宇治)의 세타(勢田) 부근까지 병사를 전진시킬 것을 주장했으나 이는 받아들여지지 않았으며, 오오노 하루나가 등의 말에 따라 농성하기로 하고 각자 엄중한 경계에 들어갔다.

15일이 되자 예정대로 쿄토를 출발한 이에야스는 나라, 호류지(法隆寺)를 지나 스미요시(住吉)에 이르렀으며, 히데타다도 같은 날 후시미를 출발하여 히라카타(枚方)를 거쳐 히라노(平野)에 도착, 스미요시로 가서 이에야스의 지시를 받은 뒤, 마침내 성의 공격에 들어갔다. 이때 이에야스는 적의 명장인 사나다 유키무라를 아군으로 끌어들이기 위해,

"만약 마음을 바꾸어 토쿠가와 군에 가담한다면 시나노의 10만 섬을 드리겠소."라며 사람을 보냈으나 유키무라는,

"이미 토요토미 가를 섬기며 많은 병사를 받았고 한 부대의 대장까지 명받았으니 이보다 더한 명예도 없을 것입니다. 말씀은 감사하나 거절하겠습니다."라고 거절했다. 이에야스가 크게 감탄하여,

"시나노 1개 쿠니를 드릴 테니 아군에 가담하셨으면 하오."라고 거듭 말을 전했더니,

"과분하신 말씀 참으로 고맙기는 하나 일단 히데요리 공의 믿음을 얻었는데 이욕 때문에 약속을 어긴다는 것은 무사로서 체면이 서지 않는 일입니다. 그 영지와 녹봉이 얼마가 됐든, 설령 일본의 절반을 떼어주신다 할지라도 무사로서 등을 돌린다는 것은 있을 수 없는 일입니다."라고 단호하게 대답했다. 참으로 훌륭한 태도라 하지 않을 수 없으리라.

12월 4일에 히데타다 군은 성의 남쪽인 오카야마(岡山)까지 진출했으며, 이에야스는 6일에 본진을 그 서쪽인 차우스야마(茶臼山)로 옮겨

맹렬한 공격을 계속 퍼부었으나, 성은 천하의 이름난 성이었고 그곳을 지키는 사나다, 고토 등이 사력을 다해 싸웠기에 동군은 격퇴당하는 경우가 많아 쉽게는 다가가지 못했다.

<동쪽의 무사 깨진 수레처럼, 나아가려 해도 나아가지 못하고 타려 해도 타지 못하네>

참으로 이 노래와 같은 모습이었다.

다행인지 불행인지, 카쓰모토의 진지인 비젠시마(備前島)가 성 가까이에 있었기에 화승총의 명수들을 그곳으로 보내, 거기서 텐슈카쿠 부근을 향해 맹렬하게 쏘아대게 했다. 그 총알이 혹은 텐슈카쿠에 명중하기도 하고, 혹은 요도기미의 머리 위에서 파열하여 시녀들을 쓰러트리기도 했기에 겁을 먹은 요도기미에게 토쿠가와 쪽에서 은밀히 보낸 사람이 이렇게 말했다.

"지금 타지마의 이와미(石見) 부근에서 불러들인 광산의 광부들이 지하에 굴을 파서 성 가까이로 접근하고 있다. 게다가 성벽에 걸 사다리도 헤아릴 수 없이 만들어 이제 총공격에 나서려 하고 있다. 지금 화목을 청한다면 토요토미 가를 예전처럼 대우하겠다."

이에 겁에 질린 요도기미는 히데요리에게 거듭 화목을 권했다. 히데요리도 어쩔 수 없었기에,

(1) 히데요리의 거성과 영지를 이전 대로.

(2) 받아들인 로닌에 대해서는 그 어떤 문책도 하지 않을 것.

여기에 몇 가지 조건을 더해 화목하기로 했다.

이렇게 해서 화목의 서약서를 교환하게 되었는데 토요토미 쪽에서는 누가 그 역할을 맡아야 할지 좀처럼 그 인물을 찾아낼 수가 없었다. 여러 가지로 엄선한 결과 당시 22세였던 키무라 나가토노카미 시게나리(木村長門守重成)가 그 중임을 맡게 되었다.

약속한 날이 되어 이에야스의 진중에는 쟁쟁한 무장들이 기라성 같이 늘어섰다. 그 가운데를 일개 청년인 키무라 나가토노카미가 당황하지도 않고 차분하게 걸어서 이에야스 앞으로 나아갔다. 어떠한 인물이 오려나 기다리고 있던 장수들, 처음에는 백석의 청년에게 모멸의 시선을 보냈으나 그의 유유히 주변을 압도하는 침착함, 그 어떤 것도 안중에 없다는 듯한 대담함에서 일종의 기백이 느껴져 기침 하나 하는 자가 없었다. 마침내 이에야스 앞에 단정하게 앉아 인사를 마친 나가토노카미가 엄숙한 목소리로,

"서약서 작성을 위한 임무를 맡고 키무라 나가토노카미 시게나리가 나리를 뵈러 왔습니다."

이에야스는 이 젊은이의 얼굴을 힐끗 보았다.

"수고했소."

한마디. 마침내 양측이 인정한 서약서가 나가토노카미에게 건네졌다. 공손하게 받아든 나가토노카미가 그것을 펼쳐 안의 내용을 살피려 하자,

"나가토, 그럴 필요까지는 없을 게요. 이처럼 양가가 오래도록 친밀하게 지내자고 약속을 교환한 이상, 한시라도 빨리 가지고 돌아가서 요도기미께 보여드리는 것이 좋을 것이오."

그러나 나가토노카미는 들은 척도 하지 않고 활짝 펼쳐 그 전체를 가만히 들여다보았다. 그러다가,

"황공하오나 여기에는 날인만 있을 뿐, 혈판이 보이지 않습니다. 저는 이처럼 사자로 온 자이오니, 모쪼록 혈판을 찍어주시기를 청합니다."

"……."

가만히 바라보는 이에야스의 눈과 시게나리의 눈에서 순간 불꽃이 튀었는가 싶더니 이에야스가,

"하하하하, 그랬었나? 참으로 지당하신 말씀이오. 나이를 먹으면 아무

래도 건망증이 심해져서 걱정이오. 그걸 이리 주시오."라고 말했다.
서약서를 다시 받아든 이에야스는 작은 칼로 손가락을 그어 선명하게
찍은 뒤,

"이제는 됐소?"

"네."

납작 엎드려 받아든 나가토노카미는 그것을 가만히 바라보다,

"틀림없이……."라며 그것을 조용히 품속에 넣고 공손하게 머리를
조아렸다.

"그럼 이만 물러나도록 하겠습니다."

"수고하셨소."

유유히 일어나 한 걸음 한 걸음 옮기는 그 씩씩하고 당당한 모습.
이에야스를 비롯하여 자리를 가득 메운 사람들 모두 넋을 잃고 바라보았
다.

(2) 여름전투

오오사카 쪽과 화목을 맺은 이에야스가,

"우리 부자는 멀리 슨푸와 에도에서 왔으니 아무런 징표도 없이 그냥
돌아갈 수는 없소. 다행히 화목이 성립되었으니 이제는 쓸모없으리라
여겨지는 오오사카 성의 소보리(総壕)를 메워 화친의 참뜻을 보여주셨으
면 하오. 그러나 그것을 메우는 데 있어서 오오사카 쪽 사람들을 번거롭게
하는 것은 미안한 일이니 토쿠가와 쪽에서 맡아 그 일을 하도록 하겠소"
라고 청해왔다. 화목이 성립되기도 했기에 요도기미는 별 생각 없이
이를 승낙해버리고 말았다. 소보리란 바깥쪽 해자를 말하는데, 이를
메우는 것이 오오사카 쪽에 어떠한 영향을 줄지는 너무나도 자명한
일이었다.

12월 24일부터 혼다 마사즈미가 지휘하는 수만 명의 인부들이 구름떼처럼 몰려들어 망루, 울타리, 성벽 등을 허물었으며 바깥쪽 해자를 메우고 안쪽 해자까지 메우기 시작했다. 오오사카 쪽에서 크게 놀라 그 일을 탓하자,

"제가 아버지께 받은 명령은 소보리155)로, 해자 전체를 메우는 것이지 바깥쪽 해자만을 의미하는 것이 아닙니다. 만약 의심스러우시다면 아버지와 교섭하시기 바랍니다."라며 마사즈미는 시치미를 뗐다. 이에 히데요리가 사람을 급히 쿄토로 보내 혼다 마사노부에게 약속과 다르지 않느냐고 따지자,

"어리석은 아들놈이 명령을 잘못 알아들은 듯합니다. 이러한 일에 실수를 저지르다니 저로서도 참으로 난처하게 되었습니다. 참으로 어리석은 놈입니다. 당장 오오고쇼께 말씀을 올린 뒤 사죄하고 싶습니다만 지금은 마침 병에 걸려 약을 먹는 중이니 이삼일만 말미를 주시기 바랍니다."라고 사람을 보내 말해왔다. 그러나 사실은 그 이삼일이 중요한 시간이어서, 그 사이에 오오사카의 안쪽 해자까지 전부 메워버리고 말았다. 며칠 후 마사노부가 이에야스에게 그 사실을 보고하자 이에야스는 마치 놀란 듯,

"히데요리 나리께서 화를 내시는 것도 당연한 일이다. 얼른 사자를 돌려보내고 그대는 오오사카로 가서 사과의 말씀을 올리도록 하라."라고 명령했다. 이에 마사노부가 오오사카로 가서 보니 바깥쪽 해자는 물론 안쪽 해자까지 깔끔하게 메워버렸을 뿐만 아니라 언제 물러났는지 인부는 그림자조차 보이지 않았다.

"이거 참……."하고 그는 사뭇 놀란 듯,

---

155) 소보리(総壕)란 바깥쪽 해자라는 뜻이나, 글자만 놓고 보면 모든 해자라는 뜻이다.

오오사카 전투

"이처럼 어처구니없는 짓을 저지른 것도 전부 어리석은 아들놈의 오해 때문입니다. 참으로 뭐라 드릴 말씀이 없습니다. 이는 당연히 복구한 뒤 사죄의 말씀을 올려야 할 터이나, 허물기보다 만들기는 훨씬 어려워서 좀처럼 간단한 일이 아닙니다. 마침 화목이 성립된 때로 오오사카 쪽에서 군대를 일으킬 생각이 없으시다면 해자도 필요 없을 듯하니 이대로 용서해주시기 바랍니다."

참으로 사람을 우습게 여기는 듯한 말이었다. 오오사카가 아니라 할지라도 화를 내는 것은 당연한 일이었다. 일이 이렇게 되고 나서야 비로소 이에야스의 계획을 깨달은 오오사카 사람들은 화가 머리끝까지 치밀어올랐으나 이미 손을 쓸 수 없는 안타까운 일이 되어버리고 말았다.

이러한 오오사카 쪽의 비분을 비웃으며 이에야스는 겐나(元和) 원년(1615) 정월 3일에 히데타다는 29일에 쿄토를 출발했는데, 특히 시간을 들여서 천천히 행군한 것은 오오사카 쪽이 다시 일어나기를 간절히 기다렸기 때문이리라.

비로소 이에야스의 속내를 알게 된 오오사카 쪽에서는 다시 로닌들을 모아 일어서기로 했다. 그 병력이 15만에 이르렀으나 안타깝게도 성은 예전의 오오사카 성이 아니었다. 안팎의 해자와 벽이 파괴되어버려 혼마루만이 간신히 남아 있을 뿐인 외로운 모습이었다. 그러나 오오사카의 재기에 대한 소문은 매우 빠르게 번졌으며 오오사카에서 쿄토 시가지를 불태워버릴 것이라는 유언까지 나돌았기에 서둘러 가재도구를 짊어지고 히에이잔이나 아타고야마로 달아나는 자까지 있을 정도였다.

4월 21일에 니조 성으로 들어가 군사회의를 연 이에야스 부자는 15만의 병사를 둘로 나누어 한 갈래는 야마토를, 한 갈래는 카와치를 경유하여 오오사카로 진군하기로 하고 26일에 그 선봉이 쿄토를 출발했다. 그리고 이에야스가 히데요리에게 다시 사자를 보내서,

"성 안의 로닌을 내쫓고 히데요리가 잠시 야마토의 코오리야마(郡山)로 옮긴다면 토쿠가와 가는 싸우지 않고 병사들을 되돌린 뒤 7년 사이에 오오사카 성을 수리하여 다시 돌아올 수 있도록 하겠다."고 말을 전하게 했으나 이에야스의 속임수를 알고 있는 히데요리는 필사의 농성을 각오로 아무런 회답도 하지 않고 오로지 방비를 엄중히 했다. 메워버린 해자를 2자쯤 파내고 원래 울타리가 있던 곳에 목책을 설치해보았으나 그 빈약함은 이루 말할 수 없을 정도였기에 성 밖으로 나가서 싸우기로 하고 고토 모토쓰구, 스스키다 카네스케 등은 도묘지(道明寺) 방면으로 출동하여 야마토 쪽을 굳건히 했으며, 키무라 시게나리는 와카에(若江) 방면으로 출동하여 카와치 쪽을 지키기로 했다.

5월 5일, 쿄토를 출발한 이에야스 부자는 카와치의 호시다(星田)에서 군사회의를 열고 이튿날 도묘지 방면을 향해 나아가기로 했다. 이튿날인 6일, 야마토 쪽을 지키고 있던 고토 모노쓰구 군은 구름떼처럼 몰려드는 동군(東)과 충돌했다. 죽음을 각오한 용장 고토의 지휘에 동군은 전세가 점점 불리해졌고 한 걸음 한 걸음 물러나기 시작했으나 다시 새롭게

가세한 부대로 인해서 모토쓰구는 마침내 전사, 스스키다 카네스케 역시 목숨을 잃고 말았다. 아군이 마침내 무너질 것 같은 순간, 지용을 겸비한 명장 사나다 유키무라의 부대가 흙먼지를 피워올리며 달려와 둑 위에서 화승총으로 일제사격을 가했기에 다테 마사무네의 부장인 카타쿠라 코주로(片倉小十郎)도 더는 버티지 못하고 잠시 군사를 거두어 물러날 수밖에 없었다.

와카에와 야오(八尾) 방면을 지키고 있던 키무라 시게나리는 도묘지 쪽으로 향하려 하는 동군을 측면에서 공격하기 위해 스스로 와카에로 나아가 이이 나오타카(井伊直孝) 군과 분전을 펼쳤으나 야오 방면의 아군이 토도 타카토라 군에게 패했으며, 와카에의 군도 패해서 그 대부분이 달아났기에 이곳이 갈림길이라고 생각한 그는 끝까지 싸우다 전사하고 말았다. 이날 시게나리는 처음부터 전사할 각오로 출진에 앞서 욕실로 들어가 머리를 감았으며, 거기에 향을 피워놓게 했다. 이후 그의 목을 실검한 이에야스는 다시 한 번 시게나리에게 감탄했다고 한다.

이틀날인 7일이 되자 유키무라는 우스이야마에 진을 치고 병사를 그 동쪽인 텐노지(天王寺)와 오카야마 방면에 배치하여 남쪽에서부터 올라오는 동군을 저지하고, 동시에 성 안의 히데요리에게 출진할 것을 권했다. 이것이 곧 지장 유키무라의 마지막 전략으로 히데요리를 앞세우면 토도, 다테 등의 제후도 설마 정면에서는 활을 쏘지 못할 것이며, 적어도 길 정도는 내줄 것이라 생각했다. 그런데 이에야스 역시 같은 생각을 가지고 있었으며, 그렇게 될 것을 걱정했다.

'히데요리가 선두에 서서 나온다면 토요토미 가의 은혜를 입었던 자들이 어떻게 행동할지 알 수 없는 일이다. 혹은 싸움을 그만두고 나를 향해서 올지도 모르고, 설사 오지 않는다 할지라도 원조를 할지도 모를 일이다. 만약 그렇게 된다면 죽음을 각오하고 날뛰는 오오사카

군을 막기는 쉬운 일이 아닐 것이다.'라고 걱정하여 한 가지 책략을 내서 오오노 하루나가에게 편지를 보냈다.

"오오사카 쪽의 대장 가운데 배신자가 있다. 그들이 히데요리 공을 출진케 한 뒤 그를 사로잡아 동군에 건네줄 테니 그 공을 인정하여 자신들의 목숨만은 살려달라고 내통해왔다. 애초부터 이번 싸움은 로닌들의 음모에 의한 것으로 히데요리 공과는 아무런 관계도 없으니, 조용히 성 안에서 한 걸음도 밖으로 나오지 말고 운이 열리기를 기다리는 것이 좋을 듯하다."

지금 막 센나리히사고156) 깃발을 세우고 성문을 나서 출진하려던 차에, 이를 본 히데요리를 비롯하여 오오노 하루나가 등은 다시 한 번 당황하고 말았다. 출진해야 할지 농성해야 할지 망설이고 있는 사이에 유키무라가 얼른 출진하라고 자꾸만 재촉해왔기에 그들은 결국 유키무라를 의심하여 히데요리의 출진을 중지하기로 했다. 끝내는 히데요리가 나오지 않자 자신이 의심받고 있다는 사실을 눈치 챈 유키무라는 아들 다이스케(大助)를 성 안으로 보내 인질로 삼게 한 뒤, 자신은 이것이 마지막임을 직감하고 분전을 펼치다 46세를 일기로 전사하고 말았다. 명장들이 속속 쓰러지고 마지막으로 유키무라마저 전사하자 오오사카 군은 완전히 무너져 성 안으로 달아나버리고 말았다.

이에야스는 차우스야마, 히데타다는 오카야마까지 진을 전진시켰으며 마침내 총공격이 시작되었다. 성 안에서 내응하는 자가 있어 부엌 쪽에서 불길이 솟아올랐으며 성으로 뛰어든 동군이 곳곳에 불을 질렀기에 연기가 곧 하늘을 뒤덮었고 하늘로 치솟은 불기둥과 불꽃의 소용돌이 속에서 들려오는 비명. 히데요리 모자는 창고 속으로 가서 불을 피하고

---

156) 千成瓢. 토요토미 히데요시가 썼던 본진의 깃발 가운데 가장 유명하다. 호리병박 모양을 여럿 겹친 것.

있었다.

　이에야스는 자신의 손녀인 치히메가 걱정되었기에 사카자키 데와노 카미(坂崎出羽守)를 성 안으로 들여보냈다. 오오노 하루나가가 그에게 치히메를 건네주며 히데요리 모자의 목숨을 구해달라고 청했으나 애초부터 그럴 마음이 없었던 이에야스는 이튿날인 8일 아침부터 성을 향해 발포를 시작했다. 더는 가망이 없다고 생각한 히데요리, 요도기미, 하루나가, 다이스케 등은 커다란 원한을 품은 채 스스로 목숨을 끊고 말았다. 당시 히데요리는 23세였다. 아들 쿠니마쓰마루(国松丸)는 유모와 함께 달아나 후시미에 숨었으나 사로잡혀 로쿠조(六条)의 강변에서 참수당했으며, 딸은 성이 떨어짐과 동시에 가신의 손에 이끌려 그곳에서 빠져나왔으나 역시 사로잡혔고, 목숨만은 건져 카마쿠라의 여승방으로 들어가 평생을 보냈다.

　이렇게 해서 토요토미 씨는 완전히 멸망하여 그토록 호화로웠던 히데요시의 사후 18년 만에 한 조각 흔적도 남기지 못한 채 오오사카 성의 비극과 함께 사라져버리고 말았다. 영웅의 말로는 가련하다고 하나 영웅의 사후 그 가련함이 한층 더 깊어졌으며, 철두철미하게 책략에 이은 책략으로 모진 모습을 보인 토쿠가와의 음모의 손에 걸려 비분과 함께 떨어져버린 오오사카 쪽의 사람들을 생각하면 한 줌의 눈물을 금할 길이 없다. 이때 목숨을 건진 치히메는 19세였는데 자결도 하지 않았으며 비구니도 되지 않았다. 그리고 훗날 혼다 타다토키(本多忠刻)의 아내가 되었으며, 그 이후 요시다고덴(吉田御殿)을 지어 음란한 생활을 해서 무사의 아내로서의 이름에 먹칠을 했다[157].

---

157) 밤마다 침실로 미남을 불러들여 즐긴 뒤 그들을 죽였다고 하는데 이는 토요토미 가에 대한 동정이 만들어낸 민간전승이다.

5. 막부의 정책 (2)

(1) 무가제법도(부케쇼핫토)

<얄밉구나, 나무에서 떨어진 원숭이 새끼를 먹고 너구리는 배를 두드리네>

이러한 노래가 불리웠을 만큼 세상의 동정을 잃은 이에야스는 오오사카 성이 떨어짐과 동시에 오랜 동안의 현안이었던 다이묘 통제에 손을 내밀었다. 각 다이묘에 대해서는 막부 직할의 성이나 후다이의 성을 공사할 때마다 그것을 돕게 하고, 혹은 교묘한 배치를 통해서 음으로 양으로 그들의 세력을 잠식해가고 있기는 했으나 그것은 극히 소극적인 방법이었다. 그 이유 가운데 하나로는, 오오사카라는 당면의 목적이 있는데 적극적으로 각 다이묘에게 간섭을 하면 오오사카 쪽의 세력을 강성하게 하는 원인이 될지도 몰랐기에 토요토미 가 멸망까지의 이에야스는 가능한 한 회유정책을 쓴 것이었다. 그러다 눈 위의 혹이 사라지자 본격적인 통제수단에 나서 겐나 원년(1615) 7월 7일에 다이묘들을 후시미로 소집하여 각 다이묘가 지켜야 할 규칙을 발표했다. 세상에서 말하는 이른바 '무가제법도(武家諸法度)' 13개 조항이다.

○ **무가제법도**

(1) 문무 양쪽에 힘쓸 것.

(2) 함부로 회음유락(会飲遊楽)하지 말 것.

(3) 규칙을 깬 자(죄인)를 숨겨두지 말 것.

(4) 다이묘·쇼묘·각 가신이 데리고 있는 사졸에게 반역·살해의 죄가 있다는 사실을 알게 되면 바로 내쫓을 것.

(5) 앞으로 영지 내에는 다른 쿠니 사람을 거주시키지 말 것.

(6) 각 쿠니의 거성 수축은 반드시 허가를 받아야 하며, 신축은 엄금.

(7) 이웃 쿠니에서 신축을 꾀하거나, 도당을 만들려는 자가 있으면 속히 통보할 것.

(8) 사사로이 혼인하지 말 것.

(9) 산킨의 예법158)을 지킬 것.

(10) 의상의 품위를 혼잡하게 하지 말 것.

(11) 잡인은 함부로 가마를 타지 말 것.

(12) 각 쿠니와 각 사무라이는 검약을 중히 여길 것.

(13) 쿠니의 주인은 인재등용을 잊지 말 것.

이는 승려인 스덴에 의해서 작성된 것이었다. 이러한 조문에 의해서 각 다이묘들의 행동은 완전히 구속받게 되어 일거수일투족을 법도에 의하지 않으면 곧 엄벌에 처해졌다. 법도로 일상의 행동에 족쇄를 채워놓음과 동시에 기회가 생길 때마다 여러 가지 이유를 들어 다이묘들을 도태시키기도 잊지 않았다. 이에야스, 히데타다, 이에미쓰(家光) 삼대에 걸쳐, 이러한 법도와 그 외의 이유로 도태시킨 각 다이묘를 살펴보면,

세키가하라 전투 및 오오사카 전투의 군사적 입장에서 92개 집안에 카이에키159)라는 벌을 내려 몰수한 영지가 500만여 섬, 후계자가 없다는

---

158) 參勤作法. 넓은 의미로는 주군을 뵐 때의 예법을 말하는데, 여기서는 각 다이묘가 에도로 들어올 때의 각종 규칙을 말한다.
159) 改易. 무사의 신분을 평민으로 내리고 영지·녹봉·저택 등을 몰수하는 벌.

이유로 46개 집안에서 몰수한 영지가 457만 섬, 감봉 12개 집안에서 16만 섬을 거두어들였으며, 그 주요한 사람들을 보면 코바야카와 히데아키, 마쓰다이라 타다요시(松平忠吉), 가모우 타다사토(蒲生忠鄕) 등이 있었다.

무절제한 행동, 집안의 내홍, 살상, 쟁소, 성곽의 수축, 사사로운 혼인, 산킨 교대의 소홀, 죄인은닉, 발광 등의 법률적인 죄를 구실로 처분받은 자는 마쓰다이라 타다나오(松平忠直), 마쓰다이라 타다테루, 모가미 요시토시(最上義俊), 토쿠가와 타다나가(德川忠長), 카토 타다히로, 후쿠시마 마사노리를 비롯하여, 카이에키 59개 집안 648만 섬, 감봉 4개 집안 14만 섬에 이른다. 법도의 위력이 얼마나 대단했는지를 엿볼 수 있다.

(2) 공가제법도(쿠게쇼핫토)

앞서도 이야기한 것처럼 이에야스의 가장 큰 결함은 그 정책을 조정에까지 미치게 했다는 점에 있었는데, 우선은 쿄토쇼시다이를 설치하고 이타쿠라 카쓰시게를 두어 양으로는 조정을 수호하는 것처럼 보였으나 음으로는 그 세력을 억제했다. 겐나 원년(1615) 7월 17일에 '금중 및 공가제법도160)'를 발포하여 조정의 행동에 간섭했다.

(1) 임금은 학문을 으뜸으로 삼을 것.

(2) 친왕 및 대신의 좌위(座位)는 대신, 친왕, 섭정 가의 전 대신, 제왕161), 세이카 전 대신 순서로 할 것.

(3) 섭정 · 칸파쿠 · 대신은 재능이 있는 자를 골라 뽑고, 재능이 있는 자는 나이 들어서도 사임하지 말 것.

---

160) 주140 참조.
161) 친왕에 들지 못한 황족의 남자.

(4) 양자는 반드시 같은 성을 쓰는 집안에서 들일 것.

(5) 무가의 관위는 공가의 관위와 별도로 취급할 것.

(6) 개원(改元)은 중국의 연호에서 골라 쓸 것.

(7) 천자 이하의 제복을 일정하게 할 것.

(8) 공가의 관위를 함부로 내리지 말 것.

(9) 칸파쿠 및 무가에 내린 명령을 어기는 자는 유배.

총 17개 조항으로, 무가정치가 시작된 이래 거의 700년 가까이 계속되었으나 조정에 대해서 이와 같은 법제를 정한 것은 오직 이에야스 한 사람뿐이었다.

동시에 '사원제법도(寺院諸法度, 지인쇼핫토)'를 발포하여 종교에 대한 규칙도 정했다. 이것으로 승려의 자유를 구속하여 옛 히에이잔의 승려들과 같은 난폭함을 미연에 방지했으며, 각 다이묘들에게는 산킨 교대를 행하게 하여 자신의 권위를 더욱 높이기에 힘썼다. 물론 산킨 교대는 처음부터 명령한 것이 아니라, 그 처자를 에도에 두고 산킨하는 다이묘를 이에야스가 크게 칭찬했기에 앞 다투어 이를 실행했고, 그것이 불문율이 되었다가 결국은 법도가 되어버린 것이다162).

이렇게 해서 전 일본 통제의 근본이 확립되었기에 이에야스는 안심하고 쿄토에서 슨푸로 물러났다.

(3) 문교

유년시절 오다 씨에게 인질로 사로잡혔을 무렵부터 그 환경 때문에라도 독서에 열중했던 이에야스는, 다시 슨푸의 인질이 되었을 때도 셋사이 장로를 따르며 이후 독서에 힘쓰기를 잊지 않았다. 실제로 군무에 바쁜

---

162) 산킨 교대는 토쿠가와 이에미쓰(3대 쇼군)가 정한 것으로 각 다이묘들을 일정 기간 에도에 머물게 한 제도.

와중에도 수양을 잊지 않았던 것은 훗날 대업을 이루는 한 원인이 되었다. 오다와라 전투 이후 칸토로 이봉된 이에야스는 후지와라 세이카를 에도로 불러 『정관정요』에 대한 강의를 들었으며, 이후 주자학의 대가인 하야시 라잔(도슌)을 유관(儒官)으로 발탁하여 한학 보급에 크게 힘썼기에 주자학은 토쿠가와 씨의 어용학문처럼 되었고, 훗날에는 그것을 관학이라 칭하게 되기까지 발달시켰다.

그 외에 이에야스가 초빙한 학자로 공경 가운데는 후나바시 히데카타(舟橋秀賢)·야마시나 토키쓰네(山科言経) 등이 있었으며, 국학자 가운데는 레이센 타메미쓰(冷泉為満)·아스카이 마사쓰네(飛鳥井雅庸) 등이 있었고, 승려 가운데는 소코쿠지의 타이(兌) 장로·난젠지의 덴(伝) 장로, 토후쿠지(東福寺)의 테쓰(哲) 장로 등이 있었는데, 그 가운데서도 난젠지 콘치인의 스덴 장로는 내외의 고전에 통달하여 하야시 라잔과 함께 막부의 시정방침에 헌책한 부분이 많았다.

『아즈마카가미163)』를 애독했던 이에야스는 『코킨슈164)』와 『겐지모노가타리165)』 등의 강의도 들었으며, 그것뿐만 아니라 고서집성, 서적출판, 학교 창립을 비롯하여 오닌의 난 이후 어둠이 드리웠던 학문계에 비로소 밝은 평화의 빛을 가져다주었다.

오닌의 난으로 인해 천하의 진귀한 물건들과 함께 사라져버린 고전, 고문서 가운데 간신히 불에 타지 않고 남은 것을 당시의 석학이었던 공경들과 승려들의 손을 거쳐 수집했으며, 그러한 서적들을 출판함으로

---

163) 吾妻鑑. 카마쿠라 시대에 완성된 일본의 역사서로 1180~1266년에 걸친 막부의 사적을 기록한 책. '東鑑'라고도 쓴다.
164) 古今集. 처음으로 칙명에 의해 편찬된 일본의 가집. 정식 명칭은 코킨와카슈(古今和歌集).
165) 源氏物語. 헤이안 시대 중기에 무라사키 시키부에 의해 창작된 허구의 장편 이야기.

해서 연구와 학문의 편의를 도모했다. 이와 같이 해서 이에야스의 손에 의해 출판된 것으로는 『정관정요』, 『공자가어(孔子家語)』, 『군서치요(群書治要)』, 『아즈마카가미』, 『오오쿠라이치란(大蔵一覧)』 등이 있다. 그리고 하야시 노부카쓰(林信勝)에게 명령하여 편집케 한 일본사 및 각 가문의 계보로는 『혼초쓰칸(本朝通鑑)』 300권과 『칸에이쇼케케이코쿠덴(寛栄諸家系国伝)』 372권이 있는데, 이때 수집한 고문서와 출판한 서적은 에도 성 안의 후지미 성루에 문고를 지어 그곳에 보존했다. 당시에는 후지미테이분코(富士見亭文庫)라고 불렀으며, 훗날 모미지야마(紅葉山)로 옮겨 모미지야마분코라고 불리게 되었다. 오늘날 말하는 도서관으로 그 가운데는 오오사카 전투 도중에 쿄토의 승려들에게 명하여 난젠지에서 등사하게 한 『쿠지키(旧事紀, 구사기)』, 『고지키(古事記, 고사기)』, 『니혼코키(日本後紀, 일본후기)』, 『분토쿠지쓰로쿠(文徳実録, 문덕실록)』, 『산다이지쓰로쿠(三代実録, 삼대실록)』, 『루이주코쿠시(類聚国史)』, 『리쓰료캬쿠(律令格)』, 『햐쿠렌쇼(百練抄)』, 『고케시다이(江家次第)』, 『호쿠잔쇼(北山抄)』 등 일본의 국사연구상 보물이라 할 수 있는 귀한 서적을 소장하여 널리 학자들의 편의를 도모하였다.

이처럼 일반 인사의 학문에 음으로 양으로 편리를 제공하여 장려함과 동시에 지금의 학교에 해당하는 교육기관까지 설립하기에 이르렀다(훗날 쇼헤이코(昌平校)라 불리게 되었다).

토쿠가와 300년의 태평은 이에야스의 탁월한 통제력에 의한 것은 물론, 한편으로는 이처럼 문교 방면에 힘을 쏟아 평화를 유지할 수 있었기에 가능했던 것이며 그로 인해 에도 문화의 찬란한 꽃을 피우기 위한 상당한 힘을 기를 수 있었던 것이라고 할 수 있으리라.

이에야스는 전란의 근원은 무지에서 오는 것, 윤리와 도덕을 알지 못하는 살벌한 기풍에서 오는 것이라 여겨, 학문의 힘으로 그에 대한 올바른 감식안을 기름으로 해서 오로지 평화를 마음에 두도록 하지 않으면 안 된다고 생각했다. 즉, 평화을 위해서 학문을 장려한 것인데 그 목적은 충분히 달성되었다고 할 수 있으리라.

(4) 경제정책

이에야스의 주요한 경제정책은 교통과 화폐에 관한 것에 있었다. 교통의 발달이 문화에 얼마나 커다란 영향을 주는지, 따라서 국내의 통일에 얼마나 필요한지를 알고 있던 그는 육상과 해상 양쪽 방면에 힘을 쏟아 교통을 원활하게 함으로써 국내 개혁과 통일을 위한 실질을 도모했다. 그 결과 케이초 6년(1601) 토카이도와 나카센도에서 전마제 (伝馬制)를 실시, 일정 인마를 두어 왕래의 편의를 도모했다. 이후에는 이것을 다른 도로에서도 시행했다.

케이초 9년(1604)에는 토카이도, 나카센도, 오슈도추166), 호쿠리쿠 도167) 등을 수리하여 도로의 폭을 5간(약 10m)으로 하고 양쪽에 가로수로 소나무를 심었다. 그리고 니혼바시168)를 기점으로 10리마다 양편에 이치리즈카(一里塚)를 세우고 팽나무를 심었다. 이것이 유명한 이치리즈 카로 덕분에 당시 사람은 물론 후세의 사람들까지 누린 편리함은 참으로 큰 것이었다.

육상의 이러한 시설과 함께 하천의 바닥을 파내 수운의 편리함을 꾀하는 일도 잊지 않았다. 그는 유명한 스미노쿠라 료이169)로 하여금 야마시로에서 탄바까지 이어지는 호즈가와(保津川), 스루가에서 카이에

---

166) 奥州道中. 토쿄에서 아오모리 현 민마야까지 이어진 도로.
167) 北陸道. 호쿠리쿠 지방을 연결하는 도로.
168) 日本橋. 토쿄의 중심부.
169) 角倉了以(1554~1614). 당시의 호상으로 쿄토 사람이었다.

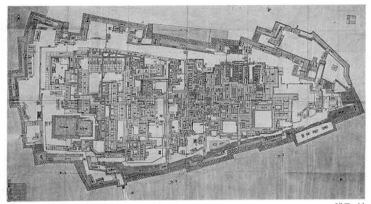

에도 성

이르는 후지가와, 토오토우미에서 시나노에 달하는 텐류가와 등을 정비
케 하여 배가 다닐 수 있도록 했으며, 쿄토 산조에서 후시미에 이르는
타카세가와(高瀬川)를 새로이 파서 비와코 호수의 수로까지 계획했으나
그것은 실행하지 못하고 세상을 떠났다. 이 외에도 요도가와를 비롯하여
각지의 하천, 세토나이카이 및 에도와 오오사카 사이의 수운은 커다란
발전을 보았다.

교통의 발달과 함께 화폐의 통일에도 뜻을 둔 이에야스는 재정적
수완이 뛰어난 오오쿠보 이와미노카미 나가야스(大久保石見守長安)를
킨긴잔부교170)로 삼아 그의 수완을 마음껏 발휘하게 했다. 그 결과
사도에서 금과 은, 이와미 및 이즈에서 은이 놀랄 정도로 많이 채굴되었기
에 케이초 6년(1601) 후시미에 긴자171)를 설치, 11년(1606)에는 슨푸에
도 설치하였으며, 13년에는 후시미의 긴자를 쿄토로 옮겨 슨푸와 함께
두 곳에서 은화를 제조하게 했다. 17년에는 슨푸의 긴자를 에도로 옮겼고
19년에는 나가사키(長崎)의 이모하라(芋原)에도 긴자를 설치하여, 긴자

---

170) 金銀山奉行. 니가타 현 사도에 있는 금과 은의 광산을 관리하던 장관.
171) 銀座. 에도 막부 직할의 은화를 만들던 관청.

(金座)는 일정하지 않았으나, 부교인 고토 미쓰쓰구(後藤光次)로 하여금 금은화를 감정케 했다. 이렇게 해서 이른바 케이초 킨긴카(慶長金銀貨, 일반적으로는 케이초코반이라고 한다)를 만들어냈다.

그 종류는 오오반킨(大判金), 사사반킨(笹判金), 에도자코반(江戸座 小判), 쿄자코반(京座小判), 스루가자코반(駿河座小判), 만료토코반(万 両頭小判), 카타혼지이치부반(片本字一分判), 초긴(丁銀) 등이 있었는 데, 오오반 하나는 중량 44돈172), 순금 약 30돈, 코반은 4돈 7부 3리, 함유 순금은 4돈 5리였고 이치부반은 그것의 4분의 1이었다.

이에야스는 국내에서 이러한 경제정책을 펼침과 동시에, 다른 한편으 로는 외국과의 무역관계에도 늘 신경을 써왔다. 히데요시의 조선침략으 로 단절되었던 조선 및 명나라와의 국교를 부활시켜 그곳으로부터는 백사(생사), 견직물, 약, 당목, 도기, 서적 등을 가득 실은 상선이 나가사키 로 들어왔으며, 일본에서는 동, 칠기, 해산물 등을 수출했다. 동시에 인도차이나반도 방면의 베트남, 캄보디아, 짬파, 태국 등과의 국교도 열어 사절이 왕래하고 무역도 활발히 행해지게 되었다.

동양과의 무역에 이어 멀리 서구에서는 포르투갈, 에스파냐, 네덜란드, 영국 등이 연달아 도항해왔는데, 특히 네덜란드의 배에 타고 있던 윌리엄 애덤스 및 얀 요스텐 등을 일본에 머물게 한 이에야스는 그들로부터 해외의 사정을 듣고 항해와 조선의 고문으로 삼아 그 지식과 기술을 아꼈다. 특히 애덤스는 사가미노쿠니 미우라군(三浦郡)의 헨미(逸見)에 영지를 받았으며 이름을 미우라 안신(三浦安針)으로 바꾸고 이에야스의 대외정책에 적잖이 공헌했다.

이렇게 해서 무역이 활발해짐에 따라 서양 각국에서는 생사, 견직물,

---

172) 무게의 단위로 1돈은 약 3.75g.

사탕, 향료, 모피, 나사, 모직물, 납 등이 수입되었고, 일본에서는 금, 은, 동, 칠기, 도검류, 병풍, 식료품 등이 수출되었다. 이처럼 전토를 해방한 것 같은 치외법권적 자유무역의 허가로 인해 각 한슈[173]와 상인들까지 무역에 나서게 되어 한층 더 번성하게 되었기에, 해적선과의 혼동을 피하기 위해 막부의 슈인[174]을 내주게 되었고, 이렇게 해서 '고슈인센(御朱印船)'이 해외로 드나들게 되었다. 당시 슈인을 받아 활약한 사람들로는 카토 키요마사, 호소카와 타다오키, 시마즈 이에히사, 나베시마 카쓰시게, 스기우라 시즈노부(杉浦鎭信) 등의 다이묘에서부터, 쿄토의 스미노쿠라 료이, 차야 시로지로, 셋쓰의 히라노 스에요시 마고자에몬(平野末吉孫左衛門), 이세의 카도야 시치로베에(角屋七郎兵衛), 나가사키의 스에쓰쿠 헤이조(末次平藏) 등의 상인들이 있었으며, 외국인으로는 애덤스, 얀 요스텐, 명나라의 임오관 등이 있었다.

외국과의 무역이 활발해짐에 따라서 동시에 그림자처럼 드리운 것이 기독교였다. 노부나가의 장려로 일본 내에 널리 퍼지기 시작했던 기독교였으나, 히데요시의 금지와 억압으로 인해 한때 자취를 감추었다가 다시 고개를 쳐들어 사도의 금광과 오키나와(沖繩)의 에조가시마(蝦夷ヶ島)에서까지 볼 수 있게 되었기에 이에야스는 이를 엄하게 금지해버렸다. 금지한 이유를 들자면 그 신도들은 임금과 아버지의 명을 받들지 않고, 신도이기만 하면 형벌에 처해진 자까지 숭배하는 등 일본의 풍속과 습관을 크게 저해할 뿐만 아니라, 그들 자신도 로마교황으로부터 해산을 명령받았을 정도로 그리 훌륭한 것은 아니었기에 하야시 라잔, 승려인 스덴 등이 그 사상에 불안을 품고 배척한 것이 첫 번째였으며, 둘째로는

---

173) 藩主. 에도 시대 다이묘의 영지를 일컫던 한(번)의 영주.
174) 朱印. 쇼군이나 무인이 공문서에 찍는 도장. 여기서는 허가서 정도로 이해하면 될 듯하다.

당시 에스파냐가 기독교 전파를 국토침략의 수단으로 삼는다는 의혹이 있었기 때문이었다. 그러나 이는 생트집이라고만 할 수 없는 것이어서, 일본에는 그다지 손길을 뻗치지 못했으나 다른 나라들에서는 그런 수법을 썼으며, 특히 해안의 측량이나 보물섬탐험 등을 행한 에스파냐가 그런 야심을 잔뜩 품고 있었다고 보는 것도 당연한 일이었다.

당시의 무력으로 봐서 그러한 외국의 침략을 막지 못할 정도의 일본은 아니었으나 국내에 어리석은 자가 있어서 한바탕 소동을 일으키는 정도의 일까지 없으리라고는 장담할 수 없었기에 이에야스는 단호하게 금지하고 억압하여 이를 미연에 방지했다. 케이초 17년(1612)에 기독교 금제령을 발한 이에야스는 자신의 본진에 속한 무사 가운데 신도들을 벌했으며, 쿄토와 나가사키에 있던 기독교 사원을 파괴하고 그 교도들을 추방했다. 이듬해에 제2차 금령을 내리고 오오쿠보 타다치카를 부교로 삼아 전국의 기독교 사원을 부수었으며 신도에게는 개종을 명령했다. 개종하지 않는 자는 쓰가루(津軽)로 유배보냈으며 타카야마 난보(高山南坊), 나이토 토쿠안(内藤徳庵) 등의 주요한 신도 100여 명을 해외로 추방했을 정도로 엄중하게 대했다.

기독교를 금지하는 한편 불교를 권하고 유학을 장려했기에 이것이 토쿠가와 문화를 돕는 한 원인이 되기도 했다.

6. 이에야스의 죽음

젠나 2년(1616) 정월 21일에 이에야스는 스루가의 타나카로 매사냥을 나갔는데, 혼노지의 변 때 혼다 타다카쓰와 함께 이에야스가 미카와로 돌아가는 길을 안내했던 용사로 지금은 쿄토에서 살며 토쿠가와 씨에게 피륙을 공급하는 상인으로 있는 차야 시로지로가 문안을 하기 위해 찾아왔다. 이에야스는 크게 기뻐하며,

"오오, 시로지로 아닌가. 마침 잘 왔네. 요즘에는 쿄토에 아예 가질 않아 나도 완전히 시골 노인네가 되어버리고 말았네. 쿄토에서는 지금 어떤 요리가 유행하고 있는가?"

"글쎄요, 요즘 쿄토에서 유행하는 요리라면 우선 도미튀김을 들 수 있을 것이옵니다."

"뭐라, 도미튀김? 흠, 그거 마침 잘 됐군. 오늘 테루히사(쿠노의 성주인 사카키바라 테루히사)가 도미를 보내왔다네. 그걸로 얼른 만들어보라고 해야겠군."

그리고 요리를 담당하는 자를 불러 도미튀김을 만들게 해서 매우 맛있게 먹었는데 그날 밤부터 배앓이가 시작되었다. 이에 자신이 손수 만든 '만뵤엔(万病円)'이라는 약을 먹고 24일에 슨푸로 돌아갔으나 병세는 더욱 심해질 뿐이었다. 그로 인해 성 안은 곧 근심에 잠겼으며 에도의 히데타다에게 사람을 보내고 명의를 불러 진찰받게 했으나, 이에야스는 의사가 준 약은 먹지 않고 역시 자신이 만든 '만뵤엔'만 먹었다. 2월 2일에 히데타다가 문병을 오자,

"나도 벌써 75살이다. 만약 급한 병이었다면 네 얼굴도 보지 못했을 텐데, 얼른 와주어서 무엇보다 만족스럽구나."라며 매우 기뻐했으나 변함없이 만뵤엔만 먹었다. 걱정이 된 히데타다는 이에야스가 가장 아끼는 의사에게 명령하여,

"손수 제작하신 만뵤엔은 극약이기에 젊은이에게는 어떨지 모르겠으나, 노인에게는 매우 위험하니 반드시 저희가 지어드린 약을 드셔야……."라고 말하게 했다. 그러자 이에야스는 크게 화를 내며 그 의사를 카이노쿠니로 유배시켜 버렸다. 참으로 손을 쓸 방법이 없었다.

3월이 되자 칙사가 와서, 이에야스는 다이조다이진(태정대신)에 임명되었다. 이때 병중에 있던 그는 예복을 갖춰 입고 그 은혜를 받들었다.

4월이 되자 몸은 더욱 쇠약해져서 회복될 기미가 전혀 보이지 않았다. 이에야스도 그것을 깨달았는지,

"내가 죽고 나면 잠시 쿠노잔(久能山)에 묻어 신으로 제사지내주게. 그 식은 신관이나 승려의 손을 번거롭게 하지 말고 평소 마음 편히 곁에 두었던 쿠노의 성주 사카키바라 테루히사(榊原輝久)에게 맡겼으면 하네. 그리고 3년이 지나면 시모쓰케노쿠니의 닛코(日光)로 이장하고, 거기에 조그만 신사를 지어줬으면 하네."라는 유언을 남기고 겐나 2년 (1616) 4월 17일에 영원히 세상을 떠났다. 당시 75세.

유언에 따라서 처음에는 쿠노잔에 묻었고, 이듬해 2월에 토쇼다이곤겐 (東照大権現)이라는 호를 받았으며, 4월 4일에 닛코로 이장했다. 당시 닛코의 묘는 그렇게 화려하지 않았을 테지만, 3대 쇼군인 이에미쓰에 이르러 각 다이묘들의 도움을 받아 대대적인 공사를 시작했고 13년이라는 세월을 들여 칸에이 13년(1636) 4월에 완성된 것이 호화로움을 자랑하는 토쇼구(東照宮)다.

7. 맺음말(인물론)

<오다가 찧고 하시바가 반죽한 천하의 떡, 아무런 수고도 없이 먹는 것은 토쿠가와>

이런 비아냥거림을 들어야 할 만큼 이에야스의 천하통일이 그리 손쉬웠던 것은 아니었다. 전국(戦国)이라고 불릴 정도로 어지러웠던 세상에서 천하를 쥐기까지는 역시 그에 상당하는 실력을 갖추고 있지 않으면 안 되었으리라. 그러한 점에서 노부나가, 히데요시와 같은 고심과 경영이 있었기에 후세에 흔들림 없는 태평을 만들 수 있었던 것이다.

<울지 않으면 죽여버려라, 두견이>

<울지 않으면 울게 만들어라, 두견이>

<울지 않으면 울 때까지 기다려라, 두견이>

노부나가, 히데요시, 이에야스 세 영웅의 성격을 잘 비교하여 노부나가의 성급함, 히데요시의 지혜, 이에야스의 인내를 이처럼 절묘한 노래로 묘사한 사람이 있었다.

그리고 인내가 최후의 승자가 된 것처럼 이에야스의 일생은 실로 참고 또 참는 생활, 자중에 자중을 거듭한 생활이었다. 어린 시절에 오다 씨 · 이마가와 씨의 땅을 떠돌았으며, 타케다 · 호조 · 오다 · 토요토미 씨로부터는 늘 압박을 받았으나, 그러한 고통을 가만히 견디며 때가 오기를 기다리는 동안 이에야스의 성격이 형성되고, 미카와 무사의 강인함이 만들어지고, 군신단결의 미풍이 결성된 것이었다. 그것은 마치 어렸을 때부터 훈련을 받아 성장한 대상인처럼 원숙미와 견실함을 띠고 있으며, 사려 깊고 용의주도하고, 투기적이지 않고 우직하고 견실해서 인기를 한 몸에 얻는 재주 같은 건 부리지 못하지만 안도감을 주고 믿음직스러운 면이 있으며, 여유가 없어서 갑갑한 느낌은 있지만 위험함은 조금도 느끼지 못하게 한다. 따라서 무예에 능하고 학문을 즐겼으며 다양한 취미를 가지고 있었던 데 비해, 너무나도 이치를 따지고 타산적이어서 늘 계산적으로 일을 처리했기에 따스함은 느껴지지 않았으며 차가운 느낌을 주었다는 것이 이에야스의 커다란 결점이었다.

이에야스는 실력 제일주의자였다. 어떤 일에서나 가장 우선시한 것은 실력이었으며, 그런 다음에야 명칭을 붙인 것이 그 예다. 막부의 타이로175) · 로주176)라는 명칭도 훗날에 붙인 것으로 이에야스 시대에는 미카와 때부터 써오던 토시요리(年寄)라는 명칭을 썼다. 세키가하라 전투도 완전히 실력을 갖춘 후에야 싸움을 시작했다. 실력은 급속하게 생기지 않는다. 그것은 한 걸음 한 걸음 오랜 시간의 계획적이고 영속적인 노력에 의해서만 비로소 완성되는 것이다. 이에야스의 참된 면모는 한 가지 목표를 정하면, 한 걸음 한 걸음 소의 발걸음으로 그곳에 다가가 마침내는 그것을 관철시키는 면에 있었을 것이다. 오오사카 성의 멸망과 각 다이묘의 통제, 공가제법도 등이 그러한 그의 주의를 잘 보여주는 것인데, 한편으로는 그것을 위해서 잔혹한 모습도 보였기에 세상 사람들로부터는 동정을 잃고 말았다.

이에야스가 자기발전에 노력하는 한편, 늘 면학에 힘썼다는 사실은 앞서 이야기한 바 있는데, 그렇게 해서 사회와 민심에 평화의 새벽종을 울린 공적은 참으로 커다란 것이었으며, 그 평화통일의 정책 및 견실한 경영에 철저함을 기하기 위해서 그는 늘 소박함과 검약을 마음에 두고

---

175) 大老. 쇼군을 보좌하던 최고 직명.
176) 老中. 쇼군에 직속되어 정무를 총찰하고 다이묘를 감독하던 직책. 4~5명.

있었다. 절약과 검소함에 관한 에피소드가 헤아릴 수 없을 정도로 많아서, 가모우 우지사토가 '이에야스는 너무 인색해서 도저히 천하를 잡지는 못할 것'이라고 평했을 만큼 천하 모두가 그의 검약을 알고 있었다. 이 때문에 이상할 정도로 부가 축적되어 금은을 쌓아놓은 후시미 창고의 들보가 그 무게 때문에 부러져 한 곳이 무너져내렸다는 말까지 있을 정도이며, 겐나 2년(1616)에 세상을 떠났을 때 슨푸에 있던 금은은 금 94만 냥, 은 5만 관이나 되는 어마어마한 것이었다고 한다.

이에야스의 일생은 인내와 분투의 연속이었다.

"사람의 일생은 무거운 짐을 지고 먼 길을 가는 것과 같으니 서두를 필요 없다. 불편함을 늘 생각하면 부족함은 없다. 마음에 뜻이 서지 않는다면 곤궁했던 때를 생각하라. 인내는 무사함의 근원, 화는 적이라 생각하라. 이기는 것만 알고 지는 것을 모르는 자는 해가 그 몸에 미치리라. 자신을 탓하고 남을 탓하지 말라. 미치지 못하는 것이 넘치는 것보다 낫다."

이러한 유훈은 고난으로 가득했던 삶을 헤쳐온 그의 경험에서 나온 것이리라. 히데요시가 세상을 떠나기 전까지의 이에야스는 그야말로 유훈과 같은 삶을 살았다. 그런데 히데요시의 죽음을 경계로 그의 성격이 단번에 변해버린 듯한 느낌이 든다. 일개 다이묘에 지나지 않았던 히데요리를 그 정도로까지 멸망시키고 히데요시 공의 묘를 파괴하지 않았어도, 조정에 대해서 전대미문의 공가제법도를 만들지 않았어도, 토쿠가와 막부는 충분히 존립할 수 있는 실력을 가지고 있었을 터였다.

그의 행동에 표리가 있어서 음험하고, 말과 마음이 달랐던 점 때문에 아무래도 그의 남자다움이 사라져버리고 만 듯한 느낌이다. 이는 그가 노부나가의 최후, 히데요시의 최후를 잘 알고 있었기에 자신의 사후 그들과 같은 전철을 밟지 않게 하기 위해서, 그리고 생이 얼마 남지 않았기에 자손의 번영을 생각하면 가만히 앉아 있을 수 없었기에, 이전까지의 주의와 주장을 깨고 억지스러운 행동을 했던 것이라 여겨지지만, 그것은 누가 뭐래도 영원히 씻을 수 없는 이에야스의 일대 결점이었다.

어찌 되었든 300년의 평화는 역시 이에야스의 공으로 돌리지 않을 수 없으리라. 인내와 자중, 겨우 숨만 붙어 있는 것과 다를 바 없었던 일개 미카와에서 몸을 일으켜 천하통일의 대업을 이룬 이에야스.

오닌의 난 이후 끊임없는 전쟁으로 피어올랐던 흙먼지를 내외의 정책으로 닦아내어 찬란한 에도 문화의 꽃을 피우고, 전국에서 천하태평의 노래를 구가케 한 이에야스의 일생에 걸친 분투는 일본 역사에 커다란 발자취를 남겼다.

일본의 옛 행정구역명

토산도
40. 오우미/고슈
45. 미노/노슈
50. 히다//히슈
57. 시나노/신슈
63. 시모쓰케/야슈
64. 코즈케/조슈
67. 데와/우슈
68. 무쓰/오슈

호쿠리쿠도
39. 와카사/자쿠슈
46. 에치젠/엣슈
47. 카가/카슈
48. 노토/노슈
49. 엣추/엣슈
65. 에치고/엣슈
66. 사도/사슈

산인도
19. 이와미/세키슈
21. 이즈모/운슈
25. 호키/하쿠슈
28. 타지마/탄슈
29. 이나바/인슈
30. 오키/온슈
31. 탄고/탄슈
32. 탄바/탄슈

산요도
16. 스오/보슈
17. 나가토/조슈
18. 아키/게이슈
20. 빈고/비슈
22. 빗추/비슈
23. 비젠/비슈
24. 미마사카/사쿠슈
27. 하리마/반슈

키나이
33. 셋쓰/셋슈
34. 이즈미/센슈
35. 카와치/카슈
37. 야마토/와슈
38. 야마시로/조슈

난카이도
12. 이요/요슈
13. 토사/도슈
14. 아와/아슈
15. 사누키/산슈
26. 아와지/탄슈
36. 키이/키슈

사이카이도
1. 오오스미/구슈
2. 사쓰마/삿슈
3. 휴가/닛슈
4. 부젠/호슈
5. 분고/호슈
6. 치쿠젠/치쿠슈
7. 치쿠고/치쿠슈
8. 히젠/히슈
9. 히고/히슈
10. 이키/잇슈
11. 쓰시마/타이슈

토카이도
41. 이가/이슈
42. 이세/세이슈
43. 시마/시슈
44. 오와리/비슈
51. 미카와/산슈
52. 토오토우미/엔슈
53. 스루가/슨슈
54. 이즈/즈슈
55. 사가미/소슈
56. 카이/코슈
58. 무사시/부슈
59. 아와/보슈
60. 카즈사/소슈
61. 시모우사/소슈
62. 히타치/조슈

가와나카지마 전투 이후의 세력도(1570)

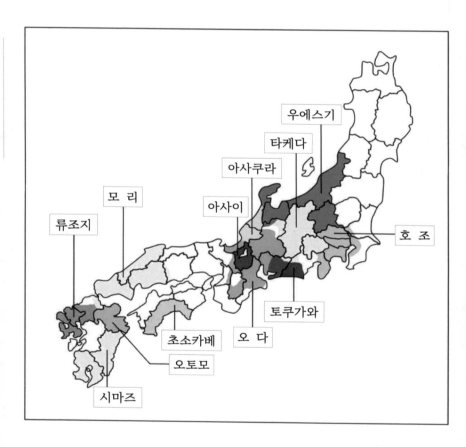

우에스기

타케다

아사쿠라

모 리

아사이

류조지

호 조

초소카베

토쿠가와

오 다

오토모

시마즈

(소설) 아케치 미쓰히데 13,000원

일본 역사상 최대의 미스터리 사건인 혼노지의 변
지와 용을 겸비한 최고의 무장이었던 아케치 미쓰히데는 왜
주군 오다 노부나가에게 반기를 들었는가?
무사이기 이전에 한 사람의 인간이었던 그의 선택!

(소설) 다케다 신겐 13,400원

(소설) 우에스기 겐신 13,400원

혼란의 시대를 살아간 전국시대 두 명장의 충돌.
가이의 호랑이라 불렸던 다케다 신겐
에치고의 용이라 불렸던 우에스기 겐신
일본 전국시대를 수놓았던 두 명장의 삶과
그들이 펼친 가와나카지마 전투를 그린 소설
그들의 꿈과 이상은 어디에 있었을까?

옮긴이 **박현석**

나쓰메 소세키, 다자이 오사무, 와시오 우코, 나카니시 이노스케, 후세 다쓰지, 야마모토 슈고로, 에도가와 란포, 쓰보이 사카에 등의 대표작과 문제작을 꾸준히 번역해 소개하고 있다. 국내 최초로 번역한 작품도 상당수 있으며 앞으로도 국내에 잘 알려지지 않은 작가·작품을 소개하여 획일화된 출판시장에 다양성을 부여할 계획이다. 옮긴 책으로는 『나쓰메 소세키 단편소설 전집』, 『그럼, 이만…… 다자이 오사무였습니다.』, 『젊은 날의 도쿠가와 이에야스』, 『붉은 흙에 싹트는 것』, 『운명의 승리자 박열』, 『붉은 수염 진료담』, 『추리소설 속 트릭의 비밀』, 『스물네 개의 눈동자』 외 다수가 있다.

도쿠가와 이에야스

1판 1쇄 인쇄 2023년 1월 15일
1판 1쇄 발행 2023년 1월 25일

지은이 나카무라 도키조
옮긴이 박현석
펴낸이 박현석
펴낸곳 玄人(현인)

등 록 제 2010-12호
주 소 서울시 도봉구 덕릉로 62길 13, 103-608호
전 화 010-2012-3751
팩 스 0505-977-3750
이메일 gensang@naver.com

ISBN 979-11-90156-38-7